作者
劉廣定

愛國正義一律師

——劉崇佑先生

撰寫說明

先祖崇佑公逝世時筆者尚未滿三歲，對於老人家的印象，除了似乎在他懷中撫摸過花白鬍鬚（因是家族長輩唯一蓄鬚的）外，都是看照片和聽長輩說的，但也都是有關家裡的事。猶記筆者1948年來台前，在先祖原用的書房裡看到一個大花瓶一個銀盃，聽長輩說過是「學生送的」，卻不知為何學生要送花瓶和銀盃；又看到黃興寫的「堅多節」而覺得先祖的朋友是革命時斷了手指的英雄黃興，很了不起。長大後在不同的文字記載上陸續看到一些有關先祖的記載，才逐漸知道了一些先祖的事蹟，但是後來發現其中很多是錯的。例如有些文章裡說先祖贈五百銀圓路費讓周恩來去法國參加「勤工儉學」，是打算把女兒（或姪女）嫁給他。曾問先父其究竟，老人家則說「那是胡說八道」。原因很簡單，民國九年時筆者三位親姑母中一位已嫁，另兩位即將去美國讀書，先祖也無其他適齡待嫁的「姪女」或「甥女」在北京。先父又說：周恩來當時已有女友，他們曾一同到丞相胡同家裡來過。

1962年初胡適先生在台北去世，筆者時為台大化學系助教，系主任潘貫教授通知同仁盡量前往參加公祭。先父知道後囑筆者務必參加，說胡先生與先祖是好友，有一陣子常到家裡來，又說丁文江也常來。然而筆者日後看胡適的日記，雖知他與先祖確有不少來往，但究竟關係如何，至今仍未能知曉。有關丁文江傳記中也未見隻字述及，直到2008年底才稍微了解一些。

1991年秋筆者去北京探親訪友前，先父交待拜訪湯佩松先生，云其父湯化龍與先祖乃莫逆之交。翌年十月湯先生以中央研究院第一屆院士身份訪台，先父特邀其夫婦與家人共度中秋，交談甚歡，其中有民初議會及辦報等往事。此後筆者就想：對先祖應多一些了解。唯直到約本世紀開始時，才試圖多方收集資料並獲表兄何宇，表姊沈呂英，廣實、廣強兩弟，姪女立新以及多位友人的協助，乃得自2007年起開始撰寫一些有關先祖事蹟的文章。經《歷史月刊》和《傳記文學》刊出後，又查到更多資料而覺舊文多可補充。故將已刊文十篇重組成十二篇，又未刊文兩篇，加上草擬之先祖簡傳，附錄六篇，集成《愛國正義－律師——劉崇佑先生》一書。秀威出版公司列為「世紀映像叢書」，以向讀者介紹先祖在清末民初約三十年間的一些重要事蹟，兼為中國近代歷史補遺。

現有幾點說明：

一、所記述之事必有依據，而且盡量採用當時人或報刊的記載。晚近人士之言臆度或失真者居多，不能採信，但也不克一一匡正。

二、由於家族長輩均已去世，輾轉聽聞之言，無法驗證。除合情理及可與圖文資料相互印證者，其他盡量不予引用。

三、所記各事乃在後輩心目中認為是先祖對國家社會有貢獻者，或可表現其為人者，而不涉有關家族及個人私事。

四、本書是「文集」性質，各篇內容或有重複處，但為方便讀者選單篇閱讀，未加刪節。

五、為說明發生各事之時代背景，有關史事亦予簡述。

六、因非學術論文，本書各篇所據文獻資料不一一列出。

七、附錄六篇。首列先高祖齊銜公墓表，以述家族簡史。先祖民國三年東遊後所記短文，是先祖傳世之少數非關制憲或訴訟文章之一。另四篇辯護書，有兩篇曾載於山東友誼出版社1997年出版之《名律師論辯詞》，今已少見，且有些錯字，乃就當時報紙所刊改正，以供讀者參考。

【代序】劉崇佑先生簡傳

先祖崇佑公（以下敬諱略，稱先生），號崧生，福建閩縣人，清光緒三年七月初五日（1877年八月十三日）生。世居福州宮巷，為林文忠公長婿劉齊銜公（冰如，1815-1877）[註一]之嫡孫，先曾祖學恂公（少如，1842-1911）之長男。光緒甲午年（1894）鄉試中舉。1905-1908年就讀日本早稻田大學專門部法律科，求學時曾譯織田萬之《法學通論》為中文，1907年由商務印書館出版。是我國早年著名法學入門讀本之一。[註二]1908年畢業返國，獲選福建諮議局議員，並當選副議長，積極參與推動立憲。[註三]宣統三年（1911）與林長民等在烏石山陰白水井劉家私有花園，創辦福建私立法政學堂，擔任維持員會（相當現在的「董事會」）會長。學堂後改名為福建私立法政學

1890年代（？）劉氏姊弟合影　右起崇佑、長姊、三姊（立者）、二弟崇偉、二姊崇豫、三弟崇傑，坐地者五弟崇倫。

校，又發展成私立福建學院，甚有助於對早年福建地區高等教育之成長。[註四]

辛亥武昌起義後，福建也於1911年十一月九日宣佈脫離清庭而獨立，先生曾任民政次長。民國元年（1912）四月獲選為代表福建的臨時參議院議員，乃前往北京。次年又當選第一屆國會眾議院議員，並為「中華民國憲法起草委員會」委員。曾與梁啟超、湯化龍、蒲殿俊、孫洪伊、梁善濟、林長民等組成「進步黨」，致力於推展議會政治。[註五]但因袁世凱陰謀篡國而廢國會，乃在北京與天津執律師業，民國三年四月與黃遠庸律師辯明前清老尚書陳璧蒙冤之命案而名聲大著。[註六]兩年後洪憲鬧劇落幕，袁世凱死，復任眾議員。第二年（1917）五月底辭職。民國五年（1916）八月與湯化龍、蒲殿俊等在北京創辦《晨鐘報》。報導國內外要聞，介紹現代知識思潮，並表達民意，督促改革窳政。民國七年因揭發國務總理段祺瑞出賣國家利益，向日本借款以擴充個人實力，九月二十四日遭查封。那時又逢湯化龍出國訪問，在北美遭國民黨唆使之華僑暗殺身亡。先生等繼亡友遺志，於同年十二月一日再辦《晨報》，宣揚民主法制，愛國思想，監督政府及啟迪民智[註七]。並從此退出政治，專心執行律師業務，冀由爭取司法公平以促成政治清明、社會安定。是當時北京和天津著名律師之一。

先生二十多年律師生涯中，秉持正義與愛國的理想，不畏威權，協助弱勢，向政府抗辯不當的訴訟與裁判。民國八年（1919）五四運動發生後不僅教導學生如何應對檢警的訊問，還在七月所發生由安福系政客製造的學生互訟案中，義務擔任擁護蔡元培回任校長之北大學生辯護律師。[註八]又於1920年天津「一、二九」和北京「二、四」兩事件發生後，出面為兩地愛國學生義務辯護。迫使法院判以恰好抵銷羈押時間之刑期，將學生釋放。先生並贈送有志之愛國學生周恩來、張若名等赴法國勤工儉學之旅費，以及周恩來之

初期生活費。其助人乃為國家栽培人才，故既不聲張，也不求回報。[註九]

民國八年，北京的《益世報》與《國民公報》因報導愛國運動，批評政府先後於五月二十三日與十月二十四日被查封。其負責人亦均遭逮捕起訴。先生明知對抗軍閥政府少有勝算，為爭言論自由，在眾人卻步之情況下，毅然出面辯護。雖「《益世報》案」未能成功，「《國民公報》案」則在其努力下，於高等審判廳復審時得判無罪。[註十]此案及「二、四」事件的辯護書皆已選入山東友誼出版社1997年出版的《名律師論辯詞》一書。[註十一]

民國十一年（1922）復任總統的黎元洪，因昏庸而聽信誣告，以簽訂「奧國借款展期合同」違法受賄為由，十一月十九日將財政總長羅文榦拘捕下獄。是民初一大寃案，也是政壇一大鬧劇。先生認為此舉傷害國家信譽，法律尊嚴，乃於翌年四月挺身出任義務辯護，而使羅文榦等無罪釋放。[註十二]

九一八事變後先生南下，續執律師業於上海。民國二十五年（1936）底，救國會領導者沈鈞儒等「七君子」被捕下獄，又於次年四月三日遭受起訴。二十一位上海律師因此於五月組成律師團，義務為七人辯護。其時先生雖已六秩高齡，為協助愛國人士，不但參加，且受推為律師團代表，更親撰長約七千字之「答辯狀」初稿，針對檢察官起訴書所列舉十款罪名，從法律層面逐一批駁。據當時人紀其出庭時慷慨陳辭之豪氣，仍如盛年。[註十三]

先生有姊三、弟六、妹四。中舉後旋與同邑廖孟同女士（1873-1960）結褵，舉七子三女（一子早殤），孫輩有劉、何、沈三姓十七人。「八一三」事變發生後，仍住上海公共租界內，但漸淡出職場，家居以讀書、寫字等遣日。書齋名「有不為齋」，取義：「有所不為而後可以有為。不為，不為不義也。不為不義則可以為義」。畢生交遊甚廣，遍及法、政、學、藝文各界，以義為誼。[註十四]民國三十年

(1941)九月二十三日因癌症逝世，享年六十五歲。

其後七十年，長孫廣定據歷年來陸續寫成有關先生對社會重要貢獻與事蹟之文十四篇，集為一冊，並敬撰簡傳，以紀念先生正義愛國行誼。

>>> **注釋**

註一　參閱本書「附錄1」
註二　參閱本書第一篇
註三　參閱本書第三篇
註四　參閱本書第二篇
註五　參閱本書第四篇
註六　參閱本書第五篇
註七　參閱本書第十二篇
註八　參閱本書第六篇
註九　參閱本書第七、八篇
註十　參閱本書第九篇
註十一 參閱本書「附錄3、4」
註十二 參閱本書第十篇
註十三 參閱本書第十一篇
註十四 參閱本書第十三、十四篇

1941年初先祖致商務印書館李宣龔（拔可，1876-1953）問定購叢書集成出版事。

先祖手跡，釋「有不為」。

1946年初先祖母與九個子女攝於上海 前坐右起二女珍業、先祖母、長女瑯業、三女蘭業，後立右起五子浩業、三子汀業、長子準業、次子濬業、四子滋業、六子沁業。

1941年初攝於上海 坐者先祖與先祖母，先祖抱者次孫廣實、前立者長孫廣定（右）、長孫女廣周（左），後立者外孫女沈呂英。

目次

一、東渡學習法律與譯成暢銷書《法學通論》

清末法律書

清末中日甲午之戰，清庭敗績。國力一落千丈而革命勢起。庚子事變八國聯軍侵入北京，中國有遭瓜分滅亡之虞，國人要求政治改革之聲大作。許多讀書士子東渡日本、希望能從明治維新的經驗中得到借鑒，以謀取救國、興國之良策，其中以攻讀政治法律者為多。由於日本因立憲而轉弱為強，英國、德國均是君主立憲的強國，中國士人亦興立憲之議。救國宗旨雖然一致，因思想觀點不同而分為革命、立憲兩派。由於1905年立憲的日本擊敗未立憲的帝俄，而君主立憲也比民主共和有利於皇室，滿清政府雖藉詞推拖，亦不得不於光緒32年（1906）頒「仿行立憲上諭」，決定「先將官制分別議定，次第更張。並將各項法律詳慎釐定，而又廣興教育，清理財政，整頓武備，普設巡警。使紳民明晰國政，以預備立憲基礎」。正式宣示準備立憲。另一方面，各省省城及大埠紛紛先後設立法政學堂以為配合。（請參閱本書第二篇）

唯十九世紀時，中國除京師同文館，江南製造局等曾先後出版

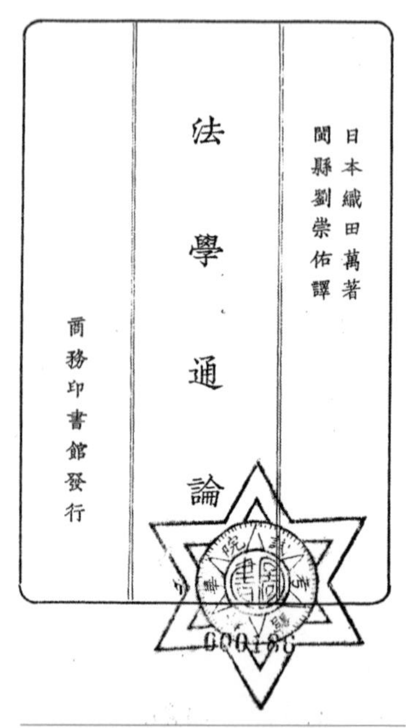
日本織田萬著
閩縣劉崇佑譯
法學通論
商務印書館發行

考試院圖書館藏劉譯《法學通論》第十九版書名頁

了十餘種有關西洋法律書籍外，全國多數官紳民眾除《大清律例》外，對於當代國外法律現況可說是完全無知。所以當時有識之士認為我國能否順利實行立憲，端賴國民知識水準高下，及對法律知識之了解而定。因此，養成立憲國民資格之教育乃最重要的事。各書局紛紛出版各種法律入門書籍，除可供法政學堂學生研習外，亦有啟迪民智之意義。

據筆者所知，中國最早的一本有關外國法律書是曾任同文館教習、總教習的美籍傳教士丁韙良（William A. P. Martin，1827-1916），1864年將H. Wheaton之《International Laws》一書譯成的《萬國公法》。其後，法國人畢利幹（Anatole A. Billiquin，1837-1894），英國人傅蘭雅（John Fryer，1839-1928）等也各翻譯了一些。二十世紀之初，著名翻譯家嚴復（1854-1921）曾譯孟德斯鳩之《法意》，上海商務印書館1904-1909年分七冊出版，唯該書內容為孟德斯鳩的思想理論，對於非專研法學思想者，恐用途不大。另有數種譯自日文，其中有兩本，書名皆為《法學通論》。一為陳敬第（字叔通，浙江杭州人，1876-1966）[註一]據日本法政大學梅謙次郎教授口授及講義所編成，由天津丙午社光緒33年六月（1907年八月）出版；一為先祖崇佑公（後文敬諱略）據日本織田萬教授（1868-1945）的《法學通論》初版（1902）所譯成，同年七月（1907年九月）由上海商務印書館出版。

劉譯《法學通論》是清末民初的一本暢銷法律入門書。出版三年後，宣統二年（1910）十月已印第九版。直到民國十九年（1930）還印了第十九版，現考試院圖書室藏有一冊。雖然織田萬曾於1917年有改訂版，但無人重譯。《法學通論》初版筆者未見。北京圖書館現藏最早的是1907年初冬之第二版。此書之售價，二十多年一直維持「大洋壹元柒角」。可知當時雖然戰亂頻仍，物價還算穩定。

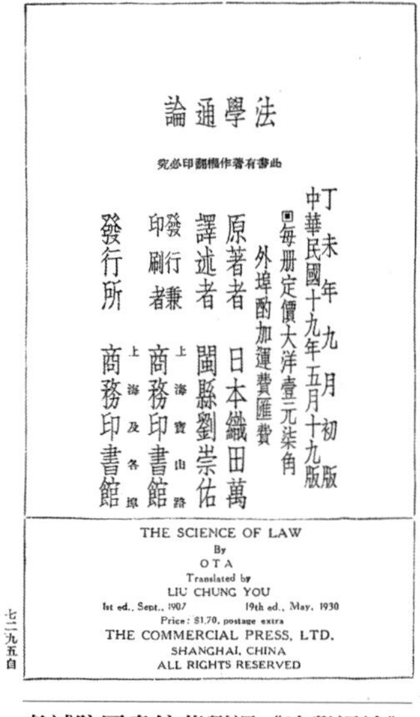

法學通論

此書有著作權翻印必究

丁未年九月初版
中華民國十九年五月十九版
每冊定價大洋壹元柒角
外埠酌加運費匯費
原著者 日本織田萬
譯述者 閩縣劉崇佑
發行兼印刷者 商務印書館 上海寶山路
發行所 商務印書館 上海及各埠

THE SCIENCE OF LAW
By
OTA
Translated by
LIU CHUNG YOU
1st ed., Sept., 1907 19th ed., May, 1930
Price: $1.70, postage extra
THE COMMERCIAL PRESS, LTD.
SHANGHAI, CHINA
ALL RIGHTS RESERVED

七二九五白

考試院圖書館藏劉譯《法學通論》第十九版版權頁

譯者留日簡況

商務版《法學通論》譯者劉崇佑為光緒二十年（1894）甲午科舉人，戊戌年（1898）朝庭提倡新政後即有前往日本習求新學之意，唯因事親至孝而未遠遊。光緒三十年（1904）母

劉崇佑與母龔太淑人合影

龔太淑人逝世，一年後始赴日本早稻田大學就讀專門部法律科。留學三年內專心讀書及從事譯書，自云：「前此留學時，閉居一室，聞有勝景而未及觀。」註二故知向未至外地遊覽。但常往坊肆訪察，並不時請教日籍居停主人，以了解法律與社會民情的關係。除「論文」外，前後選課22門。1908年五月畢業後返國，創校人大隈重信的夫人曾贈紀念冊一本。

ご参考：　修得した科目は下表のとおりです。

2001年9月21日

劉　崇　佑

（修得科目一覧）

明治39年	明治40年	明治41年
親族法	債権法	契約
物権法	保険法	海商法
憲法	刑法各論	手形法
国籍法	民事訴訟法	民事訴訟法
刑法総則	行政汎論	国際私法
商法総則	相続法	
経済原論	商行為	
論文	刑事訴訟法	
	国際公法	
	会社法	

早稻田大學修課證明

當時不少在日本的中國留學生受梁啟超的影響，傾向君主立憲，並常有一些活動。1906年冬在梁啟超領導下籌組「政聞社」，1907年10月17日（陰曆九月十一）在東京正式成立。據其一籌創人向構父（1878-1970）晚年回憶，劉崇佑為當時「重要社員」之一。（《口述歷史》第一期第97頁，民國78年，中央研究院近代史研究所出版。）至於留學期間在求學和譯書之外的其他交遊，除同鄉林長民（宗孟，1876-1925）外，由上述紀念冊中題字，僅知當時曾與商衍瀛、衍鎏兄弟有交往。

劉崇佑像（1907年於日本）

商衍瀛（1869-1960）與商衍鎏（1875—1963）昆仲乃正白旗漢軍，占籍廣東番禺，1894年兄弟同中甲午科舉人。衍瀛為1903年癸卯科二甲進士，衍鎏為次年甲辰科探花，也就是中國科舉之「末代探花」。二人均獲授翰林院編修，後皆成為著名書法家。光緒三十二年至宣統元年（1906-1909）商衍鎏被派往日本東京法政大學學習法政，可能即於此時與劉崇佑相識。光緒三十四年（1908）商衍瀛訪日時曾宿於劉寓，商氏兄弟都以「崧生同年」相稱。唯民國後是否兩家再有來往則不詳。

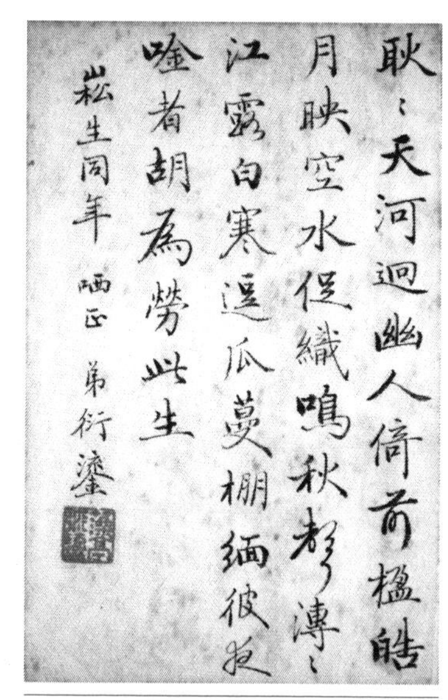

商衍鎏書法

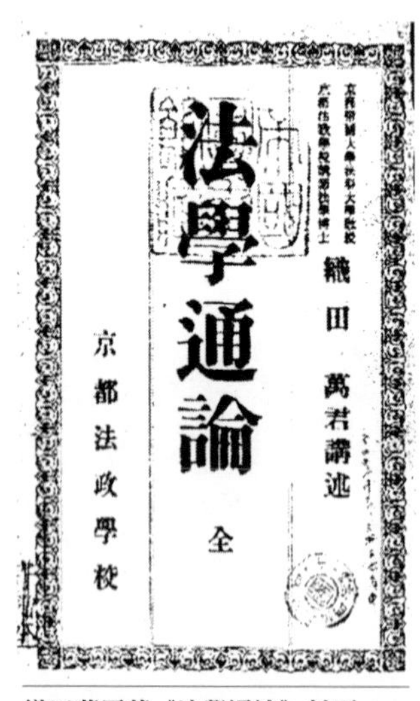

織田萬原著《法學通論》封面

劉譯織田萬《法學通論》

按劉譯《法學通論》是譯者1905年赴日本就讀早稻田大學專門科時所譯。早稻田大學前身為私立東京法政專門學校，乃大隈重信1882年所創辦，有政治，法律，英語，和物理等科。1902年（明治35年）九月起改為大學，但同時仍兼辦專門部。因校址在東京郊外原為稻田之「早稻田」校區，故易名「早稻田大學」。織田萬的原著，原先即是1892-1896年任教於東京法政專門學校時的講義。後他赴歐洲留學獲法學博士，1899年任京都帝國大學教授，並兼在1900年成立之私立京都法政專門學校（1904年改大學）講授「法學通論」。他將原著修訂後，以《改訂法學通論》為名，在1902年一月由東京有斐閣，寶文堂書房正式出版發行。此書乃當時日本法律名著之一，內容簡明易懂，大概是譯者選為譯出的原因。以下按譯文爰為簡介。

織田萬教授原序說明此書宗旨，與只限日本國內法的原委：

> 本書之刊行，供初學之提撕，兼為法律思想普及之一助，此微意之所在也。故力避高尚深邃之理論，而就平易淺近之解說。惟終有說焉不詳語焉不悉之處，為著此種書之性質所不能免。且公務之餘業本不敢期其全備，得讀者諸君子之叱政，所厚望也。

> 著者於本書中法律之意義，限於國內法，不說及國際法。惟國際法之理論與國內法之規定有相關者，間或示之而已。蓋處今之時，尚以國際法為非法律，雖不適於常理，然國際法自屬別途之研究，且不但在也。在初學之士，自當先體會國內法全體之要領，此本書以國際法為除外之所由也。

又在「緒言」分三點說明此書之範圍。

一、法學通論之目的在說明原理。因為：「凡欲信一學科，其始必先察其學科之全體而知悉其原理之梗概。於是更以其各部分之性質與其相互之關係而明辨之。否則其人為各部分也，必不能精審深覈而無遺漏。……故考究法學者，若不先學法學通論而即致力於民法刑法行政法等一部分之智識，則其智識，不惟常局於一偏而無完全為用之力。且即其一偏者，亦不能澈之無遺。」

二、法學通論為全國民之必要。因為：「法律全體之概念不獨為修法律者所必要，凡為一國之人，亦當通曉其國法之大體。蓋國民公私之生活，皆統御於法律。凡生命、身體、榮譽、自由、財產，無一不賴法律保護之，而始獲安固。」並認為：「道德者，訓戒之者也。法律者，命令之者也。一以示愛人之本務，一以明害人之節制；一以標識人生之性情，一以規定國民之行為。二者，各有其獨立之目的，而不可或缺也。」

三、強調本書不拘於一家之言。 而「就余之所信為最完備者，取捨選擇之。以啟發讀者智識，而使之通於法律全體。」全書分為二卷。第一卷為總論，論述「通於法學及法律全體之原理。」第二卷為各論，從日本現代法規略述不同法律之性質。

《法學通論》內容簡介

此書第一卷「總論」分四編，共193頁。包括：

第一編「法學」。分「法學之性質」，「法學之分類」，「法學之各派」和「宇內法制之變遷」四章。

第二編「法律」。分「法律之定義」，「法律之彙類」，「法律之淵源」（又分「直接淵源」與「間接淵源」兩節），「法律之效力」（又分關於「時」、「地」、「人」三節），「法律之變更及廢止」，「法律之解釋」（又分「法律解釋之必要」、「法律解釋之種類」與「法律解釋之規則」三節）和「法律之制裁」七章。

第三編「國家及政權」。分「國家之意義」，「國家之起源」，「國家之形體」，「國家之主權」，「主權之主體範圍及機關」和「自治制度」六章。

第四編「權利及義務」。分「權利」，「義務」，「權利之主體」（又分「自然人」與「法人」兩節），「權利之客體」和「權利之得喪」（又分「權利之發生及消滅」、「事實」、「期間及時效」與「證據」四節）五章。

第二卷「各論」共251頁，分六編。其第四編「民法」篇幅較大（頁73-157），又分四部。本卷包括：

第一編「憲法」。分「天皇」，「臣民之權利義務」，「統治之機關」和「統治權之形成」四章。

第二編「行政法」。分「行政行為」，「行政組織」（又分「普通行政與地方行政之區別」，「普通行政組織」，「地方行政組織」與「特別行政組織」四節），「行政裁定」（又分「行政訴訟」與「訴願」兩節）和「權限爭議」四章。

第三編「刑法」。分「犯罪」，「犯罪之責任」，「犯罪之體樣」，「刑罰」，「刑罰之加重減輕」和「刑罰之消滅」六章。

第四編「民法」。引言之後共有四部：

第一部「物權法」分「總説」，「占有權」，「所有權」，「借地權」（又分「地上權」與「永小作權」兩節），「地役權」和「擔保物權」（又分「留置物權」、「先取特權」、「質權」與「抵當權」四節）六章。

第二部「債權法」分「總説」，「債權之原因」（又分「契約」、「事務管理」、「不當利得」與「不法行為」四節），「債權之效力」，「債權之目的」，「多數當事者之債權」和「債權之讓渡與消滅」六章。

第三部「親族法」分「總説」，「戶主及家族」，「婚姻」，「親子」，「後見」和「親族會」六章。

第四部「相續法」分「總説」，「家督相續」，「遺產相續」和「遺言」四章。

第五編「商法」。分「商人」，「會社」（又分「合名會社」、「合資會社」、「株式會社」與「株式合資會社」四節），「商行為」，「手形」和「海商」五章。

第六編「訴訟法」。分「訴訟及訴權」，「刑事訴訟法與民事訴訟法之關係」，「裁判所」，「訴訟手續」（又分「第一審之刑事訴訟」、「第二審之民事訴訟」與「上訴及再審」三節），「裁判之執行」和「特別訴訟手續」六章。

據織田萬《法學通論》「日本前此所有法律，皆效支那。……（明治）十五年刑法法典公布之後，日本法律之系統，始大異於昔，而屬於左列之二種族。」（劉譯本第一卷頁19）所謂「二種族」乃指「希臘羅甸（當時「拉丁」之日譯，即指羅馬）」與「日耳曼（即指德國）」之法律系統。其中許多法律名詞，都不見於中國法律古籍。但馬禮遜（Robert Morrison,1782-1834）之《華英字典》（A Dictionary of Chinese Language, 1815-1823），羅存德（Wilhelm Lobscheid, 1822-1893）之《英華字典》（An English and Chinese Dictionary, 1866-1869）以及上述丁韙良之《萬國公法》等書曾多予譯出。日本法學家參考這些書而採納了許多中文譯名，但也有依日文用法改譯或另創新名的。因為當時日文法律書中的專有名詞皆用漢字，清末譯書者，或前往日本學習法律者幾乎大都照單全收，傳回中國。劉譯《法學通論》自不例外[註三]。由上列各篇章節之題名可知不少法律名詞，至今仍舊沿用，如「權利」、「義務」、「所有權」、「債權」、「法人」等皆是。另一些不合中文習慣與不能達義之用詞，如「手形」，「後見」及「株式會社」等則後來遭到汰換。

早年日本法律特點舉隅

由此書可知百年前日本法律的一些特點。茲舉幾例，以供欲了解當

自然人

禁治產者。不妨以獨斷而為之。

丁妻

丁　妻。

妻之為無能力者也。蓋出於保護夫權。而謀一家安甯之意。故於財產上重大之行為。或可以生一家之不和。及有所障礙於盡妻之義務之行為。則須受其夫許可。凡其須受許可之行為。一依法律之所定。蓋妻、與準禁治產者同。可謂為有限、定、的、能、力、者也。

住所及居所

凡人、不問其為能力者、或無能力者。因遂其生活之故。則皆不可無其必要一定之場所。在法律上、認為人之所常存在之場所。謂之住所。民法則以、各、人、生、活、之、本、據、為、住、所。故法律上各人之住所。有一無二。從而所謂住所者。當與居所。及現在地。區別之。居所云者。謂吾人繼續多時間。以居住之意。定置其身體之場所。故一人恆有數居所者。例如別莊、或出張所。是也。現在地云者。特吾人一時定置其身體之場所。而隨時變更者也。又住所、與戶籍法所謂本籍地不同。本籍地者。即一家之戶籍所屬之場所。

一百五十

劉譯《法學通論》內頁

時日本，及臺灣日據時期社會萬象者參考。

例如法律雖規定婚姻為「一男一女」，以婚姻中妻所生子為「嫡出子」，但不禁止男方與非婚姻女子生子。無夫婦關係生子稱之為「庶子」。「庶子」可因其父母之婚姻關係而取得「嫡出子」身份（劉譯本第二卷頁135-136）。而且還規定「妻」為「準禁治產者」。其文曰：

> 妻之為無能力者也，蓋出於保護夫權而謀一家安甯之意。故於財產上重大之行為，或可以生一家之不和，及有所障礙於盡妻之義務之行為，則須受其夫許可。凡其須受許可之行為，一依法律之所定。蓋妻與準禁治產者同，可謂為有限定的能力者也。（劉譯本第一卷頁150）

而所謂「準禁治產者」的定義是：「凡心神耗弱者，聾者，啞者，盲者，浪費者，皆得以為準禁治產者」（劉譯本第一卷頁149）故知「妻」的地位偏低，夫妻極不平等。

有關「婚姻」，規定男滿十七歲，女滿十五歲為「達於適婚年齡」，但直系血族及有三親等內關係者「禁為婚姻」。（劉譯本第二卷頁131）又規定婚姻必得「尊屬親」的同意，「凡為人子者，若無其在家之父母同意，不得為婚姻。若其父母但有一人者，則只須其一人同意。若皆無之，而其子為未成年者時，則須後見及親族會之同意。」（劉譯本第二卷頁132）至於基於「血統」之「親族關係」規定為：「凡血族至六親等之外，姻族至三親等之外，法律上即不認其為親族關係。」但「養子與養親及其血族」，「繼父母與繼子」，「嫡母與庶子」，雖原無血統關係，法律仍規定其具有相同的血族關係，而為「依於法律擬制之親族關係」。（劉譯本第二卷頁127-128）。

【本章原名〈清末民初的一本暢銷法學入門書——商務版《法學通論》簡介〉，曾載《歷史月刊》259期（2009年），頁114-119。2010年秋分修訂】

>>> **注釋**

註一 陳叔通先生係先祖好友，1941年後曾多次到滬寓探視先祖母。

註二 見民國三年六月二十三、四日天津大公報所載〈劉崇佑氏之東游談〉，本書附錄2。

註三 此譯本有一小錯誤。第十八頁「錫蘭山」原作「シナイ山」，指以色列的「西奈山」（Mt. Siani）。但當時極大多數中國人不知基督教故事，因而誤譯為古印度之「錫蘭山」。

二、清末法律教育與福建私立法政學堂之成立

清末學制中的法律教育

中國的新式教育起步很晚，直到清光緒二十年（1895）甲午之戰敗於日本，政府始警覺「西學」之重要。次年五月初二（1896年6月20日）刑部左侍郎李端棻首次上「奏請推廣教育折」，建議「自京師及各省府州縣皆設學堂」並在京師設立大學堂。然遲至光緒二十四年才積極進行，五月初八（1898年6月26日）「上諭」，「茲當整飭庶務之際，部院各衙門承辦事件，首戒因循，前因京師大學堂為各行省之倡，特降諭旨，令軍機大臣總理各國事務王大臣會同議奏，即著迅速復奏，毋再遲延。……倘再仍前玩愒，並不依限復奏，定即從嚴懲度不貸。」戊戌政變，維新政事僅殘存教育一項，是年十一月初（1898年12月17日）「京師大學堂」正式開辦。庚子事變之後，新式教育的重要性再受重視，乃有學制建立之議。農務、工藝、礦務、醫學、商務、師範等專科學堂紛紛成立，唯因清政府之保守與畏懼，政治與法律仍不在內。「法律學堂」遲至1905年才設立。

清末實施之學制習稱「癸卯學制」，所據乃由張百熙、榮慶與

張之洞於光緒二十九年（癸卯）十一月二十六日（1904年元月13日）頒佈的「奏定學堂章程」。其中規定「大學堂」分為經學、政法、文學、醫、格致、農、工、商八科，「政法科」，又分「政治」和「法律」兩學門。並規定：

> 以上八科大學在京師大學堂務須全設，若將來外省有設立大學者可不必限定全設；唯至少須置三科以符學制。

唯實際上當時無論京師大學堂、或北洋大學堂和山西大學堂初設時都無政法科學生。且「奏定學堂章程」的「學務綱要」中還規定「私學堂禁專習政治法律」。其文為：

> **私學堂禁專習政治法律**　近來少年躁妄之徒，凡有妄談民權自由種種悖謬者，皆由並不知西學西政為何事，亦並未多見西書。耳食臆揣，騰為謬說。其病由不講西國科學而好談西國政治法律起。蓋科學皆有實藝，政法易涉空談，崇實戒虛，最為防患正俗要領。日本教育名家，持論亦是如此。此次章程，除京師大學堂、各省城官設之高等學堂外，餘均宜注重普通實業兩途。其私設學堂，概不准講習政治法律專科，以防空談妄論之流弊。應由學務大臣咨行各省切實考察禁止。

中國的法律教育開始於二十世紀之初。清光緒三十一年（1905年）廢科舉，準備實施君主立憲，法政人才需要孔急。三月二十日（4月24日）外務部侍郎伍廷芳與刑部侍郎沈家本奏設「法律學堂」並訂定「法律學堂章程」，是各科學堂章程之最晚訂定者。乃仿日本「速成司法學校」，在京師設立，令「考取各部屬員，住堂肄習，畢業後派往各省，為佐理新政分治地方之用。」因此成立了

「京師法律專門學堂」。後又以「修訂法律大臣」身份奏請在各省「課吏館」內專設「仕學速成科」，講習法律。七月十五（1905年8月15日）學務大臣孫家鼐依伍、沈兩人建議，覆奏設法律學堂。同年，北洋大學堂「法律科」有學生入學，但於光緒三十三年資送美國留學。至鼎革前，僅宣統三年（1911年）有畢業生九人。光緒三十三年元月二十二日（1907年3月6日）將京師大學堂於二十九年（1903）元月所設之「進士館」改為「法政學堂」。尚未結業之「甲辰科」三十餘名進士，則資送日本東京法政大學所設「補修科」就讀。宣統元年十一月二十九日（1910年1月10日）京師大學堂之分科大學籌設經科、法政科、文科、格致科、農科、工科與商科七個「分科大學堂」。規定：「法政科設本國教員三人，英文正教員一人、副教員一人，法文正教員一人、副教員一人。」學生則「以師範第一類學生及譯學館畢業學生、預科法文班學生升入。」宣統二年二月二十一日（1910年3月31日）京師大學堂之七個分科大學堂行開學典禮，至四月十九日，總共387人入學，但法政科人數

張百熙像

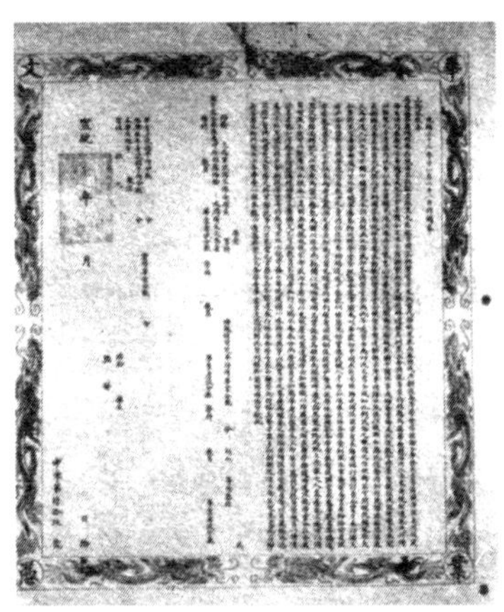

孫家鼐奏摺

及法律門人數均不詳。山西大學堂則一直沒有「法律科」或「法政科」學生入學。

各省方面，光緒三十一年（1905年）直隸總督袁世凱、兩廣總督岑春煊分別奏請設法政學堂。光緒三十二年（1906年）學部「奏請各省添設法政學堂文」獲准。又於十二月二十日（1907年2月2日）奏設京師法政學堂，並擬定「章程」共五章四十九條，規定各省所設法政學堂必須遵照辦理。

「法政學堂」分「預科」與「正科」或「別科」兩階段，其課程規定如下。

法政學堂預科課程

學科	第一學年 每週時數	第二學年 每週時數
人倫道德	2	2
中國文學	3	2
日本語	17	14
歷史	3	3
地理	2	2
算學	4	3
理化	2	2
論理學		1
法學通論		2
理財原論		2
體操	3	3
合計	36	36

兩年預科之後分為「正科」和「別科」兩類。正科又分專攻「政治」與專攻「法律」不同的「門」，別科則為政、法合一。修習課程如下：

正科

學科	第一學年 每週時數		第二學年 每週時數		第三學年 每週時數	
	政治門	法律門	政治門	法律門	政治門	法律門
人倫道德	1	1	1	1	1	1
皇朝掌故	2	2	2	2	1	1
大清律例	2	3	2	2	1	2
政法學	2					
政法史	2		1			
憲法	2	2				
行政法	2	3	3	3	3	
民法	3	4	4	4	4	4
刑法	2	3	3	3	2	4
商法		2	2	3	2	
國際公法			3	3	3	3
國際私法			2	2	2	2
理財學	2		2		2	
社會學	2					
外交史					2	
統計學					2	
日本語	3	3				
英語	6	6	6	6	6	6
民事訴訟法				2		4
刑事訴訟法				2		4
監獄學						2
體操	2	2	2	2	2	2
財政學	2		2		2	
中國法制史		2				
外國法制史		2				
合計	35	35	35	35	35	35

別科

學科	第一學年 每週時數	第二學年 每週時數	第三學年 每週時數
人倫道德	2	2	2
皇朝掌故	2	2	
大清律例	2	2	
政治學	2		
法學通論	2		
理財原論	2	2	
憲法	2		
行政法	2	3	4
民法		3	5
刑法	2	3	4
商法		2	3
裁判所構成法		1	
國際公法		3	3
國際私法		2	2
財政學		2	3
論理學			2
世界近代史	2		
地理略說	2		
日本文	12	6	6
體操	2	2	2
合計	36	35	36

由上表可知，「政治門」須修很多有關法律的課，「別科」修的主要是法律課。

各省的法政學堂

依據丁致聘民國22年所編《中國近七十年來教育》（商務印書館民國24年）和朱有瓛主編《中國近代學制史料第二輯（下）》（華東師

範大學出版社1989年）各省自光緒三十一年起陸續申請成立相當於「專科」的「法政學堂」之年代如下：

光緒三十一年，直隸請設「北洋法政學堂」和「保定法政學堂」，廣東亦奏改課吏館為「廣東法政學堂」。

光緒三十二年，閏四月十日（1906年6月1日）江蘇江寧法政學堂招生開學。江西、福建、山東、浙江、四川，貴州，湖南、奉天與安徽均奏設法政學堂。

光緒三十三年，陝西、山西與新疆奏設法政學堂。

光緒三十四年，湖北、吉林、熱河、雲南、廣西與河南奏設法政學堂。

宣統元年，甘肅奏設法政學堂。

宣統二年，黑龍江奏設法政學堂。

以上多係將「課吏館」或「仕學館」改為「法政學堂」，招生開學快慢不一。有先設「速成科」後改「正科」的，也有只設「速成科」或只設「正科」的。再者，法政學堂的課程中都有「日文」，尤以「預科」和「別科」時數特多。這是因為缺少「教師」，必需向日本聘請。不僅法政科，他種學科及其他各級各種學校亦多如此。據統計，1897-1909年間來華日籍教師約有三百名，其程度參差不齊，對於我國學生之學習甚有影響。

副將各缺。請照文職章程補用。下部議。○浙江巡撫增韞奏。變通部章。請予私立學堂專習法政。以為立憲之豫備。得旨。學部妥議具奏。

《清實錄》宣統元年十二月之片段

唯各校學生人數仍有限，如上

述北洋大學堂雖早已成立「法律科」，但僅宣統三年（1911年）有畢業生九人。另於光緒三十四年閏二月（1908年3月），憲政編查館奏設「貴胄法政學堂」招收宗室，外藩王公，滿漢世爵就讀。由於實際之需要，浙江巡撫增韞為士紳擬於浙江省寧波和東湖兩地設「私立法政學堂」，奏請變通部章准予私立學堂專習法政，宣統元年十二月二十七日（1910年2月6日）硃批命「學部妥議具奏」。翌年四月二十六日（1910年6月3日）有「學部奏議復浙撫奏變通部章准予私立學堂專習法政折」云：

奏為遵旨議奏恭折仰祈聖鑒事。

……。欽遵抄交到部。查原奏內稱：查管學大臣《奏定學堂章程・學務綱要》內載，私學堂禁專習政治法律一條，其時尚在預備立審以前，又切望士子壹意科學，戒虛崇實，防患未然，在立法之初何學不斟酌盡善，具有苦心，惟政體既更，時勢亦異，因時制宜，殆不可緩。請旨飭部將前定學務綱要禁止私立學堂專習法政一條全行刪去，并由部通行各省准予私立法政學堂，一切教授設備及用人管理諸事仍舊提學司嚴行監督，畢業後一體給獎各等語。臣等竊維國家設學所以造就通才，應時制用，立憲政體既已確定，即教育之方向亦宣與時為變通。……查《學務綱要》係訂於光緒二十九年，其時尚在籌備立憲以前，新學初興，人心浮動，故奏章特設私學堂禁專習政治法律一條，立法具有深意。然又有參考西國政治法律宜看全文一條內稱：政治一科惟大學堂有之，高等學堂預備入大學政法科者習之，此乃成材入仕之人，豈可不知政法，果使全國皆知有政治，知有法律，決不至荒謬悖誕等語，是立法之時固未嘗不以法政知識為重，第以政法學科屬諸高等專門，而非普通學所有，事徵諸外國學制本無不合。臣部於光緒三十二年間奏定法

> 政學堂章程，通行各省，首於京師創立法政學堂一所，以樹風聲。比年以來各省業經一律興辦，自奉明詔宣布籌備立案，并刊布欽定籌備立憲事宜清單，各省諮議局既於上年成立，京師資政院亦於今年召集，而各級審判廳、各級地方自治亦皆次第施行，所有議員自治職員審判官吏，非有法政之素養不足以趨赴事機，需才既眾，自宜廣加培成以資任使，若專恃官立學堂為途未免稍狹，該撫所奏變通部章准予私立學堂專習政治法律一節，應即照准。

宣統二年十月初九日（1910年11月10日）學部又有附奏「推廣私立法政學堂片」：

> 再，臣部于本年四月，議復浙江巡撫增韞具奏變通部章准予私立學堂專習法政折內開，所有各省私立法政學堂，應在省會地方，經費充裕、課程完備者，方准呈請設立等語，奉旨允准，欽遵辦理在案。嗣據該撫咨稱浙江之寧波法政學堂　暨東湖法政學堂，均系私立，而在省城之外。惟其設立在新章頒布以前，且曾咨部核准有案，可否准其仍舊設立等情。臣等查東湖法政學堂，設于紹興，其距浙江省垣僅一水之隔，交通便利，稽查甚易。寧波為通商口岸，按照光緒三十四年憲政編查館奏定逐年籌備清單，省城及商埠地方等處各級審判廳須于第三年內一律成立。則通商口岸須用司法人材實與省城同關緊要，自應將私立法政學堂限于省會一節，酌量推廣。凡繁盛商埠及交通便利之地，經費充裕課程完備者，一律將於呈請設立法政學堂以廣造就。

由於「奏定章程」規定的課程不切實際，學部於十一月十九日

（1910年12月20日）再奏請「改訂法政學堂章程」，明訂「正科」分「法律」、「政治」、「經濟」三門，中學堂畢業者經考試錄取入學，修業四年畢業；「別科」不分門，以已入仕及有舉人、秀才、監生等資格且年二十五歲以上者，經考試錄取入學，修業三年畢業。又規定授課一律用漢文。外國文分英、德、日三科，正科生任習兩科，別科生任習一科。課程亦有修訂，現列「法律門」與「別科」課程表於次。

法律門課程表

第一學年		第二學年		第三學年		第四學年	
學科	每週時數	學科	每週時數	學科	每週時數	學科	每週時數
人倫道德	1	人倫道德	1	人倫道德	1	人倫道德	1
比較憲法與憲法大鋼	4	民法（物權）	4	民法（債權）	4	民法（親族相續）	4
民法總論	4	大清律例	4	民事訴訟法	4	商法（海商保險）	4
大清律例	4	行政法	3	刑事訴訟法	4	破產法	2
羅馬法	2	商法總則	4	監獄學	2	國際私法	3
經濟學原論	2	民事訴訟法	3	商法（商行為手形）	4	非訟事件程敘法	2
中國法制史	3	刑事訴訟法	3	西洋法制史	3	民事訴訟法	3
倫理學	2	國際公法（平時）	3	國際公法（平時）	3	刑事訴訟法	3
法學通論	2	監獄學	2	人事訴訟法	2	法理學	3
行政法（比較）	3	日本法制史	2	監獄實習	2	民事訴訟實習	2
法院編制法	2	外國文（日文）	4	外國文（德文）	6	刑事訴訟實習	2
外國文（日文）	6	外國文（德文）	2			外國文（德文）	6
合計	35	合計	35	合計	35	合計	35

附註：民法、商法、訴訟等法，現暫就外國法律比較教授，俟本國法律編定奏行後，即統照本國法律教授。

別科課程表

第一學年		第二學年		第三學年	
學科	每週時數	學科	每週時數	學科	每週時數
人倫道德	1	人倫道德	1	人倫道德	1
法學通論	3	刑法各論	3	商法（會社、手冊）	4
比較憲法與憲法大鋼	4	民法（債權、親族、相續）	4	行政法（各論、地方自治）	3
刑法總論	3	行政法總論	2	國際私法	3
民法（總則、物權）	5	商法（總則、商行為）	4	國際公法（戰時）	3
法院編制法	2	經濟學各論（銀行、貨幣）	4	財政學（歲入、公職、財務行政）	4
經濟學原論	2	財政學（總論、歲入）	2	經濟政策（交通、殖民）	4
中國法制史	3	經濟政策（實業）	4	刑事訴訟法	2
世界近世史	3	民事訴訟法	2	民事訴訟法	4
政治地理	2	刑事訴訟法	2	統計學	2
政治學	3	國際公法（平時）	3	外國文（隨意）	3
		統計學	2	政治史	3
外國文（隨意）	3	外國文（隨意）	3		
合計	36	合計	36	合計	36

因籌備立憲實施新政「需才既眾」是事實，清政府不得不同意。於是各省私立法政學堂亦紛紛設立。

福建的官、私立法政學堂

光緒三十二年（1906年）學部「奏請各省添設法政學堂文」獲准後，閩浙總督崇善於七月上奏，請准設福建法政學堂。次年（1907年）五月，新任閩浙總督松壽決定把校士、課吏兩館裁併改設為福建法政學堂。當時設立該學堂的理由是：

> 又以新政繁興，非養成多數通曉法政之官吏，不足以分任地方。即如裁判一項，閩省二州五十八縣，應各設地方審判廳一所，民刑兩科推事，遵照定額設立，已不下三百餘人。其高等審判廳，初級審判廳以及檢察人員尚不在內。需材既多，造就宜預。……又上年恭逢詔旨，宣布立憲時期，入手始基，首在地方自治，此項辦事人才尤應及早預備。

因此設立法政學堂已成當務之急。該學堂初設時，「分為高等、簡易兩科，旋以名稱與部章歧異，改高等科為別科，簡易科為講習科，以符定制」。以後又增設法政講習科和自治講習科。別科學制三年，講習科一年半。其課程科目，按照學部規定，先後開設大清律例及唐明例、現行法制及歷代法制沿革、法學通論、經濟通論、國法學、羅馬法、刑法、外國文、體操、民法、憲法、商法、民事訴訟法、刑事訴訟法、裁判所編制法、國際公

劉學恂像

法、訴訟實習、行政法、監獄法、大清公司律、大清破產律、國際私法、財經通論等。畢業生且須繳「卒業論文」。

劉崇佑（左坐）1908年返國後與父（右坐）、弟（父後立二弟崇偉、旁立七弟崇佺）、子（準業，前立）、女（珍業，旁立）合影。

上文曾說各省法政學堂多缺少專門教師，必需向日本聘請，但福建法政學堂卻是例外。蓋因甲午戰後，福建有識士紳鑑於日本之崛起實由新學新政，乃創辦「東文學堂」供閩省青年習日文，赴日本求學，而福建向稱「海濱鄒魯」，又有不少人在日學習法律政經專長，故不缺人才。

案「福州東文學堂」為福州仕紳因光緒二十二年（1896）創辦「蒼霞中西學堂」頗具成效，而「日本邇來廣譯西書，富我取資，壤地至近，既魯之聞郕，取經至捷」，故決定於1898年再辦一所以兼學漢文東文（日文）之新學堂。聘能說「北京語」，曾任日據初期臺灣撫墾署長的岡田兼次郎為校長兼東文總教習，並得日本「東亞同文會」的支持。其課程除東文、西文外，有翻譯、外國史、數學、經義、子書、通鑑、文獻通考、本朝聖訓、名臣奏議、歷代經世文等。此校創辦人有曾任內閣學士陳寶琛、船政提調沈翊清（沈葆楨長孫）與先曾祖學恂公（以後敬諱略）等註一。成立於戊戌變法後一個月，因這些官紳認為「強國富民之道莫急於養人才，養人才之法莫先於興實學」，設此校乃希望「使千載一遇之革新不歸空論」。該校於1903年改為師範學堂。

劉學恂（1842-1911），號少如，林文忠公長女之次子。二品廕生，湖北候補知府，曾任湖廣督署文案，總辦蘆漢火車貨捐局等職。思想開明、有遠見。響應張之洞新政，在福州提倡不纏足，推動發展新學。不但熱心斥資設辦「東文學堂」，並遣子姪多人赴日留學，其中與清末福建法學教育關係密切的為其長、三兩子，即先祖崇佑（以後敬諱略）及先叔祖崇傑（以後敬諱略）。劉崇佑（1877-1941），號崧生，光緒甲午（1894年）舉人，1905年9月就讀日本早稻田大學專門部法律科，1908年5月畢業，返國後獲選福建諮議局第一屆議員，並當選副議長。劉崇傑（1881-1956），號子楷，1901年9月至1904年7月就讀日本早稻田大學政學部邦語政治科，1906年7月於大學部政治經濟學科畢業。返國後正逢福建法政學堂成立，為第一任監督（校長），曾主譯《日本法規大全》（商務印書館，1908年）

福建私立法政專門學校首次開學式（1911年）

等書。宣統二年（1910）因調任中國駐日本使館參贊而離職。

官立法政學堂校址設于原鰲峰書院，在原書院基礎上再擴建校舍，並添購附近民房，所以規模較大，成為造就福建法政人才的最高學府。成立時尚無中學堂畢業生，所以只從舉、貢、生、監中考選。而法政講習科則招收新到省工作人員、官吏考試列入三四等人員及候補人員。至于自治講習科則由各州、縣妥選「舉、貢、生、監等到省學習」。據宣統元年統計，當年有別科在學生341人，預科130人，官班法政講習科80人，自治講習科130人，共有在校生681人。此外，講習科已畢業者有170人。劉崇傑離職後，由光緒庚寅恩科（1890年）進士鄭錫光為監督。並增設副監督一人，初為楊廷綸，後改陳培錕，二人均為翰林院編修。同時，林長民（1875-1926）自早稻田大學專門部政經科畢業（1909年）返國，因劉崇佑之推薦而任法政學堂教務長，並為福建諮議局書記長。劉崇佑亦在法政學堂任教，其在日求學時曾譯織田萬之《法學通論》為中文，光緒丁未（1907）年由商務印書館出版。是早年著名法學入門讀本之一（參閱本書第一篇）。

福建私立法政專門學校學生

但林長民與守舊的鄭錫光不合，不久遭免職，乃與劉崇佑等合資籌辦福私立法政專門學堂。現據該校理事，民國後曾一度擔任校長的劉以芬在《民國政史拾遺》敘述此私立法政專校成立之經過如下：

> 林（長民）在留學界頗負盛名，初返閩，官紳爭相延納，兼任自治籌備處議紳，官立法政學堂教務長。林長髯飄拂而香溢襟袖，見者怪之。每會議，侃侃而談，即先輩，言不中程，亦力糾不少假，諸紳不敢攖其鋒，心實忌甚，與鄭錫光意見尤多齟齬。鄭雖任監督，於教育實瞢然無知，遇彼此持論相左，輒林伸而鄭屈。鄭故偏狹，諸紳又陰構之，以是益積不相能。堂中故例，外府縣保送學生入學，須入納捐一百元，省垣則否。林曰：此惡例也，力主廢除。鄭持不可，爭數日未決，鄭陳諸提學使姚文倬，免林教務長職（時官校教務長，由提學使聘任）。諮議局議員聞訊大譁。向姚提出嚴厲質問，社會亦不值鄭所為。林告各界書中有「危言讜論，動驚長老，蹇性窈思，難以

模擬民事法庭

諧俗」語，足見當時去林，非僅鄭一人意也。旋劉、林集同志議，以立憲勢在必行，亟宜儲才備用。良好法政教育既難望諸政府，唯有由私人努力，眾咸謂然，乃決組私立法政專門學校（即今私立福建學院），假白水井劉氏花園地址，籌資興建校舍……宣統三年四月六日，舉行開學典禮……

根據以上精神，當時閩省諮議局副議長劉崇佑，書記長林長民與福建諮議局人員及九府二州眾多開明人士商議，決定由大家捐資創辦私立法政學堂及附設中學。為解決校舍建設的用地問題，劉崇佑將自己先世在烏石山陰白水井地方私有的花園捐獻出來作為校址。修建可容納學生五百人教學樓一座。學堂由發起人組成維持員會（相當「董事會」），以劉崇佑為會長（相當「董事長」）。經常費用由維持員會之維持員按其每月收入，繳百分之二十充之。另設理事三人協助處理校務選舉林長民為監督（校長）。經過數月籌備，福建私立法政學堂於宣統三年（1911年）正月先設法律別科，學制三

校門口

年；並設附屬中學一所，學制四年。首屆招生360人，附中招生160人。宣統三年三月十九日（4月17日）正式成立，開辦本科，招生100人。課程設置依照學部章程規定，與官立法政學堂類同。第一次招生報考人數就有一千多人，籍貫遍及本省各府州縣，非常熱烈。

民國建立後，劉崇佑與林長民當選國會議員，離閩北上。福建私立法政學堂改名「福建私立法政專門學校」，以「忠勇誠樸」為校訓。校長仍由林長民署名，繼續培育法律人才，著有成效。民國五年，教育部舉辦之全國專門學校學生成績展覽會，該校成績於38所公私立法政專門學校中名列第五，而為16所私立法政專門學校之冠。北京政府和福建地方政府舉行文官、法官和縣知事考試，甚多福建私立法政學校畢業生都被錄取，一時馳譽全國。該校後改制為私立福建學院，戰爭時期仍絃歌不絕，對福建高等教育發展甚有貢獻。民國三十六年春福建學院建成「宗孟崧生紀念堂」以紀念林長民（宗孟）與劉崇佑（崧生）的創校功績。該校又有附設中學，舊址現為「福州二中」。

【本章原名〈清末法學教育史簡介——兼述福建公、私立法政學堂之成立〉，曾載《歷史月刊》231期（2007年），頁112-120。2011年10月29日修訂】

>>> **注釋**

註一　陳、沈、劉三氏有姻親關係。如陳寶琛之胞妹嫁劉學恂胞姪鴻壽（字步溪），親堂弟寶璇娶學恂胞姪女崇婉；沈翊清六叔瑤慶娶劉學恂幼妹拾雲。

三、追求憲政與法制救國的理想

——立憲運動

中日甲午之戰後，有見識的中國人乃知徒言「自強」已不足救國，「變法維新」或「流血革命」才可能使中國免於淪亡。「革命」不是許多傳統讀書人所願為，因此東渡至日本求取新學，探究維新強國之途者絡繹不絕。先曾祖學恂公（號少如，1842-1911，以後敬諱略）曾與戚友在福州開辦「東文學堂」以為鄉人子弟赴日之準備。先祖崇佑（號崧生，以後敬諱略）於1905-1908年前往日本早稻田大學專門部習法律。留學期間專心讀書及翻譯織田萬《法學通論》一書為中文，此書1907年由上海商務印書館出版，是清末民初之暢銷法律入門書（參閱本書第一篇）。也參加過梁啟超領導的「政聞社」活動。1908年畢業後立即回鄉，從事法律教育（請參閱本書第二篇）及投入立憲活動，追求以憲政與法制救國之理想。

政聞社

當時在日本旅居的梁任公與湯覺頓、張君勱、向構父、徐佛蘇等想集合各省有名望、有地位的人組織一個團體，發揮政黨力量，達到改革政治的目的。這個團體便是「政聞社」。光緒三十三年九月十一日（1907年十月十七日）在東京正式成立。以達成「君主立憲」為目的，與「中國同盟會」之「推翻帝制」大不相同，據向構父的回憶：註一

> 政聞社成立後，發刊《政論》，任公在政論第一號內，發表宣言，提出的主張有四條：一、實行國會制度，建設責任政府；二、釐訂法律，鞏固司法權之獨立；三、確立地方自治，正中央地方之權限；四、慎重外交，保持對等權利。而中國同盟會的主張則有七條：一、推翻帝制；二、罷市；三、罷工；四、佔領交通機關；五、抗稅；六、殺官吏；七、殺立憲黨。這樣兩派便各行其是，越離越遠。
>
> （中略）
>
> 據我記憶所及，當時重要社員有馬相伯、徐佛蘇、蔣觀雲、湯覺頓、麥孺博、熊希齡、徐勤、張君勱、向構父、黃可權、范治煥、張季直、湯化龍、梁善濟、孫洪伊、劉崇佑、謝遠涵、羅掞東、侯延爽、徐爾音、狄楚青……

政聞社社員在日本時約有五百人，光緒三十四年正月，政聞社本部遷到上海，並派社員分赴各省活動，頗有聲勢。唯同年七月十七日（1908年八月十三日）即遭清廷下令查禁：

> 近聞沿江沿海暨南北各省設有政聞社名目，內多悖逆要犯，廣斂資財，糾結黨羽，託名研究時務，陰圖煽亂，擾害治安，若不嚴行查禁，恐復敗壞大局，著民政部、各省督撫、步軍統領、順天府嚴密查訪，認真禁止，遇有此項社夥，即行嚴拿懲辦，勿稍疏縱，致釀巨患。欽此。

向構父認為其原因是「戊戌政變由袁世凱出賣康梁向榮祿告發而興大獄。若政聞社發展，康梁再起，必不利於袁世凱，故向清廷極力中傷而發此禁令。」

然而，「形式上我們解散了這個團體，但在實際上許多社員並不放棄爭取立憲，亦有轉而主張革命者，這個團體的根本精神仍然被保留下來，到了民初又集合而成為進步黨。」

梁啟超（旅日時期）像

福建諮議局與「政與會」

清末，政府為時勢所逼，光緒三十三年（1907）九月下達「著各省督撫均在省會速設諮議局」的上諭。又於翌年（1908）六月，頒佈《各省諮議局章程及議員選舉章程》。並由軍機處傳達「著各省督撫迅速舉辦，實力奉行，自奉到章程之日起，限一年內一律辦齊（諮議局）」上諭。八月，下詔宣布九年之後召開民選之國會。宣統元年（1909）二月，攝政王載灃又詔示重申「預備立憲」宗旨，

福建諮議局第一屆全體議員一覽表

姓名	別號	籍貫	年齡	資格	住址
椿安	筱莽	福州駐防滿州正藍旗人	三十九	舉人	福州城內湯門街
彬煦	仲育	福州駐防滿州鑲紅旗人	四十一	舉人	福州城內湯門街
楊長餘	文慶	福州駐防漢軍鑲黃旗人	四十三	附生	福州洋嶼旗營
黃乃裳	紱臣	福州府閩清縣	五十八	舉人	福州南台倉前山
楊廷綸	芸朗	福州府侯官縣	三十四	翰林院編修	福州城內孫老營
劉崇佑	菘生	福州府閩縣	三十三	舉人	福州城內宮巷
林佑蘅	藹如	福州府侯官縣	三十八	留日速成鐵道畢業生	福州城內文儒坊

第一屆全體議員一覽表 一

福建諮議局議員名冊（部分）

福建諮議局第一屆議長副議長姓名一覽

職別	姓名	
議長	高登鯉	餘詳全體表
副議長	劉崇佑	餘詳全體表
副議長	陳之麟	餘詳全體表

議長副議長姓名一覽 六

福建諮議局議長副議長名冊頁

命令各省在年內成立諮議局，後還開革了幾位阻礙立憲的官吏。立憲派人士感到興奮，紛紛參與諮議局議員的選舉活動。閩浙總督松壽（字鶴齡，滿州正白旗人）也很積極，光緒三十四年八月二十一日即開始辦理相關業務，定次年六月十六日以前完成選舉。

就像許多常以國事為己任的許多中國讀書人一樣，劉崇佑也有獻身救國之理想。由於素來主張「君主立憲」制度，以漸進方式改革政治；並深信有完善的法制，國家才能長治久安。返國後即一方面推展法律教育（參閱前文），另一方面與友人高登鯉等在福州宣傳君主立憲。因此也參加選舉，獲選為福建諮議局議員。宣統元年九月初一日（1909年十月十三日），除新疆外，二十一省諮議局均宣告開局。各省諮議局議員、議長和副議長多為立憲派人士。如江蘇議長張謇，奉天議長吳景濂、副議長袁金鎧，浙江議長陳黻宸、副議長沈鈞儒，湖北副議長湯化龍（後為議長），四川議長蒲殿俊等均是。福建選出議員七十二人，其部分名單如上圖。由立憲派人士高登鯉當選議長，劉崇佑和陳之麟當選為副議長（下圖）。林長民（1876-1925）適自日本早稻田大學專門科畢業回到福州，因劉崇佑的推薦而任諮議局的書記長。據向構父說：「當時各省諮議局議員多係科甲出身，贊成立憲者頗多，其中貢獻最多者為江蘇張謇（季直）、四川蒲殿俊、湖北湯化龍、福建劉崇佑等。」

依規定，諮議局每年開「常年會」一次，會期四十天，必要時可以延會。以福建為例，諮議局第一次常年會就延了五天。自九月初一到十月十五日，開會二十一次，及審議會一次。議決案49件（總督提出7件，議員提出者42件），申復諮議案5件，質問案6件，呈請建議書6件，共66件。其中否決案3件。這些案件中包括：制定規則、興辦教育、改革財稅、振興實業及交通、改革風俗及治安、保護個人權益等。還有彈劾地方官以及籌設審判庭各一件。可知諮議局議員已就應興應革事件和關係國計民生的問題積極建言，善盡了民意代表的責任。閩浙總督（稱為「制軍」或「制台」）亦率省署高級首長布政使（藩司）、提學使（學司）、按察使（臬司）、糧道和鹽道等列席。以宣統元年十月初四日（1909年11月16日）上海《時報》所載「福建諮議局紀事」為例，其報導如下：

> （九月）十九日制軍未蒞會，尚藩代理。學司，臬司，糧道，鹽道均到會。福州府，閩縣亦先時到場。議員出席六十八人，缺席七人。到會旁聽者，計本國人十五，外國人男、女、童十一人。午後一時開議。（甲）議長劉崇佑報告：一、議長高登鯉君病假。二、議員吳拱辰君五人病假。三、旁聽規則經制台批准。四、議事細則經制台酌改三條。五、地方自治籌備處九月十三日成立。（乙）長駐議員之選舉，當選者為張國香、林佑衡、許贊虞、賴其浚、林邦楨、鄒含英、楊長餘、陳士霖。（丙）籌備師範教育第二讀會修正案。（丁）普通教育第二讀會

修正案。是日議場發言者為康詠、盧初璜、高士龍、施景琛、孔昭等數人云。

二十日制軍蒞會。隨到者，藩、學、臬三司，鹽道，福防廳，閩縣，侯官縣。議員出席六十七人，缺席八人。旁聽者，計本國人二十六，無外國人。午後一時開會。諮詢案四：一、閩省械鬥如何消弭？制台提；一、閩省花會如何查禁？制台提；一、閩省茶葉如何改良？制台提；一、閩省水產學校如何查辦？制台提出。修正案一：改造魚鱗冊，庶政興革科，其他財政科銀銅元搭三。提議者劉崇佑。

同時，劉崇佑和和高登鯉、陳之麟及林長民等發起組織「政與會」，是福建當地鼓吹憲政的團體。宣統元年十一月（1909年12月）正式成立，選林長民、劉崇佑與陳之麟為主理幹事，領導會務。所持主張為「以輔佐地方自治之不逮。並為咨議局機關之助」。其辦事綱領有：（1）奉戴皇室， 翼護憲政之成立：（2）尊重中央與地方官廳之責任（3）求自治制度之發達（4）保全國權，顧重民生（5）注重財政，實行各項調查（6）聯合海外華僑。振興內地實業（7）促成交通機關（8）普及國民教育。並附設講習所，經常講解憲

福建諮議局會場

政及地方自治，聽眾有時多達三百餘人。宣統三年（1911）政與會曾和福建諮議局聯名致電內閣，明白宣示反對皇族充當內閣總理等政見。

孫洪伊（伯蘭，1870-1936）像

請願代表團與「憲友會」

江蘇省諮議局第一次年會閉幕前，議長張謇（光緒甲午科狀元）發表〈請速開國會建設責任內閣以圖補救書〉。要求縮短預備立憲時間，於宣統三年召開國會，組成責任內閣，並准許先行召開臨時國會。甚至表示，如不然，清王朝將為革命黨所推翻。又呼籲各省組織團體聯合請願。隨後，江蘇諮議局致函各省諮議局，發起「諮議局聯合會」，請各局推派代表前往上海，洽商進京請願之事。十一月初，江蘇、直隸、河南、奉天、吉林、黑龍江、山西、山東、湖北、湖南、江西、安徽、福建、浙江、廣東及廣西十六省諮議局代表共五十五人聚集上海。眾推劉崇佑主持會議，前後集會磋商八次，決定組成三十三人的「諮議局請願聯合會代表團」，眾舉直隸議員孫洪伊為領銜代表，劉崇佑與方還（江蘇）、羅傑（湖南）、劉興甲（奉天）四人為幹事，赴北京請願。

宣統元年十二月請願代表在北京聚齊，確定「請願書」內容。其中強調：「夫憲政之當行，國會之當立，朝野上下，本無異辭。今洪伊等之所欲言者，在於速開國會而已。」請都察院代奏，並推孫洪伊、劉崇佑、陳登山、谷芝瑞、陶鎔與方還為代表，於十二月十日（1910年元月二十日）起分別拜會王公大臣，尋求支持。唯王公大臣多虛與委蛇，有人（如鹿傳霖）認為只是小團體、少數人的意見。致使清政府於十二月二十日以國民教育尚未普及，「遽開議院，恐反致紛擾不安，適足為憲政前程之累」等理由予以拒絕。

但代表團員並不氣餒。二十五日至二十七日開會議決：明年繼續上書再請縮短召開國會時間；部分代表回省組織分會，聯絡海外僑民；部分代表留京擴大宣傳與聯絡其他組織，公推劉崇佑起草留京代表之「辦事細則」；擬定「請願即開國會同志會（後改稱國會請願同志會）」；在各省組織報館；及成立「諮議局聯合會」，亦由劉崇佑負責起草章程。完成起草任務後，劉崇佑返福州進行各項活動。又和連賢基代表福建諮議局兼程進京參加第二次請願。當時須先從福州乘船到上海，再溯江至漢口，改乘京漢線火車前往北京，耗時甚久。劉崇佑正值壯年，1910年內數次往返，為追求理想，不以為苦。

宣統二年五月初十（1910年六月十六日）的第二次請願聲勢浩大，簽名者數十萬。是日上午八時，十組代表一百四十餘人齊集都察院，由領銜者依次向左副都御史陳名侃遞交了分別代表直省諮議局、直省和旗籍紳民、東三省紳民、各省政治團體、各省商會、各省教育會、江蘇教育會、江蘇商務總會、雪蘭莪華僑、澳洲華僑十份請願書。一致要求一年之內召開國會。但又為清政府所拒絕。

同年七月初八（1910年八月十二日）除甘肅外二十省諮議局五十位代表在北京參加「諮議局聯合會」。選湯化龍和四川省諮議局議長蒲殿俊為正、副主席，孟森、孫洪伊、劉崇佑等九人為審查員，孟森兼審查長。共開會十三次，於八月初四（1910年九月七日）結束，議決的重要事項仍在「請願」。但請願書必須加強語氣，除速開國會外，還要求「組織責任內閣」、「速定官制」與「放寬諮議局權力」。劉崇佑與湯化龍負責起草「放寬諮議局權力」部分。請願的通盤計畫由孫洪伊負責，劉崇佑及徐佛蘇等七人同任編輯。

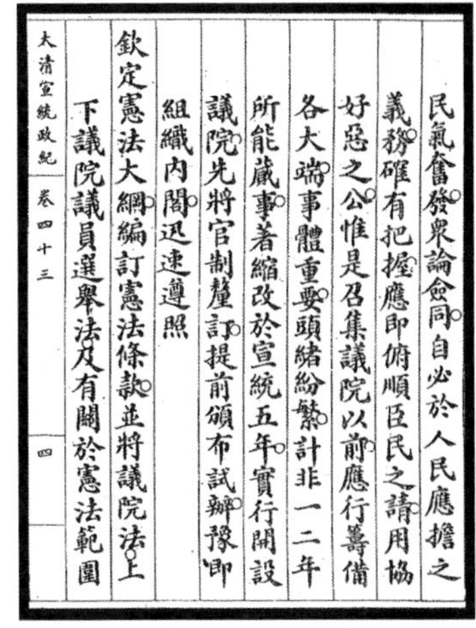
大清宣統政紀 卷四十三 四

民氣奮發。衆論僉同。自必於人民應擔之義務。確有把握。應即俯順臣民之請。用協好惡之公。惟是召集議院以前。應行籌備各大端。事體重要。頭緒紛繁。計非一二年所能蕆事。著縮改於宣統五年實行開設議院。先將官制釐訂。提前頒布試辦。豫即組織內閣。迅速遵照

欽定憲法大綱。編訂憲法條款。並將議院法上下議院議員選舉法及有關於憲法範圍

宣統政紀相關頁

第三次請願聲勢更大，不但較前增加美洲華僑代表和日本華僑代表，還有青年割肉在請願書上塗血，和

請願代表合影

以斷手指與血書表示強烈支持。請願書則是九月初五（1910年十月七日）直接給攝政王載灃（由肅親王善耆代收）及九月初七給資政院。二十二日資政院開會通過。各省也在本月內紛紛發動請願遊行，許多總督、巡撫應張謇之請，上奏呼應。政府不得已，終於十月初三同意提前於「宣統五年（1913）實行開設議院」，以及釐訂官制、設立內閣。又命「所有各省代表人等，著民政部及各省督撫剴切曉諭，令其即日散歸」。

請願運動在表面上固屬無效。實質上所引起的影響極為深遠。立憲派人本有心扶持挽救當時的政府，但因請願失望，逐漸改變心意，轉而同情革命甚或贊成革命。這是立憲派人士與革命黨人於辛亥革命時能合作之一主因。請願之初，《時報》早於宣統元年十一月二十一日（1910年1月2日）「社論」即表示：「請願各代表實全國四萬萬人民意見之集合。……朝廷對於此次請願各代表，苟接之不以禮歟，則不謂為蔑視代表也，直謂蔑視四萬萬之人民。苟不准代表之請願歟，則不謂為拂代表數人之私意，直謂逆天下之公意。」雖立憲派人不見得能代表全國人民。但清廷對請願的反應的確蔑視國人對於改革的期待，而對朝廷失去信心。時報又指出：若請願不遂，則不但「人人喪氣、人人灰心」，更嚴重的是「革命黨且得利用時機，相為鼓煽。謂民權之終不可得，立憲之終不免出於空談。不如及早自圖。顛覆政府，別立新政府之為愈。是說一播，則各省不逞之徒，立見其蠢動，而國家大局立見其危。」結果此讖論言中，不到兩年即有「武昌起義」，清廷終告覆亡。

國會請願運動雖然未能完全達到目標，但也迫使清廷允諾提前成立責任內閣，及召開國會。立憲派人士因此認為，在中國實行君主立憲政體仍可期待。由於國會政治就是政黨政治，為了使未來國會成為真正的立法機關和監督機關，必須組織政黨，並使該政黨在國會中獲得多數席位以操縱國會，進而組織責任內閣。因此，「憲友會」、「憲政實進會」、「辛亥俱樂部」等主張在中國實行君主立憲的政黨於1911年上半年分別成立。

「憲友會」是立憲派中的積極者組成，目的是準備在宣統五年召開國會時能有影響力，以實現其政治主張。宣統三年四月第二次諮議局聯合會在北京召開，由湯化龍起草上奏，朝庭先置之不理，爾後又予斥責。同時，由五位諮議局議長謝遠涵（江西）、梁善濟（山西）、湯化龍（湖北）、李文熙（四川）與孫洪伊（直隸）發起，各地出席代表決定於五月初三（1911年5月30日）正式組成「憲友會」，通過章程，其中包括六點政綱：（一）尊重君主立憲政體，（二）督促責任內閣，（三）整釐各省政務，（四）開發社會經濟，（五）講求國民外交，（六）提倡尚武教育。五月初八（1911年6月4日）正式宣告成立，到會百餘人。（1911年6月10日、11日《時報》）大會推舉謝遠涵為臨時主席，黃遠庸、李文熙為臨時書記，又選雷奮、徐佛蘇、孫洪伊為常務幹事，領導會務發展。劉崇佑原亦北上赴會，但因父病篤（學恂公逝於陰曆四月十六）而返回福州。與高

湯化龍（濟武，1874-1918）像

登鯉等同為憲友會福建支部的發起人，宣統三年中秋日（1911年10月6日）在福州白水井庚戌俱樂部召開發起會，各府、縣列名發起者達80餘人。推舉劉崇佑和梁繼棟起草章程，準備正式成立。但因發生武昌起義而停止活動。

辛亥革命與福建光復前後

福建古有海濱鄒魯之稱，文風頗盛。清末又得風氣之先，留日士子甚多，歸國學生組織維新、救國的社團也很多。有立憲派，有革命派，亦有兩派合作發起贊助的。其中最為活躍的為「橋南公益社」，領導者即為立憲派的林長民、劉崇佑和革命派的鄭祖蔭、劉通等。立憲派多為本地士紳，但不排外，如支持鄭祖蔭（藻山）獲選諮議局議員，即為一例。1910年冬，在劉崇佑和林長民的倡議下，由立憲派人士與「橋南公益社」的同盟會人士各出資500銀圓合辦《建言報》，社址在倉前山梅塢，1911年元月10日創刊，每週二、四、六出版。標榜以「發揮憲政精神，指陳地方利病」為宗旨，啟迪民智，倡導憲政，傳播救國思想。其主要內容有論說、批評、紀事、雜錄等。唯主編為同盟會劉通，他極力宣傳革命排滿，為立憲派所不滿，談判亦無結果。辛亥革命起，福建光復後停刊。

劉崇佑為加強兩派合作，還曾協助革命黨人解決困難。宣統三年初，閩浙總督松壽知有些地方社團為革命黨掌控，乃迫令解散。但革命黨若無社團名目，則難以聯絡活動，乃建議諮議局轉請松壽收回成命。得到劉崇佑等之同意，以地方公益社團不宜禁止，由諮議局呈請保護。松壽因諮議局為地方民意機關，不宜悖拂民情，而同意撤銷禁令。此舉使革命黨人得以繼續活動，甚有助於日後福建的光復。

宣統三年八月十九（1911年十月十日）夜爆發了武昌起義，是辛亥

松壽（？-1911）像

革命之始。當時各省反應不一，傳聞消息也有出入。八月二十七（十月十八日），高登鯉、劉崇佑、林長民召開福建諮議局會議，要求閩浙總督松壽和平轉移政權，未得同意。副議長劉崇佑前往上海了解他省情況後趕返福州，九月十七（十一月七日）向諮議局年會中報告，經充分討論後，多數議員主張組織新政府，宣布獨立。又一致通過劉崇佑的提議，此後所有福建之政務由新政府施行。並且議定四條件通知松壽：

一、滿人服從新政府

二、旗軍交出軍械彈藥

三、此後不分滿漢

四、滿人俸祿照支

此決策既可滿足革命黨人獨立的要求，也顧全滿人的處境。松壽原已同意，但福州將軍樸壽反對。兩日後（11月9日）新軍第十鎮統制孫道仁發動攻城，諮議局議員革命黨人黃乃裳和同盟會會員彭壽松在福州城內響應。松壽吞金自盡，樸壽為革命軍擒殺支解。[註二]福建乃正式宣佈「光復」，脫離滿清政府。紳商學軍界公推孫道仁為福建都督，二十一日（11月11日）就任後傳檄各府州縣駐軍反正，不旬日全省光復。

福建獨立之後，立憲革命兩派繼續合作。都督府人事，亦由兩派分擔。民政部長高登鯉、次長劉崇佑，財政部長陳之麟、次長蔡法平，司法部長梁繼棟與外交部長林長民皆為立憲派人。交通、教育、實業等部部長和司法部次長鄭烈，則為同盟會會員。可知雙方合作關係甚好。由於兩派人士在獨立前後，合作一致，故能順利達成「光復」。革命黨人劉通晚年回憶說：「選賢與能，重要政務多畀于黨外人士……雖多人反對。不顧也。」蕭一山《清代通史》「卷下」則云：「此種作風，各省皆然。足證君憲派最後之勸助革命黨，協謀推翻滿清，實亦革命成功之一大原因。」

當時立憲派人士原有意策動北方軍事政變，阻止袁世凱篡奪政權，但九月十七日吳祿貞在灤州被暗殺，此議遂寢。劉崇佑與湯化龍、林長民等人觀察局勢，知「君主立憲」時機已失，但始終沒有改變經由議會和立憲，實行改革的政治主張。他們乃於1912年元月在上海發起組織「共和建設討論會」，主張在「中華民國」之政體下，以穩健的改革，推行民主制度。

【本文為原發表於《傳記文學》第96卷第6期（2010），67-82頁〈從立憲運動到天壇憲草——追求憲政與法制救國理想的劉崇佑議員〉之一部分，2011年9月7日增訂】

>>> 注釋

註一　《口述歷史》（中央研究院近代史研究所）第一期

註二　《清史稿》卷469〈列傳二百五十六〉：松壽，字鶴齡，滿州正白旗人。……宣統三年……飲金以殉。事聞，贈太子少保，予二等輕車都尉世職，諡忠節。《清史稿》卷470〈列傳二百五十七〉；樸壽，字仁山，滿州鑲黃旗人。……宣統三年……被執，受挫辱，不屈，遂支解之，棄尸山下，其死狀為最烈云。事聞，贈太子太保，予二等輕車都尉世職，諡忠肅。

四、追求憲政與法制救國的理想

——中國第一部憲法之制定

中華民國臨時政府參議院

武昌起義後各省先後響應，宣布獨立光復，組成都督府，也頒布了不同的法令、條例等。為求成立統一的革命政府以一致對付滿清政府，完成鼎革大業，1911年12月16日，江蘇、浙江、湖南、湖北、四川、雲南、山西、陝西、安徽、江西、福建、廣東、廣西、奉天、直隸、河南、山東十七省代表四十五人在南京繼續各省都督府代表聯合會，通過「臨時政府組織大綱」。二十九日選舉孫中山為中華民國臨時大總統。1912年1月1日孫中山在南京宣告中華民國成立，宣誓就任臨時大總統，並改用陽曆，開始依宋教仁、湯化龍與胡瑞霖所擬「草

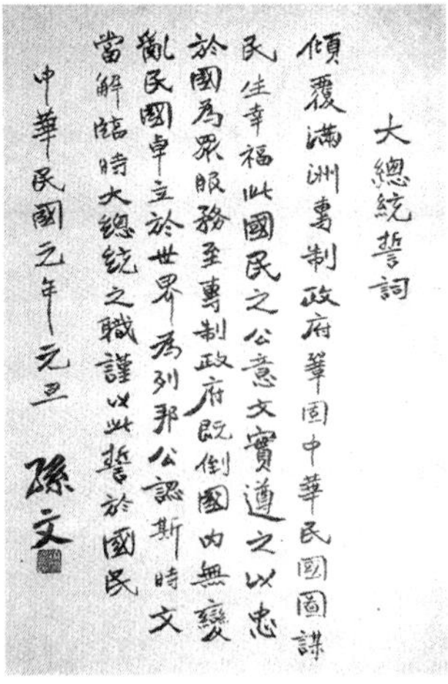
大總統誓詞
傾覆滿洲專制政府鞏固中華民國圖謀民生幸福此國民之公意文實遵之以忠於國為眾服務至專制政府既倒國內無變亂民國卓立於世界為列邦公認斯時文當解臨時大總統之職謹以此誓於國民
中華民國元年元旦 孫文

民國元年臨時大總統誓詞

案」制定「中華民國臨時約法」[註一]。

民國元年1月2日臨時政府通知各省都督府選派三位參議員以組「臨時參議院」。元月28日，十八省參議員四十三人到南京後成立「臨時參議院」，次日選林森為議長，中華民國臨時政府乃告完全成立。二月5日起繼續制定「臨時約法」工作。十二日，即宣統三年（辛亥）十二月二十五日，清帝宣佈退位。二月十五日「臨時參議院」選舉袁世凱為第二任臨時大總統，未就任前由孫中山代理職務。三月8日 通過「中華民國臨時約法」，並同時開始制定「參議院法」。四月一日孫中山明令公布「參議院法」，通知各省盡快依新辦法，以民選方式選出新「臨時參議員」代替原由都督府所派者。隨後宣布即日解除臨時大總統職。次日「臨時參議院」議決臨時政府遷往北京，新選臨時參議員將在北京開會

約與此同時，原憲友會的孫洪伊、湯化龍、林長民、劉崇佑、胡瑞霖、張嘉森等人於民國元年1月在上海發起共和建設討論會，4月13日成立。組成共和建設討論會本部。約三百人參加，選湯化龍為主任幹事兼編輯幹事，其他職員有文書幹事謝遠涵、林長民、蕭湘、楊增犖；會計幹事陳元佐、陳兆瑞、陸乃翔；庶務幹事余紹宋、李文熙、劉樹森；以及交際幹事胡瑞霖、陳煥章、孫洪伊、黃可權、向瑞琨、劉崇佑、張嘉森、谷鍾秀等三十五人。據4月16日《天鐸報》載，討論政綱時「劉崇佑語及社會主義與女子參政權之利害，與吳敬恆、饒孟任互有辯論云。」

北遷之臨時參議院議員原定二十二省，內蒙，外蒙，西藏各五名，青海一名。但西藏未選，新疆、廣西僅選二名，貴州三名，河南、甘肅各四名，內蒙和外蒙共九名。總共一百十人。劉崇佑參加選舉，獲選為福建五議員之一。四月二十九日 新選臨時參議員已超過五分之三陸續到達北京，乃依法正式在北京開會，林長民為秘書長。但有些議員因居遠方交通不便，或因特殊事故，未能如期到達北京。如

劉崇佑於丁憂期年（陰曆四月十六，民國元年6月1日）後始北上，6月18日到院，故湯化龍6月11日致梁啟超函中有「崧生尚未到京」之言。

當時多位議員皆有法政專長，以納國家於法制正規為己任。除政府人事、制度外，擬定了推行憲政之法規。民國元年7月9日，北京參議院選舉張耀曾、谷鍾秀和劉崇佑等14人為起草員，擬定國會組織法和參眾兩院選舉法草案。八月初，草案經參議院通過後由臨時大總統袁世凱公布施行。此後至民國二年四月正式國會成立，這一新「臨時參議院」改選吳景濂（統一共和黨，後參加國民黨）、湯化龍（立憲派）為正、副議長。也議決許多大事如以五色旗為國旗；國會採用參議院與眾議院兩院制；以及國務總理與各部總長之任用等。又通過了「國會組織法」、「眾議院議員選舉法」及「參議院議員選舉法」等。規定參議院議員由各省省議會選出，每省十名，並加蒙、藏、青海等地及華僑代表共二百七十餘名。眾議院議員每省八十萬人選一名（不足八十萬人亦有一名），加蒙、藏、青海等地共六百名。當時的「眾議院議員選舉法」

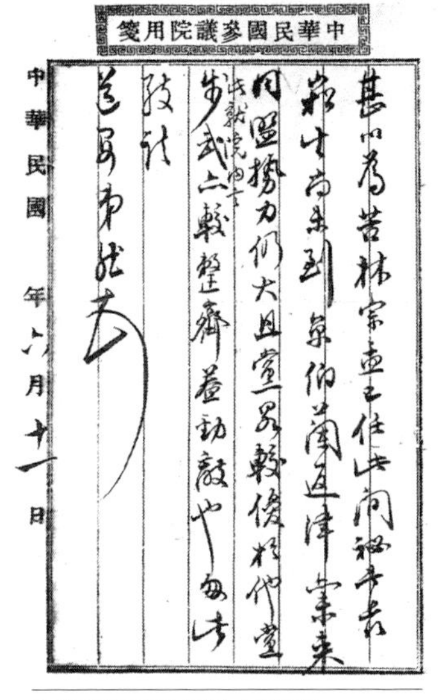
中華民國參議院用箋

中華民國　年六月十一日

湯化龍致梁啟超函（局部）

規定，凡有中華民國國籍的男子，年滿21歲，具有小學同等學力，或擁有價值五百元以上之不動產者，或年納直接稅2元以上並在選區內居住滿2年以上，除少數例外者，均有選舉權。被選舉為議員的公民，年齡則要求在25歲以上。參議員任期六年，眾議員任期三年。兩院院會均規定：達議員總數三分之二以上之出席，方得開議。非出席議員四分之三以上之同意，不得議決。

民國元年九月二十日正式公布「眾議院議員選舉法施行細則」，十月八日正式公布「參議院議員選舉法施行細則」。此後，參議員或因返原籍參加新國會議員選舉，或因政見不合以缺席為抵制，院會常因不足法定人數，未能開議。故此一新的臨時參議院不再有何重要作為。

憲法討論會

民國二年元月，各省新國會議員已次第選出。唯其中有些議員並非當地人士，如曹汝霖和陸宗輿為蒙古參議員，林長民、易宗夔與汪榮寶為蒙古眾議員，可能是經過某種政治性的安排。劉崇佑則

民國元年民主黨臨時大會

在福建當選為二十五位眾議員之一。臨時大總統袁世凱乃頒正式國會召集令，限一年內均須齊集北京。俟參眾兩院各有過半數議員到達，即可同時開會。民國元年，有許多大小政黨，後有合併的。主要是同盟會員為主的國民黨，及立憲派組成的共和黨，民主黨和統一黨。當選議員的也多屬此四黨，但還有許多「跨黨」者。劉崇佑隸屬的民主黨，是四黨中人數最少的。

雖然各黨主張不一，但多數議員參選之初衷乃是為中國建立法制與規範，為民喉舌及監督政府。更有不少熱心國事的各黨議員，於議會未正式開議前已就對於「憲法」的意見先行溝通。國民、共和、統一、民主四黨黨員，專為研究憲法上各種重要問題，特組一「憲法討論會」，相當第一屆國會的會前會。民國二年二月四日，首次聚會於北京北半截胡同江蘇會館。各政黨代表到會者，國民黨有張耀曾等九人；統一黨為王印川等四人；共和黨有王家襄等四人；民主黨為孫洪伊等三人。公推孫洪伊主席，決定了「憲法討論會」的章程：

一、本會以討論憲法上各種問題，預備國會之提案為宗旨。

二、本會以四黨中，各推出八人之黨員組織之。

三、本會以每星期二為常會期，但得開臨時會議。

四、四黨皆有提出議題之權。

五、凡議題提出後，各會員應報告各本黨，於下會期開會時陳述本黨之主張，公同討論。

六、討論終結，應將各黨之主張及理由詳記於記事錄。

七、會議時，以會員一人為主席，主持會場秩序，主席由各黨之會員輪任之。

八、本會公推會員二人為幹事，掌理會務。

九、本會聘用書記員一人，庶務員一人，分享一切事件，由幹事指揮之，幹事得因必要情形，臨時僱用人員。

十、本會經費，由四黨平均負擔。

十一、本會以國會制定憲法之日解散。

十二、本章程經二黨以上之提議，得公決修改。

以上充分表現了各政黨間之平等，合作的精神。自六次（二月十八日，三月四、十一、十八及二十五日，四月一日）會議記錄，亦可見其據理論事，態度平和的君子丰度。每次開會均有主題，過程亦極和諧。現自《近代中國憲政歷程：史料薈萃》轉錄第三次會有關「大總統選舉法」之部分內容於下，可見一斑。

三月十一號為各黨憲法討論會第三次討論之期。是日到會者，國民黨為張君耀曾、易君宗夔、李君肇甫、蔣君舉清四人，共和黨為汪君榮寶、項君驤二人，民主黨為湯君化龍、劉君崇佑、王君國琛、孫君洪伊四人，統一黨為趙君管侯、許君植材·陳君銘鑑、康君士鐸、耿君春宴、王君澤攽、張君瑋、王君印川八人。

午後二時開會。本日輪應民主黨主席，由該黨推定王君國琛就席後，即言，今日本會是第三次常會，第三次應討論之問題為「大總統選舉法」及「國務員組織法」二件。可否先議大總統之選舉法？易君宗夔云然。主席遂請易君代表國民黨報告一切。

易君起謂：大總統之選舉法，世界各國制各不同，美國係由選舉人組織選舉會選舉之，法國係由上下兩院開合同之國民議會選舉之。本黨研究結果，竊以為應仿法制，由國會之參眾兩院議員組織選舉會，用投票選舉大總統，此外無他方法。

共和黨汪君榮寶繼謂：本黨對此問題之研究，大概與易君之說同。現今多數學者之心理，已承認選舉大總統之權應由國會行使，但國會之行使此權時，並非用國會名義，乃用由參眾兩院組織之選舉機關之名義。惟尚有一般人主張省議員，及各自治團體之議員，並可加入參眾兩院組織之選舉機關以投票者。不知參議院之議員，本由省會選出，今復加派省議員，是疊床架屋也。故本黨研究之結果，不主張加入別分子，盡由參眾兩院組織一選舉機關以選舉之，如易君所說是也。當研究此案時，同人又發見一附帶問題，即投票方法是也，今日不妨言及。查法國選舉大總統，國會議員到會滿過半數方可投票，得投票之過半數票者為當選。本黨以為取過半數制，似不足以昭慎重，不如以得票滿三分之二以上者為當選，較為得宜。同時又發見一附帶問題焉。查選舉大總統之規定，本憲法中所當有之事，惟憲法不僅有關大總統之選舉一事，尚有其他重要者，不過選舉大總統時，須適用憲法中之一部分與數部分而已。吾黨以大總統之選舉在急，似宜先編，「大總統選舉法」適用。俟他時憲法全部告成後，再將「大總統選舉法」消納於其中，未為不可。如「國會組織法」憲法中之一部分也，而以急須應用，先時編定。大總統之選舉法，亦急須應用者，允可仿「國會組織法」先行編出，不必俟全部憲法告成，然後運用之也。此議諸君以為如何？

民主黨劉君崇佑起謂：本黨於此問題，其研究之結果，與國民、共和兩黨所議決者同，大總統之選舉，誠宜由參眾兩院組織一選舉機關選舉之，不必加入別分子，其理由所在，即以參眾兩院皆由各地方選舉，本可代表國民；況參議員本係省會選出者，今日選出人員為參議員，明日復議加派議員，參入大總統選舉會，重疊之議，究不能免，至附帶問題中之「大總統選舉法」宜先時編定頒行，俾大總統可早日選出，以安全國之人心，本席亦極贊成。竊以大總統不選出，則人心不安・而欲求總統之進出，則非急編定大總統之選舉法不可。若欲待全部憲法告成，然後按照憲法所定訂以行選舉，則遲甚。至投票方法，取三之二以上制，本席亦以為當。

語畢，統一黨趙君管侯起而言曰：大總統由人民直接選舉，非常困難。本黨為便宜起見，亦主張由參眾兩院組織一特別選舉會選舉之。至投票取三分之二以上制，本席亦表贊成。

至此，主席起而言曰：觀四黨對此間題，已成一致之主張，似可不必再事討論。惟共和黨所提出之附帶問題，民主黨已經與之一致，統一黨亦表贊成，國民黨對此曾有研究否？可報告否？"

易君宗夔起而言之：國民黨對此問題，未曾研究，不能報告。

主席謂：既未研究，應於下次開會再行討論。

國民黨李君肇甫起曰：本黨對此間題，因未曾研究之故，自不能隨意報告，應俟回黨後徵取一致之意見・然後能於下次開會時報告之。但共和黨提出此附帶之兩問題，究竟有無必須提出之理由，還請說明。

汪君榮寶起而言曰：簡單理由，頃已報告。本黨之所以如此主張者，實依據於「國會組織法」而來。自民國成立後，所有正式國會，即須召集。參議院有鑑於此、故將關於憲法中之一部分之「國會組織法」先行議決。其議決者，乃因有正式國會必須成立之事發生・然後見「國會組織法」之制定也。今有正式大總統必須選出之事亦已發生・而關於大總統之選舉法如何不先時制定。查國會乃一國之最高立法機關，而大總統乃代表全國之最高行政機關者。最高立法機關以必須發生之故，乃割憲法中之一部，先以單行法制定之。最高行政機關亦以必須發生之故，吾黨乃認其可劃憲法中之大總統選舉法而先行制定也。溯自武昌起義以至今日，吾國之戴臨時政府已一年矣。按「臨時」二字，根本上已自不固，我既以臨時政府自居，人又何能以正式政府目我。就國際關係上言之，如加稅、免厘等事，非俟各國承認後，不能提出與之開議。而在臨時期內，國書且不能交換，何能望其承認。然則正式政府一日不能成立，民國即無由加入國際之列也，明矣，對外如此。若言對內，則謠言四起，人心日慌，行政不統一，國勢難鎮定、皆由於'臨時'二字之誤。吾黨以有此種種之理由，故認為有提出之必要。至舉先例言之、法國憲法係分三次編定者，首大總統，次元老院，次其他。奧國憲法係分四次編定者。吾國當此國勢不穩之秋，如必待全部憲法告成，然後選舉總統，審時度勢，竊以為不可；況國會組織法，亦係憲法中之一部，已經議決而公布乎，大總統之選舉法，何不可仿此而行，本黨之主張如是也。

民主黨劉君崇佑起而言曰：本黨對此亦經研究，先將「大總統選舉法」制定，與立法手續，實不相違，除有先議後議之分外，理論上並無衝突之處。若待憲法全體告成，再行選舉，未知正式總統出自何日，故吾黨與共和黨同一主張，從先編「大總統選舉法」為必要。

說畢，國民黨易君宗夔起而言曰：頃汪，劉兩君所言之理由，本黨雖未曾研究，本席聞之，卻甚以為當。俟回黨開會討論後，下次再行報告。

……

由此可見，各黨議員為利於國家發展而早有先選總統，再訂憲法之共識。並非如有些人以為他們是受到袁世凱之誘賄。

中華民國第一屆正式國會

第一屆國會議員中國民黨有參議員一百二十三位和眾議員二百六十九位，幾近總數之半，又有一些跨黨與無黨籍者，傾向支持國民黨。國民黨的代理理事長宋教仁與他黨領袖多相當友善，在各地所宣傳之「政黨內閣」甚受歡迎。招袁世凱之忌，而於三月二十日在上海遭其派人暗殺。再者，袁世凱初欲誘惑兩院議員，使為己用。在上海、漢口、南京、天津、鄭州等交通要衝，派人招待入京議員，為之代選客棧，購買車、船票，處處予以便利。及議員抵京後，則以八大胡同各清吟小班作為聯絡議員之場所，經常聚宴，極盡聲色美餚之能事。議員中雖不乏被收買者，而潔身自好者實居多數。但因袁世凱之挑撥，國會開議後國民黨人與他黨之合作關係漸疏。

民國二年四月八日中華民國第一屆國會在北京開幕。兩院開會詞中有「視聽自天，默定下民，億兆有與於天下，權輿不自於今人。帝制久敝，拂於民意，付託之重，乃及多士，眾好眾惡，多士赴之；眾志眾口，多士表之。」之句。大總統所致頌辭中則云：

> 此實四千餘年歷史上莫大之光榮……念我共和民國，由於四萬萬人民之心理所締造，正式國會，亦本於四萬萬人民心理所結合，則國家主權，當然歸之國民全體。……今日國會諸議員，係由國民直接選舉，即係國民直接委任，從此共和國之實體藉以表現，統治權之運用亦賴以圓滿進行。

均顯示，成立正式國會是建立中國民主政治之第一步，朝野原皆寄以厚望，惜日後之發展卻事與願違。再者，雖正式國會開幕，只有巴西，祕魯，美國與墨西哥四美洲國正式承認我國。瑞士等歐洲國與日本則表示擬待大總統就職後，再正式承認。故許多議員亦產生先選總統，再訂憲法之意見。

二十四日參眾兩院分別舉行第一次正式會，討論議會規則、旁聽規則、及正副議長互選規則等案。二十五日，參議院出席議員二百十二人，選出國民黨議員張繼，王正廷為正，副議長。三十日，眾議院出席議員五百四十一人，選出民主黨湯化龍為議長，次日又選共和黨陳國祥為副議長。然民主黨只有十六席眾議員，能當選議長之原因何在？有人揣測是袁世凱代為賄賂買票的結果，唯此說與日後民主黨或進步黨議員大多未牽就袁世凱意見之表現不符。依劉以芬（芴翁）《民國政史拾遺》所記，乃劉崇佑堅持主張而推成。其文曰：

「眾議院總額為五百九十六名，國民黨佔二百六十九席，共和黨次之。民主黨則除跨黨不計外，僅得十六席。共和黨知單獨不足與國民黨競爭，乃一面謀與民主黨合併，一面並商及眾院選舉議長問題。蓋共和黨知名之士，與梁啟超多有師友淵源。民主黨則由共和建設討論會與共和統一黨改組而成，以前清各省諮議局正副議長為骨幹。如湖北議長湯化龍，直隸議長孫洪伊，四川議長蒲殿俊，山西議長梁善濟，江西議長謝遠涵，福建副議長劉崇佑，皆屬其重要分子，而以湯化龍為之魁。湯與梁（啟超）本有極深關係，當共和建設討論會成立時 梁尚在日本未歸，湯特買舟往訪．傾談竟夕，對於中國一切主張，均相吻合。當時該會所發表之立國方針商榷書，即出自梁之手筆。迨民主黨成立，仍推梁為名義領袖 兩黨既有此因緣，故合併殆成必然`之趨勢。至於議長問題，當提出時，在共和黨以為必不難迎刃而解，因該黨允以副議長予民主黨，自謂條件已屬相當，詎意民主黨劉崇佑竟力持非以議長歸該黨不可，否則，寧可各行其是，因之發生波折。劉之如此主張 不但共和黨深為駭異，即民主黨中人亦頗疑其喊價過高，難成事實而以不妨遷就相勸者。劉謂：諸君勿以吾儕係小黨，得一副議長於願斯足，須知愈是小黨，愈宜高瞻遠蹠，善用機會，以提高政治地位，勿存小成之見，勿持必成之念，而後乃能大成。試思談判果破裂，在我固並副議長而不可得，彼共和黨亦豈有所獲耶？若大黨果願犧牲，則我小黨更何須顧惜？諸君倘碍情面怕得罪人，即以我獨任之可耳。眾不能屈，往返蹉商，幾瀕決裂，最後共和黨不得已讓步。及眾議院選舉議長經兩次投票，民主黨湯化龍卒當選，共和黨陳國祥繼亦當選副議長，足見當時國民、共和兩黨票數已極接近，而民主黨態度如何？實可左右全局。民主黨既得眾議院議長，勢力大增，其在合併後之進步黨中，亦佔優越地位。以十六議席而能取得議長，雖曰：時勢造成，而劉之堅定不移，其識見亦誠有足多也。」

進步黨

五月二十九日 共和、統一、民主三黨合組進步黨。出席約兩千人，公推黎元洪之代表孫武為臨時主席。首由丁世嶧報告預備合併之經過，次由劉崇佑朗讀宣言書及黨章，由全體拍掌贊成通過。然後陳國祥宣佈各黨代表所選出的理事長黎元洪及理事梁啟超、張謇、伍廷芳、孫武、那彥圖、湯化龍、王賡（即王揖唐）、蒲殿俊與王印川。最後由孫武、梁啟超、湯化龍、王印川、李國珍等致詞，成立大會即告完成。進步黨宣言書出自梁啟超之手。其中有云，政黨政治以兩大黨對峙為原則，必有一黨焉，能以獨力制多數於國會，然後起而執政，失多數則引退以避賢路，而自立於監督之地位。兩黨嬗代，以多數民意之嚮背為進退。

此兩黨政治的理想，不僅為民初許多政黨領袖所共有，且為民初政黨演進的主要動力。其他進步黨人士亦表示將要從事和平改革，使中國政治納入常軌。

進步黨黨章規定其黨義和組織。黨義三條：一、取國家主義，建設強善政府。二、尊人民公意，擁護法賦自由。三、應世界大勢，增進和平實利。組織採理事制，設理事長一人，理事若干人，參議若干人。理事協同理事長綜理黨務，參議備理事長及理事之諮詢。實際事務設政務、黨務兩部綜理。政務部主調查政況，研究政策，分法制、財政、外交、軍政、教育、實業、地方自治、庶政人科；黨務部主執行黨中一切事務，分文牘、會計、交際、地方、庶務五科。劉崇佑為專心投入制憲工作，未擔任任何重要職務。

唯三黨都有部分議員不願參加，或不願放棄原黨籍，或另組新黨。又有一些國民黨員陸續南下參加反袁行動，故國會並無絕對多數黨可以操縱決議案。由於制訂中華民國憲法乃此屆國會最主要之任務，六月二十五日參議院議決由參眾兩院分別從議員中各互選憲法起草委員三十名及候補委員十五名，以符合國會組織法第二十條民國憲法起草應由參眾兩院分別從議員中互選出同等人數的委員擔任之規定。並有每黨不得選超過二十人之限制。六月二十七日 眾議院亦通過類似之「憲法起草委員會眾議院互選規則。」兩院分別於七月一日及二日，選出憲法起草委員會委員各三十人，及候補委員各十五人之名單。劉崇佑為進步黨提名，由眾議院所推舉憲法起草委員之一，乃積極參與憲法之起草。

憲法起草委員會

中華民國成立之初，係先設「臨時政府」，由「臨時參議院」選袁世凱為第二任「臨時大總統」，外國並未正式承認。民國二年四月第一屆正式國會參議院和眾議院開議後，也僅巴西、祕魯、美國、墨西哥、古巴少數幾國表示承認中華民國。五月二日，袁世凱咨請國會迅速選舉正式大總統。國會亦思盡快重訂南京臨時政府時頒布之「中華民國臨時約法」，修成正式憲法，選出正式總統，成立合法政府，以求獲得列國正式承認。故於兩院憲法起草委員均已選出後，七月十日即開預備會，選張耀曾（國民黨），王家襄（進步黨）與夏同龢（超然派）起草委員會之規則。七月十二日，憲法起草委員會在眾議院議場正式成立。但在同日，李烈鈞在江西宣告獨立，組織「討袁軍」，爆發了「二次革命」。

七月十五日議決「憲法起草委員會規則」十八條，其中規定「本會設委員長一人，理事六人，由委員互選之」（第一條），「委員長主持本會一切事務，於會議時為主席」（第四條），「理事整理本會議事錄及一切文件，於委員長有事故時，以名次列前者代行其職務。」（第五條），「本會非有委員三分二之出席，不得開議」（第八條），「本會之決議，以委員總額半數之一致成之」（第九條），「本會委員一月內無故缺席至二次以上，或請假至七次者，應通知各院解職， 另補」（第十五條）。十九日，選湯漪（國民黨）為委員長，蔣舉清（國民黨）、楊銘源（政友會）、王家襄（進步黨）、黃雲鵬（共和黨）、夏同龢（超然社）及楊永泰（國民黨）為理事。後王家襄當選參議院議長而辭起草委員職，由程瑩度（公民黨）遞補，九月二十日委員會選李國珍（進步黨）為理事。

憲法起草委員會議

按參眾兩院所選出憲法起草委員會六十位委員中，國民黨籍佔二十五席，人數最多。當時袁世凱欲速解決憲法問題，以鞏固其地位。而國民黨亦欲盡快制定憲法，以可憑藉約束袁世凱。然袁世凱主張總統制，國民黨主張採取內閣制。唯「二次革命」爆發後國民黨籍委員有被殺（如徐秀鈞），有被捕（如劉恩格與褚輔成等），也有請假躲藏者，因而出席人數更少。至於五月底才組成的進步黨，內部意見亦非完全一致。例如進步黨領袖梁啟超倡議憲法制定後再選舉正式大總統，但其同黨且為摯友之汪榮寶與劉崇佑則考慮現實情況，「臨時政府」不為國際上多數國家所承認，國政無法順利推

憲法起草委員會合影

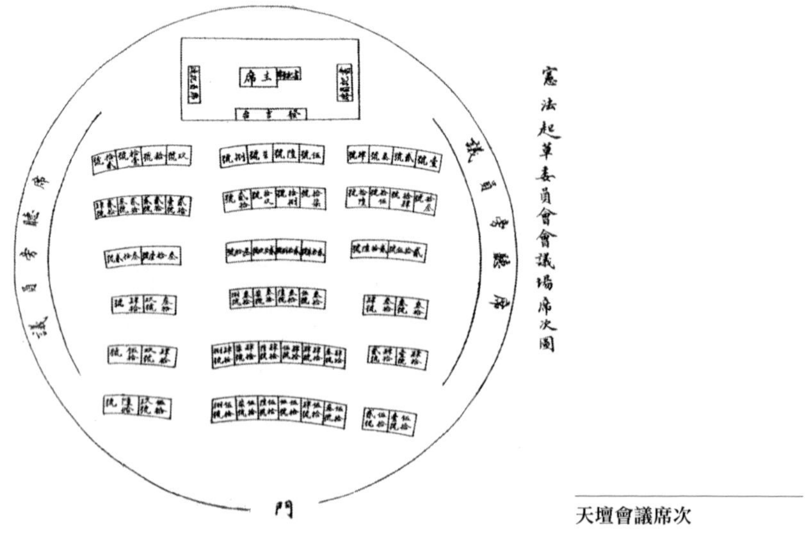

天壇會議席次

行，故認為先制定「大總統選舉法」選出總統，「理論上並無衝突之處。若待憲法全體告成，再行選舉，未知正式總統出自何日」（見前「憲法討論會」節）。而會議進行中，常有不同黨籍之委員因意見相近而互相支持。是故沒有任何黨派得以操控會議，外界也難干擾影響。旁聽只限於兩院議員。因此在委員會中，勢非容納多方面意見，就法理平心商榷妥協，則不能通過。可說是此一憲法起草委員會的特點。

由於當時人心希望憲法盡速修成，故參議院議定憲法起草期限，自委員長選定之日起，須在四十五日完成起草。眾院亦予同意，並議定凡為憲法起草委員之眾議員可不出席眾議院會。民國二年七月二十一日，憲法起草委員會開始第一次會議，討論會議進行方式。次日第二次會議，公推孫鐘、張耀曾、汪榮寶與黃雲鵬四人於一週內完成起草大綱。二十九日第三次會議就所擬大綱，進行討論。確定以下十二議題：

（一）領土問題是否有規定之必要。如規定，用列舉方法，抑用概括方法。

（二）人民權利義務是否用列舉之規定。

（三）國會採一院制，抑採兩院制。附兩院選舉及權限。

（四）行政部之組織，採總統制，抑採內閣制。

（五）大總統選舉方法及權限。

（六）副總統應否設置。

（七）國務員之權限。

（八）平政院應否設置。

（九）審查法律權。

（十）解釋憲法權。

（十一）預算決算審計院。

（十二）憲法修正。

又決議以後會議改在天壇祈年殿內新設會場召開。

第四次會議於八月二日在新會場召開，議場席次如附圖。各委員席次由抽籤決定，不再更改，有人去職，遞補者則沿用其席次。如李肇甫為三號，湯漪為二十七號，劉崇佑為五十二號。第五次會議時李肇甫辭職，遞補者龔政仍用三號。據吳宗慈所撰「天壇憲法草案起草經過」，正式開會前，委員長湯漪以主席身分鄭重表示：

> 本席於未開會時，先有數言對於諸君發表。本席以為制定憲法本為一種非常尊重之立法手續，今日在此開會，觀此建築其規模既極宏大，而基礎亦屬堅固，節比現象上可預祝將來能制定一種鞏固完善之憲法，使國家立於鞏固之地位，願與諸君各具一種莊嚴之精神，務達此目的云云。

依規則，每星期開會三或四次。每次開會自上午九時至下午五時。中午備有午餐，餐後稍為休息即繼續開會。但因天壇在宣武門外，與眾多委員居住的東西長安街附近相距約十里。當時的交通不方便。除少數委員有自備馬車，也有少數人騎馬前往，一般多是雇馬車或人力車赴會，甚是耗時。故幾無一次能準時湊足四十人開議。許多委員們參考各國憲法，提出不同建議，故討論相當熱烈。開會時，對大綱內容有意見之委員輪流表述，一般言，爭執不多。然後表決，以起立者達三十人為通過。主席可暫時回歸委員身份發言，但不得參加表決。又若提案未通過，提案人可要求再以反證法再表決。劉崇佑積極參與，很少缺席，出席也很少不發表意見。例如第四次會議討論「國土」時，眾說紛紜，依「憲法起草委員會第四次會議錄」：

> 五十二號（劉崇佑）本員主張於領上問題只規定一句。要知中華民國憲法必定為剛性憲法。領土本來活動，如領土變更，憲法亦隨之而變更，實非常不妥。為防行政部放棄領土計，又不可不加以規定，則不妨以現在之領土為範圍而規定之。至約法之條文並非絕對列舉，而其結果之弊病與列舉同。故主張只定一句：民國領土非依法律不得變更之。如三要素之說，乃國家學而非憲法學，且立法係為人而立，非為土地而立。有此一句亦已足矣。

三讀通過的「草案」即據其意見形成。

劉崇佑認為參眾兩院並沒有多大的區別，曾提出兩院制不合中國國情，應改成單一國會之建議。在第九次會議討論「解散權」時說：「今日之參議院與眾議院不同之點究在何處，本席殊不能得其究竟。二者根本既屬相同，而解散此機關必得彼機關之同意。豈非欺人之談。故今日先決問題乃參議院應如何組織，與眾議院之異同何在，而後始能定解散之有無。」之後他並說：「現在社會對於兩院多所訾議，然名譽壞自議員，而咎何可歸之議院，更何可以今日之議院預測將來之議員，故本員甚望諸君從國家根本上著想，不必只圖救目前之弊，至於所謂學理與歷史則非本員所知也。」但未獲通過。（詳後文）在預算監督權方面，眾議紛紜，劉崇佑認為這個問題不必依據各國的制度，關鍵是民國未來是否會保全責任內閣制度，如果保全責任內閣制度，預算案應該是眾議院專有的權力。他又認為不應為抵制袁世凱個人，而限制連任。後一項雖未通過，但劉崇佑在「參眾兩院會合會」中再提，終告通過（見下文）。

憲法起草委員會從八月二日至九月二十七日（第二十二次會議），共開會十九次完成初步決議。會議期間雖袁世凱威脅利誘，許多委員不為所動。不同黨籍委員之間亦多善意支援。如劉恩格等四位國民黨籍委員被捕而多次缺席，即由原屬共和黨之汪榮寶提案，以非「無故」缺席而得保留委員資格。再者，於前列大綱之外，尚有「孔教為國教問題」與「蒙藏地方治理權」經表決列入議題，又有特別規定問題為「省制問題」。除「孔教問題」暫予擱置，其他均獲結論。又，九月二十日第二十次會議通過，全案條文之起草委員由委員長指定。湯漪指定黃雲鵬、張耀曾、孫鐘、李慶芳與汪榮寶五人擔任。

大總統選舉法

因眾議院和參議院分別於九月五日與八日通過「先選舉總統，再制定憲法」，第一次「兩院會合會」乃於九月十二日開議，由王家襄與湯化龍為正、副議長，討論「選舉中華民國大總統方法案」。議決委託憲法起草委員會於五日內起草完成。故憲法起草委員會於九月十三日第十七次會通過由主席（委員長）指定三位委員負責起草，其他委員繼續討論尚未議決之相關內容。伍朝樞，汪榮寶與何雯三位被指定之委員於十四日即完成起草，十五日第十八次會

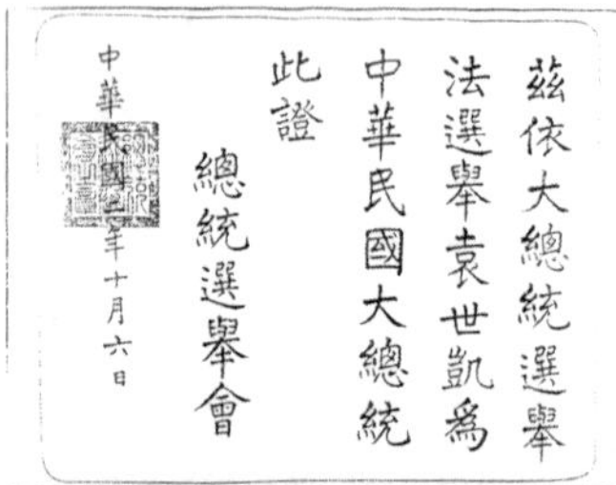
茲依大總統選舉
法選舉袁世凱爲
中華民國大總統
此證
總統選舉會
中華民國二年十月六日

袁世凱當選證書

之下午及十六日第十九次會時討論定案。十七日送兩院會合會審查。唯直到二十六日，兩院會合會才通過由兩院全體議員組成「憲法會議」之規則。規定非有委員三分二之出席，不得開議；出席委員四分之三贊成，才算通過。九月二十九日和三十日「憲法會議審議會」將憲法起草委員會所提出之六條「草案」改為七條。十月一、二日兩次「憲法會議」二讀再修訂，十月四日三讀通過。其中最大的不同是「審議會」將憲法起草委員會提出的第三條「大總統任期六年……現任大總統於次屆大總統之選舉，

民國二年10月外交部長孫寶琦（前排中）與正式承認我國的14國公使合影

不得被選。」改為劉崇佑原建議但未通過的「大總統任期五年，如再被選，得連任一次。」在十月二日的二讀會中，劉崇佑又將「審議會」重擬之第五條，提議在「大總統缺位時由副總統繼任至本任大總統任滿之日止。」後增加「副總統同時缺位時……」，明訂執行辦法，使其更為完備。

「中華民國大總統選舉法」共七條，亦即「天壇憲草」之56-62條，於民國二年十月五日正式公布。其中第二條為：「大總統由國會議員組織總統選舉會選舉之。前項選舉，以選舉人總數三分二以上之列席，用無記名投票行之，得票滿投票人數四分三者為當選，但兩次投票無人當選時，就第二次得票較多者二名決選之，以得票過投票人數之半者為當選。」第三條為：「大總統任期五年，如再被選，得連任一次。大總統任滿前三個月，國會議員須自行集會，組織總統選舉會，行次任大總統之選舉。」隨即據此法選舉大總統和副總統。

大總統選舉法通過之後，隨即開始選舉。十月六日參眾兩院議員選舉總統，據《時報》與《字林西報》之報導，共投票三次。第一次投票，出席議員七百五十九人。袁世凱四百七十一票，黎元洪一百五十四票，其他得十餘票及個位數者十幾人。第二次投票，出席議員七百四十五人。袁世凱四百九十七票，黎元洪一百六十二票，伍廷芳二十三票，孫逸仙十二票。至第三次投票，出席議員七百零三人，袁世凱得五百零七票，黎元洪得一百七十九票，另廢票十七張。袁世凱當選中華民國第一任大總統。十月七日選舉副總統，出席議員七百十九人，第一次投票黎元洪即得六百十一票，順利當選中華民國第一任副總統。

袁世凱和黎元洪於民國二年十月十日正式就職。中華民國的「臨時政府」成為「正式政府」，一直未正式承認中華民國之日、英、法、俄等國於袁、黎當選後，先後呈遞國書表示正式承認。當時除許多報紙有廣告慶賀外，也有對袁世凱抱有希望，給予勉勵者如《時報》民國二年10月8日有「隨評」：

> 今日正副大總統選舉定矣。而外國之承認書即至，吾國自今方可列之於國際團體，不可謂非大總統之聲望足以昭信於列國所致，雖然此為國際之事，至於國內之事，吾尤望大總統開誠布公，恪守國憲，宏建設之大業，樹富強之基礎，俾無負吾國民期望之厚意焉。

民憲黨與天壇憲草

十月十四日憲法起草委員會第二十四次會議，開始委員會之二讀會，除有關「大總統」各條已確定，其餘逐條修訂。草案全文亦公諸報端，以博采眾議。部分國民黨、進步黨與共和黨黨員，包括張耀曾、沈鈞儒與劉崇佑等十五人為緩和與袁世凱間的衝突，及將來實行憲政時樹立穩固的政黨基礎，發起成立了以「貫徹民主精神，勵行立憲政治」為宗旨的「民憲黨」[註二]，並宣布退出原屬政黨。據民國二年10月21日《時報》報導「脫離舊黨之宣言」，其中指出世界數十國，「無論君主民主，其號稱立憲者，莫不有政黨之存在。政黨之於憲政如車之有轂，舟之有舵，失此則不能運轉者也。……回顧兩年來政黨之變遷……由未入政黨之正軌也。考其原因肇有二端，一勢力之結合也……一金力之吸收也」故「非摯國內艱苦卓絕之倫，排除近世政治陋習，獨立不倚，純以正誼政見相結合，改為一堅貞篤實之政黨，不足以保障共和，擁護憲政，此民憲黨之所由發生也」。憲法起草委員中之國民黨員湯漪、龔政、楊永泰、向乃祺、王鑫潤、張耀曾、谷鍾秀、孫潤宇及伍朝樞，進步黨員丁世嶧、藍公武、李國珍、解樹強與劉崇佑，以及共和黨員黃雲鵬和汪彭年等十六位都參加了「民憲黨」。目的在免受個別政黨約束，以求妥善完成我國的第一部憲法。

申報廣告

二十二日袁世凱曾擬派人來會陳述意見，亦遭委員會所拒絕。至10月28日第三十二次會議，共開會九次完成二讀。10月31日第三十三次會議三讀通過憲法草案「國體」、「國土」、「國民」、「國會」、「國會委員會」、「大總統」、「國務院」、「法院」、「法律」、「會計」與「憲法之修正及解釋」共十一章一百十三條，出席委員並攝影留念。因係在天壇祈年殿內完成，故世

中華郵政特准掛號認為新聞紙類　明治三十八年九月一日第三種郵便物認可

中華民國二年十月十日卽癸丑年九月十一日
西曆一千九百十三年十月十號
第四千十二號

L'IMPARTIAL
TIENTSIN
大公報

禮拜五

價目表
每日寄往各處均按大洋核算

本報自陽歷八月一號起凡外埠定閱價目一體與本埠每日寄同

國慶紀念贈品

本月十日爲吾國舉行且古未有共和國體正式政府成立第一次國慶大典之日本館爲誌紀念起見特於十日至十二日三天內凡購本館各種圖書實洋至五角以上者贈送精美鉛筆兩支一元以上者酌贈本館新出名著小說五元以上者另贈相當品物以酬　主顧而表慶賀特此佈告

天津河北大胡同商務印書分館謹啓

天津華園盆湯

價目　特別座位每位八角　優等每位三角　普通每位二角

開設天津南市丹桂後

進步黨直隸支部籌備事務所公啓

敬啓者共和統一民主直隸支部現在實行合併爲進步黨直隸支部定於陽曆十月十二日午後一時假天津河北安徽會館開成立大會務祈　各黨員屆時隨帶徽章黨證　早臨爲盼

今日本報共出四張

大公報廣告

時報廣告

稱此憲法為「天壇憲法」或「天壇憲草」。可以說這是中國第一部由不同黨派人士經民主協商而制定的憲法，內容相當完備，頗具民意基礎，也少受當政者之干預。

「天壇憲草」之前言及第一、第二兩章文字如下：

> 中華民國憲法會議，為發揚國光，鞏固國圉，增進社會之福利，擁護人道之尊嚴，制玆憲法，宣布全國，永矢咸遵，垂之無極。
>
> 第一章　國體
>
> 第一條　中華民國永遠為統一民主國。
>
> 第二章　國土
>
> 第二條　中華民國國土依其固有之疆域。
>
> 國土及其區劃，非依法律，不得更變之。

唯袁世凱不滿意這部憲法之約束，獲選為正式大總統後企圖施加壓力，亦不得逞。乃蓄意破壞這部憲法。10月25日草案尚在二讀中，他已教唆各省都督、省長等多人通電表示強烈反對憲草。11月4日，袁世凱下令解散國民黨，收繳國民黨議員的證章。造成國會湊不滿法定人數（應有三分之二出席），等於無形解散。民國3年1月10日，又下令停止兩院議員職務。故於袁世凱稱帝失敗，羞憤而病死前，「天壇憲草」除「中華民國大總統選舉法」七條外，其餘未能交付審查。

不幸之結局

民國5年6月7日，黎元洪繼任大總統。宣佈恢復臨時約法，遭袁世凱停止之第一屆國會於8月1日復會，三年前中斷的制憲工作重新啟動，九月五日續開憲法會議，組成「審議會」，以王正廷與湯化龍為審議長與副議長，準備進行天壇憲草之審查。當時各省之督軍由馮國璋領銜，聯合張勳、倪嗣沖、張作霖、曹錕、王占元等北洋軍閥，以及羅佩金、劉顯世等西南督軍，發出慎重制憲電。以希望制定符合國情與民望的憲法為名，實持疑慮態度警告國會勿影響割據之現狀與私利。

然各政黨、輿論界都對國會重開後的制憲活動抱以熱望，蓋治國需有良憲而良憲成於精審。如《申報》9月22日社論說：「諸君須知憲法問題乃萬世安危所繫……即以其關係之大，而不可絲毫稍忽也。」劉崇佑與湯化龍等進步黨人曾組「憲法案研究會」（亦稱憲法研究會），據民國5年9月2日《晨鐘報》報導：「憲法案研究會之宣言」：

> 治國之本託於良憲，良憲之成成於精審。當制憲之時，苟不假深思，憑一派之意見，動一時之感情，輕率贊同，率爾通過，本源一錯，末流皆非，國家生命隨之以危。同人等惟茲是懼，不敢玩忽，不敢偷安，用集同志組成憲法案研究會，作先事之討論，免臨時之輕從。爰將本會主旨宣言於後

（一）不挾偏見　憲法者國家的憲法，非黨派的憲法也，亦國民的憲法，非議員的憲法也。浸假制定之時，不顧國家根本，偏於不諳國民心理，偏於黨見，激於感情，則制定之憲法將為黨派的憲法，非國家的憲法。將為議員的憲法，非國民的憲法。欲求共矢遵循，必不可得。大亂之道，即在於斯。故本會研究憲法案以不挾偏見為第一主旨。

（二）不傾理想　共和國家首重民權。民權之強，端賴民智，民智之發，自有定程。苟不按其程，凡國家一切組織皆欲軼駕歐美。偏於理想，背乎事實，其結果必至擾攘糾紛，破壞國家秩序。民權不但不張。反以淪喪。故本會研究憲法案以不偏於理想為第二主旨

（三）不囿歷史　吾國歷史一專制歷史也。吾民思想一專制思想也。言政治只認識治者之作用，不認識被治者之作用。言政黨只逞自黨之主張，不容他黨之主張。言自由只知有我之自由，不知有人之自由。歷史之流毒已深，思想之習慣已固。當制憲之時苟專以歷史上之眼光，不加以學理上之推求，其結果必成一專制的憲法，故本會研究憲法案以不囿歷史為第三主旨

（四）不局內情　今之世界一國家主義之世界也。故立國於今世者僅圖國內治安，人民福利，猶不足以自存。必使國家強健而後可兢存於世界之中。故今世之國家其無危亡之患者，不僅曰國家而已而必曰世界的國家。吾國今日所處之地位則何如？簡言之，人皆刀俎，我獨魚肉，今茲建設，豈可局於內情，暗於外勢。故本會研究憲法案以不局於內情為第四主旨

本上主旨，結合同志，除卻黨見，共成斯會。對於憲法案先事討究・但求精審，不尚拘束臨時主張。各從良心，純任自由，不求異同於人，但求有裨於國。此則本會同人之所願也。

一直到12月4日該報之輿論仍然樂觀地預期憲法草案將在年底修訂成功，民國六年元旦憲法將正式公布。

唯國會雖又續開，但不少議員心態已大異於民國二年。不但不同黨派協調溝通困難，原屬同黨派也有分道揚鑣者。一些議員行為散漫，多次因缺席或遲到以致流會；又有人固執己見，不惜鬧場動粗。如為「省制」是否納入憲法一案未能通過，民國五年12月8日之審議會中，陳策、劉成禺、張我華、焦易堂、葉夏聲等議員竟以拳腳，木椅或墨盒將劉崇佑、籍忠寅、陳光燾等打傷。又如民國六年2月6日下午，由於柏文蔚在什剎海會賢堂辦堂會為雙親祝壽，有著名坤伶劉喜奎之演出，許多國民黨籍議員前往祝賀，留戀不返，以致眾議院開會於中間休息後因人數不足而流會。

劉崇佑啟事

敬啓者崇佑近因病已十餘日不能出席議會本月八日因憲法審議會省制問題關係重要不得已力疾到會不料休息後投票結果有爭執者崇佑適從休息室入場行至演台下忽有劉成禺揮拳相擊葉夏聲張我華陳時銓蒙經等更有不知姓名者羣聚來毆崇佑患病未愈在場並未發言而最近亦並無得罪彼等不知何故竟蒙此橫逆個人受傷不足惜而是非不能不明用特據情宣布國人惟希 公鑒至彼等兇橫當時更有他人被毆者茲僅就崇佑自身關係聲明如右

劉崇佑啟事（晨鐘報）

當時劉崇佑已是京津地區著名執業律師，但仍盡眾議員之職責，積極參與憲法會議。並在「憲法案研究會」，熱心討論「天壇憲草」內容之改進。雖曾為暴力所傷，民國六年2月16日仍再度提出國會應改「一院制」之建議（見附文），蒲殿俊也有類似之意見。惜雖詳細說明參眾兩院功能重複，尤其是中國與英美國情不同，不必仿傚，理由充足，且北伐成功全國統一後制定之新憲法亦為「一院制」。或因牽涉議員的個人利益，當時依然未得通過。

「天壇憲草」至民國六年5月14日已將大部份條文二讀通過。由於黎元洪與國務總理段祺瑞不合，各拉攏不同軍閥干政，局勢極為混亂。段祺瑞且指使各式各樣「請願團」包圍眾議院，企圖要脅必須通過對德奧宣戰。五月三十一日湯化龍、劉崇佑與黃群率先辭職，幾天內當時稱為「穩健派」議員幾達百人也紛紛辭職。六月十二日，黎元洪受張勳之迫，下令解散國會，第一屆國會乃告終結。天壇憲草等於不了了之，實為中華民國之大不幸。此後劉崇佑淡出政壇，專致於律師事務與經營報業。冀從維護法律正義和傳播開明輿論，啟迪民智，繼續追求其愛國救國之理想。

【本文為原發表於《傳記文學》第96卷第6期67-82頁〈從立憲運動到天壇憲草——追求憲政與法制救國理想的劉崇佑議員〉之後一部分，2010年9月26日增訂】

>>> **注釋**

註一　《晨報》民國15年5月9日「胡瑞霖主張護憲」。

註二　據該日《時報》，國民黨籍議員吳景濂（1873-1944，後投靠直系軍閥，主導曹錕賄選）原欲列名「發起人」，因劉崇佑反對而未果。《沈鈞儒年譜》1913年，記：「民憲黨」於同年12月26日宣佈停止活動。

附文（憲法會議劉崇佑提案——一院制）

原草案第二十一條云國會以參議院眾議院構成之，茲主張刪除。其理由如下：

查原案之規定係採兩院制。本員就吾國國體及憲政精神觀之，以為兩院之制實有未適，不如一院制之便。試述其理由如次。

原兩院之由來，在君主國家恒以下院代表普通國民，而以上院代表特別階級，今吾國為民主之國，凡屬國民一律平等無階級之可言，則兩院同為代表普通國民。可知普通國民之代表一院已足，固何取乎兩院耶？此本員主張改定為一院之理由一。

顧亦有民主國家而採用兩院制者如北美合眾國是也，然彼為聯邦國而吾為統一國。惟其為聯邦國，故以下院代表國民，以上院代表各邦。吾國則既無邦之一級更何有邦之代表？此本員主張改定為一院制之理由二。

不寧惟是。國會重要職權大別有三：曰立法權，曰監督權，曰制限行政權。以近世國家趨勢觀之，立法權由兩院共同行使，以監督權寄之下院，而以制限行政權寄諸上院。以本草案之精神觀之，監督權雖屬眾議院而制限行政權則由兩院共同行使，是兩院職權除監督權外，彼此相同，絕無區別。又安用此駢枝之機關哉？即讓一步以制限行政權屬諸上院，如近世各國之所規定。而上院為國會之一院，國會會期有定，必無當年開會之理，而國家行政初不能有一日之停頓，試問國會閉會而後制限行政權之行使將誰寄乎？故本員主張國會為一院制，以參議院為常設機關，一方備政府之咨詢，一方為政府之監督制限行政之權即於焉是。難者將曰今憲法草案已有國會委員會之規定，固足以制限政府而有餘，又安用此常設機關？不知國會委員會以少數之委員而寄之以國會之職權，已有少數壟斷國會之嫌。萬一委員會之議決竟不得國會之認許，又將何以處之？此委員會之規定所以否決如審議會也。誠如本員上述主張，則政府行政既有制限而參議院與國會之間權限釐然，亦致有委員會之流弊矣。本此主張則國會非為一院制不可，此本員主張改為一院制之理由三。

顧亦嘗聞主張兩院制者之最大理由矣，以為兩院制之作用在慎重立法。若一院制不將有輕率之弊耶，夫以立法事業之重大不可不慎重將事，又奚待言。然一國重大之法案往往與地方情形乃至人民利害動息相關，此等決案在事實上決非議員所能提出，不得不讓諸政府。在政府提出此案之先，必經幾許之調查而後由專門人才為之起草，又經專門學者之顧問為之斟酌損益，蓋已慎之又慎矣。及其提交國會大體業已完善，不過經議會之修正議決而已。由知立法之慎重與否在提案者之是否慎重，而不在國會之為兩院抑一院也。又有謂上院之作用在調節紛爭，此在君主國家，上院議員之地位與下院絕異，超然於黨爭之外，尚有可言。若吾國兩院性質初無差別，以近數年經驗而言，參院黨爭每較眾院為甚。事實如此，無可諱言。故知吾國而行兩院制也，則其紛爭必較一院為尤烈。例如甲黨在上院占多數，乙黨又在下院占多數，於是遇有紛爭，必致同一議案在上院之所可者，必否於下院。在下院之所可者，必否於上院，紛爭之甚孰逾於此。若一院制則少數服從多數，即有紛爭尚易解決。然則非一院制不足以免紛爭明矣。

抑更有進者，近世政治以公開為原則，而事實上往往形格勢禁，使政治上有一時未便輕率公開者。蓋國會與政府為對待之機關，國會之於政府無何等責任可言，而關於外交財務等重要行政，非至適當時期一經公開全局為翻。似此流弊實例綦多。今若以上述參議院備政府諮詢，並將行使制限行政權，凡政治之一時未便公布於國會者，不妨公布之於參議院，則既舉政治公開之實而又足以濟政治公開之窮。其所裨於國家當非淺鮮，故本員主張刪除第二十一條如右面，另於憲法上明定參議院一章以制限行政權，如本草案第六十五條、第十七條、第一百四條等之職權均屬之。此外如審查重要法典，答復政府咨詢，亦均為該院職權。本員當於本修正案通過以後另提一案詳為規定，以待公決。至於參議院之組織自不能沿襲現時參議院之組織，而現時參議院議員任期未滿以前，亦萬無輕言改組之理。惟茲二者皆非本案範圍所及，當俟修改國會組織法時，詳定改組方法及施行期間。此外尚有因本案修正連類而須修正之各條文，當俟本修正案通過後絡續提出。是否有當，尚俟公決云云。

五、民初北京第一件大命案

民國二年發生了兩件在當時極有名的兇殺案。一是三月二十日宋教仁（1882-1913）在上海被袁世凱遣人行刺而死的政治謀殺案；一是八月二十九日曾任前清順天府尹，戶部侍郎，郵傳部尚書陳璧（1852-1928）之北京宅中發生其姪陳繩（字伯台）被殺的兇案。前者很快水落石出，但後者卻因檢察官草率起訴，幾成冤獄。幸得黃遠庸與先祖崇佑公（以後敬諱略）兩位著名律師為之辯護，真象始白。

陳璧在清末官高一品，頗有政績，雖與袁世凱關係密切，民國後卻不仕。《傳記文學》第四十九卷第六期「民國人物小傳」曾略述其重要事蹟，但未道及此冤案。《陳蘇齋年譜》「民國二年癸丑」也僅說：「公年六十二歲……七月姪伯台為賊所害，匿屍眢井中。事既發，怨公者又以誣公，久之始得白。」唯本案是民國肇建後，首都的第一件大案，也是當時不受外界干擾，全憑實證裁斷之第一案。曾有《陳伯台被殺案律師劉崇佑辯護陳璧等七人意見書》小冊問世，似有樹立司法典範的意義，但今人已少知曉。謹就蒐羅所及，試為簡介，以饗讀者並為民國法律史補遺。

陳璧像

民國二年癸丑　公年六十二歲以南方卑濕不宜療養移居京師築小園臨
清宮之東命曰蘇園種花蒔蔬以自娛　七月姪伯台爲賊所害匿屍瞀井
中事既發怨　公者又以誣　公久之始得白　是年　公以里中族人多
貧乏婚嫁殯葬不得以時乃與族人謀立蘇版義莊首捐膏腴稻田若干畝
以爲之倡
民國三年甲寅　公年六十三歲　是年蘇版義莊成

陳蘇齋年譜

老尚書陳璧宅中的兇殺案

陳宅兇殺案成為當時北京重要新聞的原因是，年逾六旬的陳老尚書被地檢廳視為教唆殺人嫌犯並遭收押，而被害者是他的胞姪陳繩。陳繩字伯台，福建閩縣人，清末陸軍貴胄學堂畢業，時任參謀部科員，寄居北京東斜街伯父陳璧的家中。民國二年八月三十日家人發現其失蹤，九月二十三日僕人在花園水井之中找到屍體。警方調查後，陳璧第四子陳緘認為係不告而別之傭工任順、任二兄弟與尚在宅中的僕人董升等將其殺死，而聲請羈押。十二月六日在押廚役黃貴（又名黃升）供稱，係陳璧與次子陳繹（字伯耿）教唆其家人將陳繩謀殺。由於當時檢警並不對外公布詳細案情和調查經過，而傳出陳繩與其伯父之第五妾有染，故遭謀殺，街談巷議，謠言紛紛，乃成為一大社會新聞。

據當時報載：陳繩是陳璧的第六胞姪，時年二十六歲。隨伯父到北京讀書，貴胄學堂畢業後在前清軍諮府供職，即住陳璧家中。辛亥革命之後，陳璧避居天津，將北京的一切家事均委託陳繩照料，自己則偶到北京小住。陳繩任事負責，為伯父管理家務時，監督甚嚴。日常糾正僕役不當行為，並向陳璧報告。又常於夜晚攜帶鐵棒或手鎗到各院落巡查僕役有無姦盜等事，引起僕役多人的不滿。陳繩的胞姊夫黃曾勗與陳宅教師周文潞均曾勸阻，但他不聽。陳璧有姬妾五人，其第五妾張氏常住北京。原甚受陳璧信任的北京寓所管事董升和廚役黃貴，都與張氏特別接近，有超越主僕身份之舉止，董升又曾偷拆陳璧自天津寄給陳繩的信，均為陳繩所察覺，且向陳璧報告。陳繩和董升、黃貴也曾因細故爭吵。董、黃二人乃捏造陳繩與張氏有苟且行為之謠言，並向陳璧進讒，而陳璧有家眷遷回北京後將令陳繩遷出之説。但民國二年五月陳璧攜眷回北京後，大約沒發現其姪有何越軌行為，並未令陳繩遷出。

反而是董升於陳璧攜眷回京前，有虛報修繕房屋帳目等事，為陳璧所不滿，陳繩曾因此向陳璧建議解僱董升。八月中有一晚，陳繩在屋中尚未睡熟，因警覺似有人偷進其室，乃拔鎗射擊並連呼有賊。八月二十九日陳璧因事又往天津，據其家人説當晚似聽到陳繩屋中有擊打之聲，第二天即未見陳繩蹤跡。陳璧回北京後曾寫信問參謀部，其姪是否因公忙未返家。又登報尋人，及寫信至福州老家探問。但皆無陳繩下落。那時即有陳繩曾是同盟會（國民黨前身）員，恐受「二次革命」株連而潛逃之匿名信和謠傳。當時也有人檢舉，八月三十日有穿長衫的斯文人以陳繩之名到衣店與皮箱店購物。

九月二十三日，陳宅傭工在花園井中取水澆灌時發現有一麻繩緊綑的棉被包裹。報警後，京師地方檢察廳派員勘查，發現是陳繩屍體，且乃刀傷致死後浸入水中。陳璧第四子陳緘具狀訴稱董升與陳繩有仇，疑其夥同不告而別之工人任順、任二、張義等與尚在宅中的車夫黃順等將其殺死。十一月十八日京師警察廳乃將董升等十四名嫌疑人移送京師地方檢察廳，二十一日江蘇碭山縣府拿獲任順任二兩人，解往北京，由地方檢察廳偵訊。十二月六日廚役黃貴供稱：陳繩之被害係陳璧主謀，由陳繹與陳宅教讀（按，即住在家中的教師）周文潞、廚師成升、人力車夫黃順、傭工張義（又名張大吃）和黃貴動手。地方檢察廳檢察官胡國洸聽信黃貴供辭，陳繩之胞兄陳紱也不加詳查而提出告訴，故地方檢察廳隨即於民國二年十二月九日以殺人嫌疑，將陳璧父子等七人起訴。

京師地方檢察廳之起訴理由

檢察官聽信嫌疑人黃貴一面之辭，不深入調查求證即予起訴。現在看來，甚是荒唐，但早年訴訟多皆如此。若法官不能明察實情，或律師不能據理辯護，再加上市虎訛傳，則冤獄常成。筆者覓得當時的「起訴文」，現轉錄其中「犯罪之事實」與「犯罪之證據」於下，可見民國初年初建現代司法時之案例。

（一）犯罪之事實

本案陳璧住天津時，疑伊胞姪陳繩與伊第五妾在京有相姦情事，又因陳繩曾掛名國民黨籍，爾時南省亂事方殷，京師宣告戒嚴。陳璧深恐黨事牽連，禍及全家，遂起意謀害陳繩。計定後，陳璧即於八月二十九日早車赴天津。是晚約在一鐘（按即夜間一時）前後，陳繩被殺。據黃貴供稱：「陳繹與該宅內教讀周文潞，率同該宅內廚役成升、黃貴（即黃升），車夫黃順，小工張義（即張大吃）等六人乘陳繩在床熟睡，闖進屋內。張義以手扼其項，黃順揪其兩手，周文潞以土塞口，成升黃貴等在場加功。陳繹在成升手內接過菜刀一把，向陳繩頭部連砍數下，當即身死。旋由各該人等用陳繩被蓋將屍裹好，從院內東邊小門抬出，投入極東井內，旋各散去。」至九月二十三號，該宅內新僱僕人董懷存始在井內發見屍身，報由該管署函請相驗。當經派員相驗，驗得已死屍身委係帶手掌按傷，手把攥傷，因及物傷身死。復於次日由本廳派員查勘被害場所，旋見該院內台階上及兩廂房壁上均有糢糊血跡。十月十八日警察廳將該案內嫌疑人及証人等，一並函送到同廳。復將告假在逃之嫌疑人張義、任順、任二等先後緝獲送廳，歸案訊辦。

（二）犯罪之證據

本案除黃貴曾經自白，並有血跡衣服為證書。所有足以證各該被告人犯罪之嫌疑各點，分別列左：

（一）陳繹犯罪之嫌疑

除黃貴曾經供稱……更有左之嫌疑

（甲）平報廣告欄內所登尋姪一則，係陳璧與陳繹所為。查該廣告略稱陳伯台於八月三十號早未歸，身穿灰布袷襖，青羽毛馬褂等語。陳伯台所著衣服究係何人所見？何以知其係三十號早出？此等廣告適足以淆亂偵查此案者之耳目，而犯罪者之裝飾掩點，於茲益信。

（乙）陳繩屍身未發現以前，陳繹與陳紀函其第八頁有家中園地、馬號及水井均經詳細調查，毫無可疑之處等語。既經詳細調查，何以又在井內發見屍身？

（丙）陳繩屍身未發見以前，陳繹與陳紀函有大家討論均謂伯台弟或因有國民黨證被人恐嚇而逃，又云眾人從細推敲，咸謂此事恐與黨人有關係等語。此等用意與參謀部所接之匿名信如出一轍。

（二）陳璧犯罪之嫌疑

除黃貴曾經供稱……更有左之嫌疑

（甲）陳璧係八月二十九號早車赴天津，陳繩即於是晚被害，陳璧計定而後去，意圖掩飾其殺人之迹，適足以彰其犯罪之心。

（乙）尋姪廣告（見前）

（丙）據董升供稱宅內水井四口，平時用水均由陳壁指揮，自陳繩失蹤後陳壁即不准僕人在井澆水。表示陳繩屍身在井陳壁早已知之。

（丁）陳壁本年五月由津攜全眷回京。其未回京以前曾宣言不久即將陳繩逐出。故回京後對於陳繩常出惡聲。而陳繩與伊胞兄弟各函，皆言伊伯父陳壁被人讒間，常不滿意於伊云。

（戊）九月十二號陳壁之第二妾與第三妾曾命任順用繩栓秤砣測量各井深淺，任順復欲以竹竿繫一鐵鉤在井內撈物，被陳壁瞥見，旋即阻止。

（己）陳繩屍身發見後，并在陳繩寢室內檢出手鎗一支。陳壁見鎗即大罵，並云必是從逆，購此連累吾家，速投之井中。此等口吻，匿名信用意正復相同。

（庚）陳壁於陳繩屍身未發見以前，曾函致福建原籍。函內有揆其原因莫可摸索，其黨禍暗殺乎？無證據不得斷為必然等，語氣皆與匿名暗合。

（辛）陳壁於於任順任二等潛逃後，並不報區根究，反於舊歷中秋節批給任順等賞金。

（三）周文潞犯罪之嫌疑

除黃貴曾經供稱……更有左之嫌疑

（甲）周文潞在陳宅充教讀年限最久，并常到南苑視事。唯平時到南苑有一定日期。陳繩被害後陳繹在審計處打電話，教周師爺到南苑，並不依向來到南苑日期，亦屬可疑之點。

（乙）周文潞來案僅供：殺人之事一概不知。嗣見黃貴當堂供述，乃曰是日我到南苑去了。當詰以到南苑不是此日，周文潞又默不一語。

（四）成升犯罪之嫌疑

除黃貴曾經供稱……更有左之嫌疑

（甲）成升寢室與被害人寢室相距甚近。其台階上及壁上既有殺人血跡，而陳繩又係半夜被害，豈能毫無聞見？

（乙）成升於陳繩被害後曾向張義誑稱張義之妻被人誘拐，令張義速赴天津找尋。深恐張義漏洩殺人之事，慫恿去京，意圖滅口。其共犯情節，尤覺顯然。

（五）黃順犯罪之嫌疑

除黃貴曾經供稱……更有左之嫌疑

（甲）黃順為陳繹車夫，與廚役成升同一寢室，見上。

（乙）黃順所着衣褲皆有模糊血跡，據供稱因某日拉車太急，鼻內出血，故流在衣上。然查檢血跡，有在上衣者，有在下衣之背後者。在上衣與下衣前面尚近情理，唯下衣後面血跡從何處流來，頗難索解。被告黃貴供稱，黃順與成升張義等曾抬屍身出院內東邊小門，其言良然。

（六）張大吃（即張義）犯罪之嫌疑

查張義孔武有力，性極粗暴，經迭次研訊，皆異常狡展，堅不吐實。惟黃貴曾供稱與伊等共同實施加害行為，言之鑿鑿。且張義係陳繩被害後二日告假，果無共同犯罪情事，則成升何必誑稱伊婦被人誘拐，囑令赴天津找尋？前後事實皆足以證明其有共犯嫌疑。

按以上所謂的「事實」與「證據」多為廚役黃貴一面之辭，加上想像揣測。現今即非法律中人，稍為深思立可看出許多悖理之處。唯當時的辦案檢察官並未仔細查證，即稱「偵察終結」，以陳璧等七人為被告，且「認為罪情重大，應請　貴廳迅速分停預審。」至於其他「嫌疑人」，則認為：「案內人董升、焦升、張林、任順、任二、孫玉山等六名。或因事後知情而不敢舉發。或因發見屍身，而恐被株累，相率逃亡。均經迭次偵訊，實無共犯情事。應請　貴廳訊問一次後，即予保釋。」

幸法官未聽其建議，否則險些放走真兇，而更可見此檢察官之顢頇無知！

首次開庭

陳璧父子遭到黃貴舉發而被起訴後。即請日本法政大學畢業，前京師法律學堂教席，民國元年曾任北京政府司法部次長，民國二年被選為參議員的汪有齡為辯護律師。

民國三年二月十七日午後一時正式開庭訊問。檢察廳綜合上述之起訴文，提出起訴理由之大要有四（一）陳伯台被害確在屋內（二）確係二人以上之謀殺（三）既有數人協同殺害必有一人為之主謀（四）以失蹤後投函參謀部及倩人送皮箱女衣等事謀殺者必係有智識之人。而對於陳璧，則探得其自五月後久不赴天津，忽於謀殺之當日早晨赴津。又平時對於其胞姪感情甚惡，且禁止陳繩（即伯台）與其五姨奶奶説話頗有秘密嫌疑，以此可證陳璧平日有謀殺其姪兒之心。伯台被害必其主謀。對於陳繹（即伯耿）則謂伯台失蹤後何以知其與國民黨有關係，且告白中有身著灰衣等語，必係謀殺時所見實狀。以此可證其殺陳繩者陳繹必係其中主要人之一。

當時汪律師為陳璧父子所提的辯護理由分兩方面：一是黃貴的口供，一是檢查官所舉口供以外的證據。據《亞細亞日報》二十二

陳伯台被殺案昨日開庭

《亞細亞日報》民國三年二月18日，紀第一次開庭

日報導，汪律師首先認為檢察官所舉證據薄弱：

（一）尋人廣告，必寫明身穿何服，陳繩失踪之前乃著灰布夾襖，青羽馬掛。如此寫並無他意。陳繩二十九日晚尚為其嫡堂弟（陳璧幼子）講解算學，晚十一時送弟回房後又與寄居陳宅何姓之人閒談，推測他次清晨出門，也是合理。

（二）陳繩屍體未發現前，陳繹給陳紞函中說曾檢查園地馬號水井，無可疑處。有偵探某人，黃姓親戚（按即陳繩胞姊夫）及小工任順可證。並非陳繹遁辭。

（三）陳繹與陳紞函中言陳繩可能因有國民黨證，被人恫嚇而逃，與參謀部所接匿名信一致。實因參謀部曾將示此匿名信給陳繹看。所以陳繹信中也有此猜測，無可懷疑。

他認為有關黃貴口供以外，陳璧教唆殺人說之不合理：

（一）陳璧離北京後陳繩才被殺，表示陳璧若在京，「陳繩或不至被害」。若謂陳璧定計後離去，所謂「定計」並無證據，而殺人自當保密，怎有藉兒輩及眾多僕役之手的道理。

（二）尋姪廣告內容，非不合理，已見前述。

（三）據董升供稱，自陳繩失踪後陳璧即不准僕人在此井取水，實際陳繩屍身之發現即因陳璧命小工自該井澆灌葡萄。

（四）陳璧回北京後對陳繩常出惡聲，而陳繩與其胞兄弟函中說伯父陳璧被人讒間，對其不備。但所謂惡聲亦可視為長輩儆戒子弟之意，且陳繩函中有時言伯父待遇不善，有時言伯父慈愛，而函中有「始怒而終愛」之語。可見伯姪間之感情並非有威無恩。

（五）又謂九月十二日陳璧之第二妾（即陳繹之母）與第三妾曾命任順測量井深淺，撈出雜物為陳璧所阻。但若陳璧教唆陳繹殺人豈有不令其母知道，不阻止其妾令人測井之理？實際當時是命任順去做他事，而後其第三妾命任二測井時，並未阻止。

（六）陳繩屍身出現後，發現其室內有手鎗一把，陳璧因而大罵，必是從逆，購此連累吾家與匿名信同意，然此手鎗有參謀部護照，並無妨礙

（七）陳璧於陳繩屍身未出現前，曾函知福建原籍家人，有「揆其原因，莫可摹索，其黨禍暗殺乎？無證據斷為必然」等語，皆與匿名信暗合。但欲明陳繩一案象者無不重視參謀部所獲之匿名信，據其所言推測，是為常情。

（八）任順與任二潛逃後，陳璧不報區追究，反於中秋節給予賞金。實則此賞金因二人潛逃已改給另一家人焦升，而陳璧購覓眼線，迭請偵探局派人往山東等處捉拿任順任二到案，可說是自明心跡，而無嫌疑。

至於黃貴口供以陳璧教唆殺人亦多不合情理：

（一）陳繹於二十九日夜一時來黃貴住處找他外出一說不合情理。因當時黃貴之妻（原為陳璧使女）尚在上房伺候主人，表示宅中尚多未睡之人。而還有女僕錢媽和黃貴夫婦共居一室，陳繹豈敢去找他，不怕驚動別人？

（二）陳繹並未事先告訴要殺人一事，而豈能臨時喚他參與殺人？

（三）黃貴僅十八歲，形相看來甚無用，於殺人有何幫助？到陳繩院中時其他人都已到場，難道不怕洩漏？

（四）所供殺人之情形，如腦後的致命傷，何以褥子未沾血，熟睡時何以腳穿皂鞋，又無人按其下身，都不合理，可見所供不實。

（五）先說在房中殺人，又說抬到院中殺害，前後不符，足見

供辭不可靠。

（六）所言猜想是陳璧主使的理由是陳璧平日常罵陳繩，但伯父因事責姪乃家庭常事，以此推斷陳璧教唆，實屬無稽之談。

或因汪律師之辯護還有不夠明確處，法官仍以陳璧等為重要嫌犯，將其收押。惟陳繹因服務機關審計處以公函說明他現有要公，而暫獲保釋。但二十一日訊問其他嫌疑人時，並未傳陳璧對質，可見當年問案之粗糙。另外有參謀部人員七十餘人聯合陸軍部連署，以陳繩為軍人，要求改由軍法審辦此案。司法部則以此案為普通殺人罪案，仍應歸普通裁判所處理，並於二十六、二十七日繼續偵訊其他被告與嫌疑人。由於眾議紛紜，謠言迭起，隨後即有更換律師之議。

市井謠言

此案一傳出，即有許多謠言。上海、天津等地報紙，皆以「專電」或「要聞」報導。據天津《大公報》民國三年二月二十五至二十七日的「陳伯台案之大披露」略言：「陳璧因貪婪而甚富有，又

陳伯台被殺案之近聞

……陳璧之辨護人將有更動……

陳伯台被殺案經第一次公訊後審判官認其胞伯陳璧為最有關係之人拘留於看守所其後復審訊二次尚無確實之結果惟聞日內陳璧所委託之辨護人汪有齡氏有辭卸之說繼任者將為黃遠生其中關係未知若何惟據外間之推測則謂汪氏之辭卸畧有數因（一）此案之內情頗形複雜在情理論陳璧斷無謀殺其胞姪之理而從証據上言之則實無絕對理由之辨護（二）此案之報不平者近以軍人為最劇將來亦多棘手之處（三）陳雨蒼名譽頗不佳又畧有關名將來必遭種種嫌疑以是數因故不如早行推卸之為愈至於黃遠生之接辦亦有條件即宣言對於此案受最低等之出席費且以其所應得之費捐作公益之款聞此中交涉即將於二日內確定云

《亞細亞日報》民國三年三月6日，換律師之新聞

有五妾。其第五妾張氏最年輕也最得寵。當時陳繩已二十六歲，一翩翩美少年，性甚開朗，尚未婚娶。謠傳張氏常有挑逗之舉，又有兩人已生姦情之讒，陳璧曾禁止陳繩與張氏交談，且引起殺機」。此雖皆無根之談，但最易為市井閒人所信，也因這些謠傳而影響案情審判。

該報又云：陳璧自知此案被破自己罪名極重，於是廣出金錢各處運動，以至某重要機關某重要人物均為之暗中幫忙，又知此案非延請有名律師不可。乃請北京惟一無二之大律師汪有齡代為辯護。更說：「其每次出庭費外間傳為三百金，官司能打到無罪時謝儀十萬金。此語雖未必果真，但出庭費之不能太少自在人意計之中也。」

《大公報》認為：「此案發生至今將近半載，其所以尚未了結者，乃陳璧金錢運動力之效果。然陳璧仍不免於押起，則問官之鐵面無私也。此案發現之時若檢察長肯不追究，早已無事矣。」甚至說陳璧最初以重賄運動某檢察長而不成，爭執甚久始克成案。問此案的第二廳廳長張蘭，曾留學日本法政大學，歸國後在法界多年。該報稱張法官「人極正直不畏強禦。對於此案認為無論如何非執法而行不可。其對朋友宣言：此官可去，此案必不可移。……其人之剛正實為晚近中罕見。」

唯依筆者淺見，汪律師逐條辯護雖仍有缺具體實證處，但已可說明廚役黃貴之供詞牽強不可信。至於伯父禁姪兒與其小妾閒談也是舊時家規常有之事，不足證明兩人曾有染。唯審判長仍以此案必與陳璧有關係，且當日必將其收押，則知張蘭或許為人剛正，但是其判斷能力則可商榷也。

《大公報》還預期未來之結果：有張蘭之正直無私此案自難逃法網。不過陳璧之手眼通天，有錢能使鬼推磨。據外間與論觀察，將來檢察廳判結之後，陳璧必然是不服上訴，代為之打官司者仍是汪有齡。蓋汪之承辦此案，名譽上大有妨礙，特視金錢為重，名譽所願犧牲耳。張蘭之結果，或至于免官而止推敲此案，苟不如是不足以成為黑暗世界。然張蘭之名譽從此不朽矣。

由此看來，市井流言已為陳璧定罪。汪有齡律師之辯護効力不足，而有倦勤之意。是月二十六日《亞細亞日報》傳出汪律師因參加「法律編查會」工作，不欲繼續經理此案。三月六日該報又推測：「汪氏之辭卸略有數因（一）此案之內情頗形複雜，在情理論，陳璧斷無謀殺其胞姪之理，而從証據上言之則實無絕對理由之辯護（二）此案之抱不平者，近以軍人為最劇，將來亦多棘手之處（三）陳璧名譽頗不佳，又略有闊名，將來必遭種種嫌疑。以是數因，故不如早行推卸之為愈。」

唯實情並非如此複雜，而謠言止於智者。此案終因另外委託律師，找出絕對之證據，經有效辯護而使真相大白。

律師易人

汪有齡律師辭退後，陳璧即請名律師兼名記者黃遠庸為其父子辯護。黃遠庸（1884-1915）弱冠之年即中末科進士，隨後赴日本習法律。畢業後返國任律師，並以筆名「遠生」為《申報》，《時報》，《東方雜誌》等多種報刊撰文，甚受梁任公之器重。[註一]三月六日《亞細亞日報》曾報導：「黃遠生之接辦亦有條件，即宣言對於此案受最低等之出席費，且以其所應得之費捐作公益之款。」

黃遠庸像

沈瑜慶《濤園集》

但另一方面，陳璧的兒女親家沈瑜慶（1858-1918），也出面邀請當時在北京執業的劉崇佑律師為之辯護。按劉律師之祖父齊銜公（1815-1878，以後敬諱略）與沈文肅公（葆楨）為連襟，而劉沈兩家世為姻親。齊銜的幼女拾雲（崇佑親姑母）嫁葆楨第六子瑤慶，沈瑜慶為葆楨第四子，依輩份是崇佑的表叔。瑜慶之第三女蘋應（字莫邪）即為陳繹之妻，而其第五女鍾應幼字齊銜嫡孫、崇佑親堂弟崇鋐（壽民，1897-1990，歷任南開、清華、台大、東海，東吳諸校歷史系教授）。當時崇佑原為福建選出的中華民國第一屆眾議院議員，並參加民國憲法之制定。因民國二年十一月四日袁世凱下令解散國民黨，撤銷國民黨籍議員資格，以致議會不足法定人數而形同休會。乃在北京改執律師業，沈瑜慶《濤園集》有「贈劉崧生表姪」五言古詩紀此事：

贈劉崧生表姪。崧生罷議員充律師。徇余女莫邪之請。伸陳尚書父子之獄。余既憫尚書之爲法受冤。又憤伯昊之篤行見疑。作詩以貽崧生。亦取木瓜瓊美簡書相恤之義云。
昔我去里門。文度猶置膝。聲名驚老朽。風誼由質直。小大察以情。
市朝肆猶力。遂令緹縈女。一慰槀饘職。老夫感欲泣。因親以相及。

沈瑜慶《濤園集》「贈劉崧生表姪」詩（局部）

贈劉崧生表姪（崧生罷議員充律師，徇余女莫邪之請，伸陳尚書父子之獄，余既憫尚書之

為法受惡，又憤伯炅之篤行見疑，作詩以貽崧生，亦取木瓜歸美，簡書相恤之義云）

昔我去里門　文度猶置膝　聲名驚老朽　風誼由質直
小大察以情　市朝肆猶力　遂令緹縈女　一忍橐饘職
老夫感欲泣　因親以相及　衣冠今陵夷　日暮有緩急
朱家誠大俠　劇孟允敵國　折衝已無地（新閉議會）護法終有術
抗不失民望　辨豈貽口實　秉茲一往心　可通萬念塞
匹夫繫安危　正氣療疢疾　奇語輒破涕　愈痛嗟動色
公道事已白　卿材頭尚黑　平亭富新知　積累思舊德
請書壯節亭　屯田敘來歷（宋史劉渙字凝之官至屯田員外。朱文公為作壯節亭記）

由於此案傳聞詭譎、撲朔迷離，而且劉律師是中途接手，礙於姻親情面，不便推辭。乃事先約定，如在審理中發現無法為其辯護則可終止委任關係，故陳壁的委任函內容是。

崧生先生執事　舍姪被殺一案承
允為弟暨小兒繹辯護，並力辭報酬。極佩
高誼　至
先生預約本案審理中無論何時可以自由脫離，自應遵命　特此
敬請
台安

陳壁謹上

由於兩位律師原為同隸「進步黨」的舊識，乃議定由劉律師擔任主要辯護人。又因外界充斥汪律師貪圖巨額謝金，及陳璧賄賂官場以求脫罪之謠傳，為免混淆視聽，民國三年三月十日北京《亞細

亞日報》第二版「陳伯台被殺案之近情」載有「劉律師之談話」，說明接任辯護之原委。以下為其全文：

> 此案陳璧之辯護人原為汪有齡，現汪已辭退。其初即有黃遠生接辦之議，後乃議定，聞黃君與劉崇佑兩人接辦。記者昨往訪劉君，詢以對於此案為陳璧一面作如何辯護？劉君所云如下：
>
> > 劉君謂此案喧傳人口已久，死者甚慘。**若罪人不得，或有所縱，則是無國法。惟刑事貴真實，此法官之職務，亦辯護人之職務也**。陳璧素評如何是一事，陳璧果犯此罪與否？又一事，宜分別平心察之。察之發現已半年，檢察官偵查之結果對於陳璧父子起訴之理由如此淺薄，則彼等是否真凶，誠屬疑問。以僕觀之，**僅此證據則直不成為證據，陳氏父子不得為有罪**。法庭應速謀所以究真凶之方法。否則將終無揭破之日。汪君以就法律編查會之事，不能兼顧而辭。僕等任之，亦以**如此震動社會之奇案，必不容草率認定，罪數人以悅一時之耳目。陳氏即有罪，亦當明揭其非，使社會共聞共見，認為至允當至公正之判決，則司法威信受益無窮**。且辯護

陳伯台被殺案之近情

劉律師之談話 此案陳璧之辯護人原為汪有齡現汪已辭退其初即有黃遠生接辦之議後乃議定聞黃君與劉崇佑兩人接辦記者昨往訪劉君詢以對於此案為陳璧一面作如何辯護劉君所云如下劉君謂此案喧傳人口已久死者甚慘若罪人不得或有所縱則是無國法惟刑事貴真實此法官之職務亦辯護人之職務也陳璧素評如何是一事陳璧果犯此罪與否又一事宜分別平心察之察之發現已半年檢察官偵查之結果對於陳璧父子起訴之理由如此謭薄則彼等是否真凶誠屬疑問以僕觀之僅此證據則直不成為證據陳氏父子不得為有罪法庭應速謀所以別究真凶之方法否則將終無揭破之日汪君以就法律編查會之事不能兼顧而辭僕等任之亦以如此震動社會之奇案必不容草率認定罪數人以悅一時之耳目陳氏即有罪亦當明揭無既使社會共聞共見認為至允當至公正之判決則司法威信受益無窮且辯護人之責任在於辯護其攻擊不當之範圍使被告人有罪與否結果真實耳若被告人有真確之罪證辯護人即不能背法律背良心而為之辯否則不敢恤一時之嫌而自忘其職記者問此次契約如何劉君謂無於委托之辯否則不敢恤一時之嫌而自忘其職記者問此次契約如何劉君謂無於委托人非通常契約也受一委托書而已僕不受絲毫之公費及謝金然僕認為不能行法律師之職務時則臨時皆可自由離脫黃君則只受最低度之公費其勝訴後之謝金亦將以充公益事業之用不自受也記者問律師為法定職業之一種

《亞細亞日報》民國三年三月10日，訪問劉律師之新聞

人之責任在於辯護，其攻擊至當之範圍，使被告人有罪與否得見真實耳。若被告人有真確之罪證，辯護人即不能背法律背良心而為之辭，否則不敢恤一時之嫌，而自忘其職。

記者問此次契約如何？劉君謂僅於為委托人，非通常契約也。受一委托書而已。**僕不受絲毫之公費及謝金**，然僕認為不能行法律師之職務時，則隨時皆可自由脫離。**黃君則只受最低度之公費，其勝訴後之謝金亦將以充公益事業之用，不自受也**。……

引文中的粗體為筆者欲請讀者注意而加，表示兩位律師之目的不在金錢收入，而在求判決此震動社會之奇案必須允當公正，「則司法威信受益無窮」。換言之，有為中國樹立司法判案不受賄賂，而憑藉證據為典範之願望。下文所引劉律師之辯護意見書述說的更清楚，此處不贅。

又傳新謠言

劉、黃兩律師自三月起接案，調查研判，發現起訴書有許多破綻，陳璧父子絕不可能為主謀兇犯。檢方也因二月十七日開庭時黃貴供詞反覆，乃加派劉元梓檢察官進行深入調查。三月十二日預審庭中黃貴承認供詞為董升所教，其他嫌疑人也有指出董升某些行為詭譎。故劉檢察官認為董升與其弟董珍為嫌疑犯，於四月五日一併起訴。唯其間又傳出新的謠言說一嫌犯已病故，另一嫌犯病重。堅信陳璧為主謀的參謀部大為緊張，三月十九日北京《亞細亞日報》第三版載有參謀部請陸軍部轉審判廳之公函如下：

京師地方審判廳指定爲黃貴等五人辯護通知書

京師地方審判廳爲通知事因陳繩被害一案經本廳指定

貴律師爲被告黃貴周文駱成升黃順張義辯護人茲定于四月十一日下午一時在

刑事第五法庭開言詞辯論務希先期到廳調閱訴訟記錄以便屆期出席辯護特此

通知

劉崇佑律師

中華民國三年四月八日

刑事第二庭書記官何崇傑

京師地方審判廳指定劉律師為黃貴等五人辯護通知書

敬啟者：本部科員陳繩被害一案，承貴部秉公查考後審判廳頗為注重，復行預審數次，略有頭續。唯昨據調查報告，此案之嫌疑犯任順日前在獄忽然病故，現黃貴亦在獄病重，審尚秘密未宣布等因。值此案情未結最關緊要之際，該犯任順忽然病故，設將來黃貴董升等要犯再有意外之虞，活口已滅，此案恐永無昭雪之日。且任順是否真因病而死尚不可知，該廳對於全案犯人似應負責保全生命，以留人證。勿使陳璧錢能通神也。相應函請貴部設法考查，並與審判廳交涉，俾此案早日判決，不致沉冤莫白。非為軍界之幸，亦與國家社會大有裨益云。

劉黃兩律師對此傳聞也覺不能忽視，《亞細亞日報》三月二十日又刊出兩律師因傳聞而函致審判廳之函件：

敬啟者：陳繩被殺一案，外間已有證據不完之說。現此件方在審理之中，全恃證人證物保

> 全充分，庶幾罪人斯得，得以鞏固司法之尊嚴。現聞嫌疑犯任順病勢危殆，或云已死，黃貴亦染病甚重。此等皆案中要證，若漸次澌滅，則將永久變成疑案。於辨證等擔任本件力求真相之宗旨，固無由得達，而於司法之前途關係尤為重大。應請貴廳切實注意，實為公便。專此敬請公安。律師劉崇佑黃遠庸謹啟

實際上，兩嫌都沒死，四月十一日召開第二次公訊。京師地方審判廳且指定劉律師為黃貴、周文潞，成升，黃順及張義等的辯護人。

第二次公開庭

第二次公開庭於四月十一日下午二時開始，首由劉元梓檢察官提出說明，由於黃貴的供詞反覆，故他認為原非被告之董升與其弟董珍實為謀害陳繩之要犯。然對陳璧等七人究竟有罪無罪，不願表示意見，認為應由審判官（法官）決定。由此亦可見民國初期一般法界官員不負責之鄉愿心態。

據《亞細亞日報》的報導，這次辯護先由黃律師從理論著眼。他認為起訴陳璧父子為嫌疑犯，乃以黃貴之供詞為主要依據，現根據已動搖，則其他推想自無辯論價值。他又指出：（一）尋人廣告原必須描述衣著，怎可因所述之灰色馬掛與死者相同即謂其殺人？（二）陳璧發信原籍家屬所述與匿名信相同，實因當時局勢緊張而有此推測，無何特別。（三）陳璧若預謀殺人，為何反而前往天津？（四）陳繹為一老實溫厚的青年，連死者的胞姊夫也不信他會殺人。

黃律師又舉兩項具體理由：（一）五嫌犯有教師，有廚役，有車夫，有小工，平日素無關係，不可能聯手殺人。（二）陳璧待下人雖薄，如成升與黃順皆言常思離去，張義則返天津尋妻不得又回

北京別家工作，並無逃跑之事實。此五人事前未受賄賂，事後也未向陳璧敲詐，實不可能曾聽陳璧之令殺人。

劉律師則以親自查訪，補充汪律師所未言及的明確證據：

（一）黃貴供殺人在死者屋內之不可信。辯護人親自測量而知陳繩的臥室與門都頗狹小，南北一丈零五，東西七尺七寸。睡床之外，書桌圍椅書架皮箱圓凳等佈滿一室，空隙極少，五六人不可能同時進入來殺一素有武力的人。殺人後帳褥無血跡，其他物件整齊如故。將屍體抬出門豈能無聲，也未驚醒睡在外間的死者胞弟。

（二）黃貴供殺人為被告等共犯之不可信。陳繩被害之次日有人冒其名到雙興估衣店、萬成皮箱店購物。此人身材高大，非南方口音，為穿長衫的斯文人。但七位嫌犯中，陳璧已赴天津，周文潞赴南苑監工，陳繹身材矮小又有福建口音，其餘四人皆為粗人不能冒充斯文人。

由此即知黃貴供辭之不可以為據。

再者，劉律師強調陳璧平日為人如何與是否犯罪不可混為一談。伯姪間之相處與感情，亦難為外人所臆測。告訴人陳紱初因痛胞弟之被害而疑及其親伯，旨在求真兇而為弟復仇。現已表示陳繹與周文潞必非殺人罪犯，對陳璧亦不復生疑。綜合他與汪黃兩律師之辯護，法庭應先就陳璧等七人被嫌之部分即予宣告無罪。

唯法官仍訊問其他被告，及董升之辯護律師意見，於晚七時宣布改日再審。

第三次公開庭與劉律師的辯護意見書

因前次旁聽人甚多，第三次公開庭乃於十六日下午一時借大理院（最高法院）法庭舉行。（圖7）這次以劉律師用事實證據說明黃貴口供之不可信而陳璧父子無罪為主。劉律師並撰成文長約四千字的意見書，除辯護外，更對法庭有所批評。

劉崇佑律師的意見書開宗明義即指法庭既已知另有嫌犯，但不取消對陳璧之起訴為不合理：

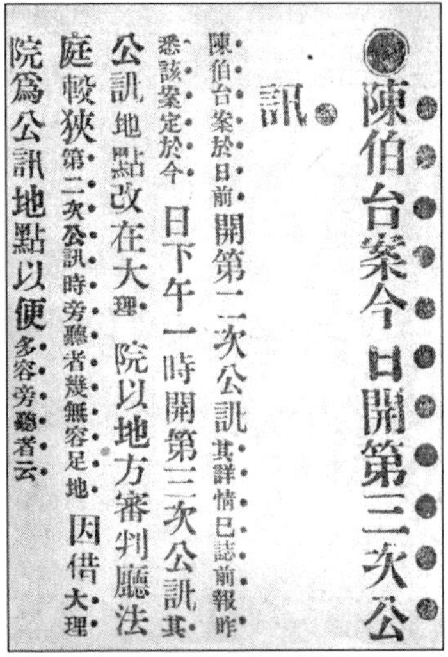

陳伯台案今日開第三次公訊

陳伯台案於日前開第二次公訊其詳情已誌前報昨悉該案定於今日下午一時開第三次公訊其公訊地點改在大理院以地方審判廳法庭較狹第二次公訊時旁聽者幾無容足地因借大理院為公訊地點以便多容旁聽者云

《亞細亞日報》民國三年四月16日

> 本案第一次預審以黃貴誣供，加以種種疑象檢察官遂起訴被告人等為此案共犯。公判既開，又發見他種証據，更事搜查。第二次預審終結，則嫌疑人別有所在，與前此被告人等之嫌疑，適成一反証。本月十一日再開公判，檢察官另行起訴董升董珍既畢。對於被告人前此之起訴理由，乃未經取消，謂真偽之決擇應聽審判官審理判定。辯護人竊以此案兩種嫌疑之事實，決無並在之理。且反証既出，則前之嫌疑當然消滅，根本上已無辯論之價值。唯法庭既未予解脫，宣言繼續審理，則辯護人仍不得不就委任辯護之範圍，詳列意見，以明被告人等之無罪。至

於此範圍以外，關於本案一切之事，非辯護人職務之所及，不論述也。

隨又指出：

查此案被告人等之嫌疑，以黃貴口供為主，因而附加以種種疑似之事實，組成全部証據。……且辯護人以檢察官起訴之証據所列雖多而根本則在於黃貴之口供。此口供若不可信，則其餘疑點，即不攻自破。辯護人又以為黃貴口供支離、荒誕，實無一顧之價值。即無此次教供之自白，及他之嫌疑人，種種重大証據，經預審廳及檢察官認定而特為起訴，而黃貴口供本體既已不能成立，則被告人亦應同時脫去嫌疑，早蒙省釋。

並認為除汪有齡律師所辯論者（見「首次開庭」節），更可多有增補。以黃貴所言無一可信，而所謂「證據」概極淺薄，也無一可信。

（一）黃貴供殺人在死者屋內之不可信。（見「第二次公開庭」節）

（二）黃貴供殺人為被告等共犯之不可信。（見「第二次公開庭」所述）又據閻子壽說黃順與其在門房賭牌至黎明，何能為殺人共犯？

（三）黃貴供殺人下手情形之不可信（見「犯罪之事實」節）。陳繩是夜十一二時始回房，睡時甚晚且未醉酒。若僅兩臂為黃順所按，下半身為若已睡，何以穿鞋，若言和衣而睡，何以有鞋無襪？若已睡臥，何以頭部前後都有傷痕？

（四）被告人等七人絕不能共同犯罪。黃貴口供以陳璧教唆，只說前一晚陳璧父子曾商議，但其不懂福建話，何以為證據？陳繹為一蘊藉謹慎青年，平日友愛兄弟，周文潞乃謹愿書生平日與陳繩最為友善。告訴人陳紞也不認為這兩人為殺人兇手，其餘四僕役平日都曾不滿於待遇太低，且皆是陳璧父子交給探訪局或指引探訪局後拘去。不可能共同犯罪。

（五）黃貴口供常前後反覆，並多猜測之語，實不可信。

（六）黃貴口供以外各種證據之非常淺薄：

（1）尋人廣告。已見汪律師之辯護辭。

（2）辯護人親往測量，井深一丈五尺餘，水面至底一丈。不取水屍身不會出現，只憑外觀更不知井裡有屍。而其後取水之命出自陳璧，可反證主犯決非陳璧。

（3）當時黨禍之聲震驚市井，陳繩既是同盟會員，又無故失蹤，即使沒有參謀部的匿名信，也應會懷疑其逃走。

（4）陳璧在天津所訪之友，所辦之事，所到之處，所晤之友，辯護人曾經詳查，毫無可疑。

（5）陳璧原不准在井中汲水，據了解實因當時葡萄已熟不必澆水，且因轆轤待修理。而後又命人取水，更無何可疑。

（6）陳璧有逐姪之言。陳繩信亦言伯父不滿意於已，但父兄儆戒子弟事之常有，況陳繩之信又有始怒終愛之語。即使有逐姪之言，逐與殺不同，安得為殺姪之證？

（7）陳繹之母（即陳璧第二妾）命任順打井為陳璧阻止，實因有他事使喚。陳璧父子若與丁役共同殺人，斷無不告知陳繹之母的道理。

（8）尸首發見後，有陳璧見其手鎗大罵從逆，令投井中的說明。實此鎗有護照，且其物現存並未投井。

（9）陳璧任令小工任順任二潛逃，並與以八月節賞項。汪律師已辯謂節賞並未給予任順任二，且其拿獲即由陳璧購線所得。辯護人則謂任順任二既非共犯，陳璧即縱令之逃與本案有何關涉？

其結論是：「由此觀，主要之證據，如黃貴之口供，既支離如彼，附屬之證據如上所述者，又破碎如此，法官賢明，其下當幾之斷，而照幾覆盆乎？」同時劉律師又指出兩重要之點：

第一、黃貴無知識，不知自白之危險而冒認在場，以為旁觀則無罪也。其口供與證據，顛倒錯亂，實無一可信。「蓋下愚之社會，若以中智以上之心理察之，亦猶以椎魯之子，測聖人之高深也。」暗示法院據其「亂供」而起訴之不當。

第二、此案既出，社會一部份人之心理認為不必深究底蘊，決為陳璧所為者。但陳璧前此居官之素行如何，日常待人如何，都不能與是否犯罪混為一談。唯檢察官因有黃貴之亂供，「於是合各種外象而集為一種之心象，愈迷愈幻，愈幻而亦愈真，洋洋千言之起訴文遂若繪色繪聲，不啻目覩於其側。」直言法官應從證據而不應自為心證，亦不應為市井流言所誤導。

結案與其影響

四月二十五日上午九時審判長張蘭宣判陳璧等七人無罪，殺陳繩之主犯實為董升，判處死刑，從犯董珍判處無期徒刑。外界議論紛紛，董升與董珍也不服判決而上訴。又劉元梓檢察官也向高等審判廳（高等法院）提出黃貴與周文潞為有罪之上訴。當時也曾傳出胡國洸檢察官仍以陳璧等七人有罪，將提上訴，唯實際並未提出。十一月四日高等審判廳宣判：周文潞與董珍無罪，主犯董升仍處死刑，從犯黃貴判處無期徒刑。此案乃告終結。

當時輿論多以此案為十餘年來未有之巨案，甚有可研究之價值。

津滬報紙皆有議論。北京《亞細亞日報》四月二十八日有如下的報導：

民國三年五月劉律師（左一）與胞弟崇傑（左二）、崇偉（右二）、崇倫（右一）合影

> 我國向來巨案動輒涉訟數年以至十餘年不等。其結果愈鬧愈糟，模糊影響，四處牽連，渺無了案之期。不得已乃歸之陰消。陰消者，曩時了案之別名。陳伯台案發現後不數月之久即能正式判決，有個著落。此自是民國司法好現象。審判官，檢察官以至辯護諸大律師皆不為無功。惟社會對於此案之判決始終未免懷疑，且發生種種揣測，誠有令人不可解者。
>
> 社會對於陳伯台案判決之懷疑，其心理約不外二種。（一）即我國巨案向多陰消，此次直截了當，當場給個著落，倒不免近於了草塞責。（二）我國舊時法庭判案賴多根據口供憑證，切實多與被判者以毫無翻身之餘地。此次判決，全憑之檢察官之檢舉證據，人多以為憑空構造。綜此二心理社會懷疑方興未已，對

> 於董升之呼冤亦有贊同者。以是徵社會對於司法機關信用之薄弱也。
>
> 我國社會最喜附會。當一案發生時必群相揣測，謂某為此案之主動者，為此案之執行者。且必求一對於該案地位較為特殊之人指為罪首。反覆推測，不離其宗。陳璧父子之被嫌或即基此爾。時某部人員至欲代為陳伯台鳴冤，雖犯以軍界干涉司法之嫌而不諱，其氣概可想。乃至陳案將判決時，某部人員竟反舌無聲，此則社會所標以為大疑問者也。

由此看來，此案中陳璧冤屈固因律師辯護證據明確中肯而於幾個月內得雪，也證明法律可以不受金錢、賄賂、謠言或外界干涉所左右，或故意拖延。參謀部原為陳繩鳴冤的人士因陳璧清白之證無懈可擊，且真兇已確定而不再生異議。因此，社會將對司法機關漸生信心，而檢審官員與辯護律師之辦案水準也應由是提高，可說是民國初期劉崇佑律師對改進新中國司法的一份貢獻吧。

此案判決陳璧無罪釋放後，劉律師得閒赴日本及浙江遊覽。回北京後曾投書北京《亞細亞日報》及天津《大公報》，見本書附錄二。

【本文原發表於《傳記文學》第96卷第1期（2010），62-75頁，2011年7月31日修訂】

>>> **注釋**

註一　黃遠庸於1915年12月27日在美國舊金山被國民黨人暗殺身亡。

六、「五四」與北大學生的護校運動
——義助學生第一案

民國八年發生的五四運動，至今已逾九十年，相關之專書和文章可說已是汗牛充棟。雖近幾年來已少談論，實際仍有一些乏人重視之要點。本文即欲說明，「五四」及隨後學生運動之火種乃先祖崇佑公（以後敬諱略）與友人在北京創辦的《晨報》所點燃，隨後先祖也以律師身分義務幫助學生，為遭北洋政府囚禁起訴的學生辯護。

「五四」學生運動

第一次世界大戰後的巴黎和會中，日本據袁世凱和段祺瑞先後主導所簽賣國密約，強行接收德國之所有在華權益，造成國人強烈不滿。和會期間，正好梁啟超於民國八年初率丁文江、徐新六、張嘉森（君勱）、蔣百里和劉崇傑等到歐洲訪問，二月中旬到巴黎。其中劉崇傑是劉崇佑之胞弟，原任駐日使館參事，並曾代理館務。探知重要消息，由梁啟超陸續向國內友人報告。三月二十二日《晨報》以「梁任公之重要來電」報導：

轉汪、林二君鑑。交還青島，中、日對德同此要求，而孰為主體，實目下競爭之點。查自日本佔據膠濟鐵路，數年以來，中國純取抗議方針，以不承認日本承繼德國權利為根本。去年九月，德軍垂敗，政府究用何意，乃於此時對日換文訂約以自縛？此種密約，有背威氏（按，指美國威爾遜總統）十四條宗旨，可望取消。尚乞政府勿再授人口實。不然千載一時良會，不啻為一二訂約之人所壞，實堪惋惜。超漫遊之身，除襄助鼓吹外，於和會實際進行，未曾過問。惟既有所聞，不敢不告，以備當局參考，乞轉呈大總統。超　十一日。

《晨報》的主要人物為蒲殿俊，劉崇佑。他們與梁啟超、外交總長汪大燮、以及原任司法總長林長民等原皆屬「進步黨」，意氣相投。故這重要消息自然就由《晨報》領先披露。四月初，汪大燮、張謇、熊希齡、范源廉、王寵惠與林長民等即組成一個「國民外交協會」，汪大燮為委員長，希望讓國內民意真正形成外交的後盾，爭取國家權益。

民國四年五月七日，日本向袁世凱提出「二十一條」。所以當時以五月七日為「國恥」紀念日。國民外交協會已訂八年五月七

晨報　中華民國八年五月二日　第二版

代論

外交警報敬告國民　林長民

昨得梁任公先生巴黎來電略謂青島問題因日使力爭結果英法頗為所動聞將直接交於日本云云（原電見另欄）

嗚乎此非我舉國之人所奔走呼號求恢復國權主張應請德國直接交還我國日本無承繼德國掠奪所得之權利者耶我政府我專使非代表我舉國人民之意見以定議于內折衝于外者耶今果至此則膠洲亡矣山東亡矣國不國矣此惡耗前兩日僕即聞之今得任公電乃徵實矣聞前次四國會議時本已決定德人在遠東所得權利交由五國商量處置惟須得關係國之同意我國所要求者再由五國交還我國而已不知因何一變其形勢也更聞日本力爭之理由無他但執千九百十五年之二十一欵及千九百十八年之膠濟換文及諸鐵路草約為口實嗚乎二十一欵出于脅迫膠濟換文以該路所屬確定為前提不得遽為應屬日本之據濟順高徐草約為預備合同尚未正式訂定此皆我國民所不能承認者也國亡無日願合我四萬萬衆誓死圖之。

《晨報》民國八年五月二日林長民之文

日在中央公園舉辦「國民大會」，各校學生團體也決定是日發動遊行，示威抗議。因《晨報》五月一日率先以「頭條」（第二版）報導「山東問題之警報」，指出「此次外交失敗即足以亡國。」引起國人注意此問題之嚴重性。次日更刊出幾件「頭條」消息，其中最重要的是林長民的「外交警報敬告國民」，其全文是：

> 昨得梁任公先生巴黎來電，略謂青島問題因日使力爭結果英法頗為所動，聞將直接交於日本云云（原電見另欄）嗚呼，此非我舉國之人所奔走呼號，求恢復國權，主張應請德國直接交還我國，日本無繼承德國掠奪所得之權利耶？我政府，我專使非代表我舉國人民之意見，以定議于內折衝于外者耶？今果至此，則膠州亡矣！山東亡矣！國不國矣！此惡耗前兩日僕即聞之，今得梁任公電乃證實矣！聞前次四國會議時，本已決定德人在遠東所得權益，交由五國交還我國，不知如何，形勢遽變。更聞日本力爭之理由無他，但執一九一五年之廿一條條約，及一九一八年之膠濟換文，及諸鐵路草約為口實。嗚乎！廿一條條約，出於脅逼；膠濟換文，以該約確定為前提，不得逕為應屬日本之據。濟順、高徐條約，僅屬草約，正式合同，並未成立，此皆國民所不能承認者也。國亡無日，願合四萬萬民眾誓死圖之！

同日該報又以「山東竟如此斷送耶」為大標題，列三條「緊要新聞」：

◆巴黎代表電告束手

◆梁任公早來警電

◆政府國民曷不自圖補救耶

最後說：

傅斯年（左）北大學生時期與其弟合影

觀上消息，山東問題大勢已去。惟茲事最後決定權仍操諸我，今友邦不能為助我政府，國民應死力堅持，勿稍退卻。彼意大利思啟封疆不遂，決然脫退和會。法國爭薩爾鑛權，卒獲如願以償。我國同為參戰之一員，而所獲之結果，乃並敵人所掠奪之我國固有權利不能由我直接收回。此事若成，我國家尚有何面目視息於國際場裡。時至今日，國民猶不自圖補救，則真不知死所也。

羅家倫（後排左1），段錫朋（後排中）於1920年

新聞披露的當天晚上，段錫朋、易君左等三、四十位北大學生緊急開會，決定次（五月三日）晚召集全校同學聚會，並邀請北京十三院校學生代表與會。三日晚的集會中則議定將原訂五月七日舉辦之「國民大會」，提前於五月四日中午在天安門聚集後遊行請願，反對政府在巴黎和會所持的軟弱態度。由於五月四日恰好是星期日，參加者達數千，規模空前。傅斯年舉大旗率學生遊行，先至東交民巷使館區，受警察阻止不能通過；派代表欲見美國公使芮恩施，也因星期假日未上班而不得見。學生情緒大受影響，乃轉道趙家樓二號曹汝霖宅，縱火並搗毀宅院，又將章宗祥打成重傷。徐世昌總統取高壓政策，三十餘學生被捕，五日晨北京學生罷課聲援。消息漸傳遍全國而形成對當代中國影響至鉅的「五四運動」。

這一運動完全是學生自動自發形成的。據傅斯年後來在〈漫談辦學〉中說：

五四運動北大學生遊行隊伍

去年（按，指民國34年）年底我到昆明去處理學潮，在最緊張中，老友馮芝生笑對我說：請看剃頭者，人亦剃其頭，這因為我是五四運動之一人，現在請人不鬧風潮，故芝生以為可笑也。當時我對朋友說，五四與今天的學潮大不同。五四全是自動的，五四的那天，上午我做主席，下午掮著大旗，直赴趙家樓，所以我深知其中的內幕．那內幕便是無內幕。現在可就不然了，某處廣播一下，說要求美軍撤退，過了幾天，學生便要求美軍撤退。請問這是為誰辛苦為誰忙？這樣的學生運動，我是很不願意牠和五四相提並論的。我們不當禁止青年作政治運動，但學校應該是個學校，應該有書可讀。若弄得成了政治鬥爭的工具，豈不失了學校存在的意義！青年人多是不成年的人，利用他們，豈不是等於用童工？教員有他的職業的本份，就是好好教書，若果志不在此，別有所圖，豈不是騙人？騙人者不可為人師。受騙者，應該先開導他，開導不成，必需繩之以紀律。今人皆知五四趙家樓之一幕，而忘了護校之一幕，甚為可惜。

田炯錦在「五四運動的回憶與平議」（《傳記文學》第15卷第3期）中也說：

「五四」距今已經五十年了，當天參加的人，純是為愛國救國，絕沒有其他企圖。……八年五月三日下午，與筆者在北大東齋同住一間宿舍的狄君武學長（狄本名膺，在北大時以其號為學名）歸來說：「今天下午在一個會議上，蔡先生言巴黎和會的情勢，對我國極為不利，列強對日本要在山東奪取我許多權益之無理要求，有認可之意，而我政府將被迫在和約上簽字，倘不幸而如

此，國家前途不堪設想。散會後，許多同學商議，欲今晚在法科大禮堂召集全體同學大會，共商對策。」[註一]

近代史學者梁敬錞民國五十五年時曾為文云，林長民這篇文稿是由他送到晨報館交給總編輯的。故他認為，「五四」的學生示威就是《晨報》所發布林長民之文所掀起。另位近代史學者張朋園也同意此說。按，同年五月二十四日天津《益世報》第三版有一題為「蠻哉日使之公文」的報導，言二十一日晚日本駐華小幡公使以正式「緊急」公文致外交部：

> 其內容大略如下：連日中國商學各界以山東問題，群起抵制日貨，本公使深致不懌。查五月二日北京《晨報》及《國民公報》載有林長民君「外交問題警告國人」代論一節，內有「山東亡矣！國不國矣！願合我四萬萬眾，合力圖之」等語。此次風潮恐與此文字不無關係。應請貴國政府警告林君，加以取締。請限期答覆云云。

可以說明梁敬錞之說法正確。

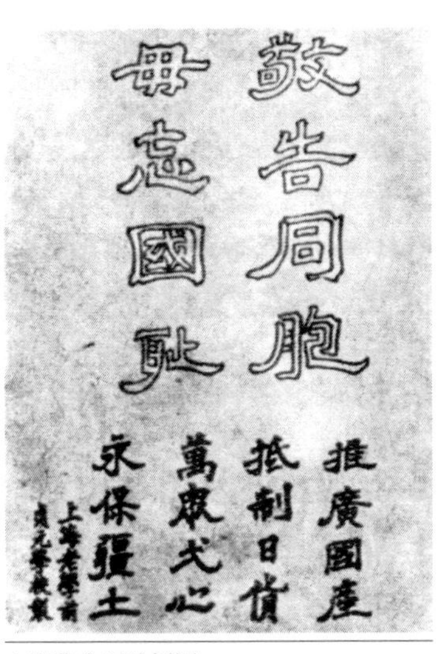

上海學生所貼標語

賡續的北大學生護校運動

五月五日，《晨報》以大半版篇幅報導此新聞，幾天之內消息傳遍各地。全國熱烈響應，而有罷課、罷市、拒買及焚燬日貨等行動。所謂五四運動，於茲而生。政府方面，原擬採高壓政策，後因范

領銜保釋學生的汪大燮

第三版 中華民國八年六月八日

之結果決不出拘留地並聞該學生等且派代表與軍警交涉要求供給飲食云

聞昨日政府會商結果已派國務院參議曾彝進會同教育部員路孝植等赴北京大學勸慰被捕各生其演說略謂學生諸君出外演講本屬愛國之誠心祇以人數太多恐流氓滋事致有約束歸校之處置政府當局亦心抱不安務望先歸本校政府對此應有相當之辦法云云

昨日北大全體教職員大會

▲議決將王建祖驅出學界

▲反對胡仁源為大學校長

▲二代表報告與教育次長會晤情形

昨日午後一時北京大學教職員在文科大學樓上開全體緊急大會到者二百餘人公推黃君右昌為主席首報告數日以來學生被拘情形眾以當學生被拘之中而法科學長王建祖負責任躲在家中且有與政府通氣瞭視學生之事情實為學界之恥應

北大學生亦反對胡仁源

北京大學全體教職員反對胡仁源為校長情形已詳別報該校學生方面亦於前晚（六日）開學生大會對於政府任命胡仁源為該校校長一致反對其理由如下（一）蔡校長雖曾呈請辭職但政府已下命令慰留且蔡自杭來電并無決不回校之表示（二）大學校務既有工科學長溫宗禹代理則同時不能有二代理者出現其議決之辦法如下（一）舉代表謁胡勸其萬勿來校（二）上書總統請收回成命（三）發佈宣言書

昨早大學舉出代表陳王等四人訪胡當即接見代表等乃述來意勸其萬勿赴任否亦恕不接待胡聞之曰政府命余長大學事前余並不知又曰余雖暫至大學但[illegible]先生將來復職并無防礙余以溫學長雖代理校務但不負責任致大學有岌岌危亡之勢余來正欲設法維持云云 是其長大學之意已決聞學生方面又議決於明日再請一次非達到反對之目的不止云茲覓得該校學生上政府之呈文錄左

呈為懇請收成命事六月六日 明令以胡仁源署理北京大學校

民國八年六月八日《晨報》報導北大反對胡仁源之新聞

源廉等人勸阻，又有兩千多學生五月五日聚集警廳，要求釋放被捕學生，否則均願受拘留。故只好同意由國民外交協會的汪大燮、林長民與王寵惠三人出面作保，而於七日停止羈押被捕學生。然教育總長傅增湘辭職獲准，北大校長蔡元培請辭出京。嗣後學生罷課、遊行之舉，不絕如縷。遂有一些保守的官僚倡議解散或改組北大。《晨報》、《益世報》與《國民公報》之報導皆支持學生，致使《益世報》於五月二十三日遭查封。《晨報》與《國民公報》也於是日起有警察廳派員進駐，發稿皆受檢查。至七月七日才解除監視。

六月，事態愈形擴大。三日之聚眾演講，學生被捕者逾千。六日北京政府明令蔡元培前任之北大校長胡仁源署理校長，次日遭到北大教職員與學生，分別開會，公開反對。政府只好試圖挽留蔡校長回任，謀求解決，且蔡元培已同意病癒後北返。但另一方面，親執政者的「安福部」（又稱「安福系」，因在安福胡同聚會成立「安福俱樂部」而得名）議員們，鼓動由蒙古選出的眾議員克希克圖由國會提案，請教育部恢復民國元年的大學制度，以阻蔡元培回任，並希望藉此阻止學生運動及教授宣揚新思想。學生得知消息後，群表反對，此即上文所說的「護校運動」。傅斯年窮一夜之力，撰成「安福部要解散大學了」長文投稿《晨報》。刊出後立即引起各界的重視註二。七月廿一日「北京學生聯合會」公開宣布「安福部破壞大學」，並舉出七月十六日幾位「安福部」的議員和議院的職員於「中央政聞社」宴請一些學生，收買他們發動歡迎胡仁源、拒絕蔡元培回校及要求恢復民國元年學制之事實，呼籲全國注意。也因而造成著名的北大學生「護校」事件。

此事件發生在七月十七日。是日，為「安福部」所收買的學生等在北大「法科」開會商討如何進行「迎胡拒蔡」等事時，有北大學生二百餘人聞知而闖入。雙方發生爭執，扭打，魯士毅等十一學生將「親安福部」的許有益（休學）、俞忠奎、程體乾、楊濟華（均在學）與王朝佑（已畢業）關在「理科」教室中詢問受賄、誣陷等事。為警察救出後，許、俞、程、楊四人乃提出告訴。因得安福

來件

安福部要破壞大學了！ 傅斯年來稿

破壞的人—克希克圖胡仁源
破壞的方法—變大學制為大
學校長
（言責由作者自負之）
北京城裏有個什麼新國會。
新國會裏有個什麼安福部。安
福部裏有個什麼克希克圖。這
個克希克圖新近提出一個「恢
復民國元年大學學制意見書」
。我見報上說、在安福部裡通
過了、不久就要提出這個『

民國八年七月十六日《晨報》所載傅斯年之投書

北京大學學生魯士毅等十一人被告共犯私擅逮
捕監禁輕微傷害使人行使無義務之事等俱
發罪一案辯護理由書
本案檢廳起訴認七月十七日北京大學學生在法科
理科開會有私設法庭審判拘禁毆打許有益五人
并強迫具保及悔過書等情事指為被告人等共犯
刑律第三百十三條第三百四十四條第三百五十八條之俱發
罪其証據則一為司法巡官玉章玉紳報告二為中一
區巡官祥禎口供三為許有益楊濟華傷單四為檢
廳所記告訴人許有益等被告人魯士毅等供詞五為

辯護書

部人士之助，檢察廳於二十八日將魯士毅、王文彬、朱耀西三人拘捕。其餘孟壽椿、劉翰章、陳邦濟、劉仁靜、謝紹敏、狄福鼎[註三]、易克嶷及倪品貞因當時不在校內，隔日自行投案，亦遭囚禁。八月二日，北大教授陳大齊等赴檢察廳，欲保釋學生而未獲准。八日，檢察廳正式以傷害及私擅監禁之罪名，將被告魯士毅等十一人提起公訴。但原告楊濟華等，也以誹謗罪起訴。

劉崇佑為「護校」學生義務辯護

這案件被告學生所請的辯護律師是《晨報》之一創辦人劉崇佑。劉律師一向同情正派的學生運動。「五四」發生後，北京律師公會曾於五月八日決議如曹汝霖等欲請律師，一律不接受；學生如有需要，則願盡義務[註四]。五月十日法院傳訊曾被捕學生時，劉崇佑即曾指導學生如何應對。民國三十一年朱自清在《當代評論》發表的「不知道」一文中就寫到此事：

> ……五四運動的時候，北平有些學生被警察廳逮去送到法院。學生會請劉崇佑律師作辯護人。劉先生教那些學生到法院受訊的時候，對於判官的問如果不知道怎樣回答才好，或者怕出了岔兒，就乾脆說一個「不知道」。真的，你說「不知道」，人家抓不着你的把柄，派不着你的錯處。……

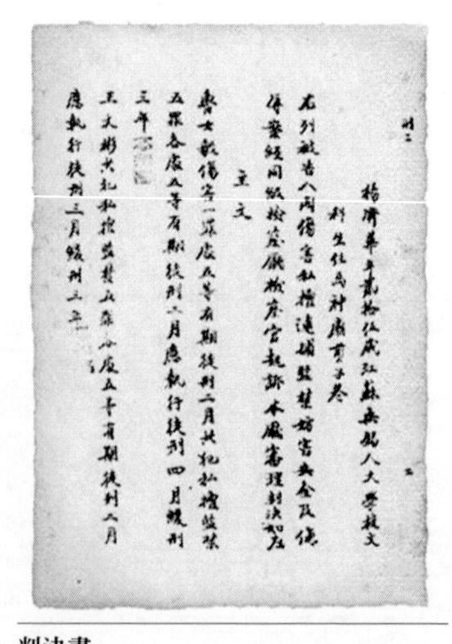
楊濟華年貳拾伍歲江蘇無錫人大學校文
科生住[illegible]
右列被告人因傷害私擅逮捕監禁妨害安全及傷害違警經同級檢察廳檢察官起訴本廳審理判決如左
主文
魯士毅傷害一罪處五等有期徒刑二月共犯私擅監禁五罪各處五等有期徒刑二月應執行徒刑四月緩刑三年
王文彬共犯私擅監禁五罪各處五等有期徒刑二月應執行徒刑三月緩刑三年

判決書

羅家倫晚年回憶五四運動時，也說他為學生應訊事，幾次請教劉崇佑律師。

劉律師為主持正義，為北大護校學生義務辯護。並為此學生互訴案撰有近五千字之辯護書，曾載於民國八年八月二十七日北京《晨報》及民國八年八月三十、三十一日上海《民國日報》，其全文見本書之「附錄三」。

審判經過與結果

八月二十一日開庭。北京、天津各大報多有詳細報導。如天津《益世報》二十三日有「特別紀載」，專篇報導審判詳情。有關劉律師的辯護部分如下：

> （律師劉崇佑君謂）此事竟無證據，法廳所最可恃者，不過警區之報告，而區長對於親見之狄福鼎尚承認報告有誤，則其餘可想。至於偵探之報告，則自稱得諸傳聞。聞傳聞之說豈可納人於罪？其餘驗傷等報告亦多自相矛盾之處，望法庭必詳細調查，以重真相云云。
>
> 嗣審判官不肯再行調查。律師繼續發言謂：此案法廳所得之證據如報告等項，辯護人以為既多彰彰不可靠之事實，則法律上自失其根據。原告口供自係一面之辭，被告口供據其陳述，則稱記錄以後並未閱過亦未簽押，於法律手續不無欠缺之處。今遽行辯護，則辯護人亦有辭可說，即據原告供詞，如稱魯士毅已高坐台上又能臺下之許有益，許有益既能上臺，則又何所謂審問。此點因早為審判長所明察。其他又如攻擊狄福鼎走來走去作書記，則書記豈走來走去所可作者？況狄福鼎不在會場已有黃區長允為證明，若謂押解，則法科至理科地將二

里豈有途中警察不聞不問之理？況據警察報告，亦謂當時大眾帶說帶笑而赴理科。若謂逮捕，則秘密開會係許有益等自來，何勞逮捕？若謂監禁，則許有益等謂被禁於一教室內，有警察張某謂證。次日有友人六人前來接去，跳墻而走。須知既已監禁豈六人所可接去，既屬來接，何勞跳墻？況北大墻之高矮又為路人共知，此言之有無根據一思即可明瞭。若謂保證書，悔過書，則至今尚未查得此物，豈可聽原告一面之辭？假有此物亦不過道德上之行為，豈須法庭之保結可比？至於共同犯罪一語，尤為不解，法律上所謂共同犯罪，必須事前有準備，當事有分職，乃得成立。今據種種事實，彼等二者皆無，何得稱為共犯？況據北京大學留京學生所遞之全體負責公呈，與此事亦極有關係，可見此事乃數百人之羣眾行動，決非十一人之共犯。既非共犯則原告雖稱輕微傷害，亦當問尋毆打之人，何可加於此十一人之身上？今就法律而言，此十一人無所謂罪，亦無所謂共同犯罪。就人情而言，被告之心跡實為全國所共諒。政潮黑暗危及教育，今日某派思攫取校長，明日某黨擬併吞學校，使青年學子讀書且不能安心。苦心孤詣，維持學校。至於今日還要告他犯罪，致令坐廢光陰，陷身囹圄。他們不過不幸而為中國人罷了。

言至此，旁聽席滿座欷歔流淚，被告更多傷心痛哭，全場頓呈悽慘現象。言畢審判長謂問檢察官有何意見解答？檢察官起立略謂：律師方纔說魯士毅既作審判官何能打人一節，余意不妨，須知彼等並非正式法庭。律師起立說：既非正式法庭，又何有乎犯罪？家庭兄弟之爭，兒戲之舉？事屬常有，何曾事勞法庭檢舉？學校即學生之家庭，事屬相類，可不勞國家法律之尊嚴。況法律所以排斥惡性學校，所以培養士氣。今一般青年曾受國家培植，自非惡性可言，為國家立法初心，為貴廳愛護青年盛意計，顧及刑事政策至少亦不與執行云。繼又由律師要求被告人取保，謂拘留的目的所以防被告人消滅證據而且逃遁，今既喪失此兩種目的而仍使多數青年收押，實屬法律上不必，人道上難忍之事。望即取保。

嗣經法官以現離判決時不遠，不必取保。宣布辯論終結退庭。當場旁聽人莫不感動，爭向被告表示敬意，而見原告則嗤之以鼻。並聞女界代表以為將來判決不能彌意時，將有相當表示云。

連北京許多小報也有報導。如八月22日《小公報》（第147號）的「新聞」有：

北大學生案本日開始公判　在京全體學生亦於本日自首

北京大學學生魯士毅等，被地檢廳提出公訴，已紀前報。茲查地方審判廳已定本日上午十時開庭審判。主任檢察官為楊天壽，主任審判官為王克忠，

被告律師為劉崇佑。此案發生以來，本為世人所在意，故本日前往旁聽者必甚多。在京外國人亦甚注目於此案。聞昨日已有外國新聞記者蓋大士氏（比國人）前往看守所，慰問被告各學生云。

由於辯護理由充分，二十六日判決結果：被告孟壽椿、劉仁靜、狄福鼎、易克嶷與朱耀西五人無罪；魯士毅、王文彬、劉翰章、陳邦濟、謝紹敏及倪品貞有傷害或私擅監禁之罪；原告許有益、俞忠奎、程體乾、楊濟華則有「侮辱」之罪。分判拘役十四日（五人），徒刑三月（三人）或四月（二人）不等。判拘役之在押者以羈押期相抵，其餘各有罪者皆獲緩刑。使自動自發，意圖維護北京

大學不受腐敗政府干擾的十一位學生獲得釋放，免受刑責。這是劉崇佑律師對抗執政當局，為弱勢學生義務辯護成功的第一案。當時法院為了保持顏面，做此判決，雖有人不滿意註五，一般也只好接受了。

冰心的報導

著名女作家「冰心」（謝婉瑩，1900-1999）當時是協和女子大學理預科學生，原擬學醫，五四運動時因是協和女大的學生自治會「文書」，參加了北京女界聯合會的宣傳組。這次北大學生事件開庭，宣傳組派她去旁聽作紀錄。她寫了一篇「二十一日聽審的感想」，於八月二十五日在《晨報》第七版中刊出，作者署名「女學生謝婉瑩」，是她的第一篇文章。因十分生動，甚受讀者歡迎。文中與審判有關的部分如下：

> 二十一日早晨，我以代表的名義，到審判廳去聽北大學生案件的公判。我們一共有十一個人，是四個女校的代表。……

◎二十一日聽審的感想　女學生謝婉瑩投稿

二十一日早晨。我以代表的名義。去到審判廳去聽北大學生案件的公判。我們一共有十一個人。是四個女校的代表。那時已經有九點多鐘，審判廳門口已經有許多的男學生。以後陸續又來了好些。我們向門警索要旁聽證。他們說恐怕女旁聽席太仄。不過有一條長櫈子請我們舉四位代表進去。我們誰

《晨報》民國8年8月25日第七版

我的第一篇文章

冰心

问：能不能请您回忆一下自己的第一篇文章是怎样在报刊上发表的？

冰心的回憶

……劉律師辯護的時候，到那沉痛精彩的地方，有一位被告，痛哭失聲，全堂墜淚，我也狠為感動。同時又注意到四位原告，大有「踧踖不安」的樣子。以及退庭出的時候，他們勉強做作的笑容。我又不禁想到古人一句話，「哀莫大於心死」。唉！可憐的青年！良心被私慾支配的青年！

審判的中間，審判長報告休息十五分鐘。這個時候，好些旁聽人，都圍在被告的旁邊招呼慰問，原告那邊靜悄悄的沒有一個人。我想被告的自有榮譽，用不著人的憐憫。我們應當憐憫那幾個「心死的青年」。

自開庭至退庭一共有八點鐘，耳中心中目中一片都是激昂悲慘的光景。到了六點鐘退庭的時候，我走出門來，接觸那新鮮清爽的空氣，覺得開朗得很。同時也覺得疲乏飢渴，心中仍是充滿了感慨抑鬱的感情。

……

我盼望改天的判決，就照著他們二人所說的話。因為這就是「公道」，這就是「輿論」。

張國燾像

此文甚受讀者歡迎。從那時起，她開始在《晨報》發表短篇小說和散文，之後成為中國著名的作家與中國兒童文學的前驅者。

張國燾的回憶

張國燾（1897-1979），1916年秋考入北京大學理工預科，後轉入本科。在校期間參加了五四運動，曾因領導上文所述「六三」事件中被捕，是北京學生領袖之一。他的自傳《我的回憶》第64頁裡也記下此案開庭之經過：

> ……八月底，魯士毅等被捕已近兩個月，北京地方法院才宣告偵察終結，正式開庭審訊。開庭的那一天……學生的辯護律師劉崇佑先生是一位有名的法學家· 也是研究系的一位著名領袖。他義務出庭為被捕的同學辯護，極為賣力。使主控的檢察官在庭上窮於應付，我和其他在那裡旁聽的同學們每當聽見檢察官陳訴被告曾犯

毆打官吏、反抗政府、擾亂治安等內亂罪行時，便一致怒目相視，當我們聽到劉律師聲稱被告的行動是出於愛國義憤，依法無罪的時候，就一致點頭稱快，學生們這種沒有妨害法庭秩序而又能清楚的表示他們意向的舉動，鼓勵劉律師說出一段極有份量的話。他說如果被告人等罪名成立，全國將育萬千學生自請拘禁。審判長在庭內外這樣輿情壓力之下，終於當庭宣告各被告無罪開釋。……

【本章曾載《歷史月刊》231期，頁83-89（2007年）。為〈《晨報》與五四〉一文之一部分，2011年雙十節增訂】

>>> 注釋

註一　民國三十七年五月四日天津《大公報》第三版有葉景莘「五四運動何以爆發於民八之五月四日？」一文。作者為民國八年「國民外交協會」幹事員。據其回憶，五月三日晚間汪大燮至蔡元培家中告訴蔡元培：國務總理錢能訓已發電報指示參加巴黎和會代表簽字，事態嚴重。蔡元培於晚九時左右召集學生代表段錫朋去談，次日「五四運動」就暴發了。與其他記載稍有出入。

註二　此文載於《晨報》七月十六、十七、十九、二十日，《傅斯年全集》未收。

註三　狄福鼎乃狄膺（君武，1895-1964）之學名。後曾留學法國。歷任國民黨要職，來台後卒於立法委員任內。民國四十九年底先祖母病逝上海，家人在台北設祭，狄先生曾來弔唁。

註四　當時北京律師公會曾對此事重新開會討論，「親曹派」企圖翻案。一番爭論後，改為「原則性」而無強制性。

註五　民國八年八月二十九日葉楚傖在《民國日報》「社論」中說：……司法衙門，不是個調劑的機關。魯士毅等果是的，便是許汝益等的不是。應該把魯等宣布無罪，治原告許汝益等誣控的罪名。魯士毅等是非的，便是魯士毅等的不是。應該把許等宣布無罪，治被告魯士毅等的罪名。現在這抹煞是非兩面敷衍的判辭，說他是不得已的苦衷？他是個法廷，沒有不得已的苦衷。可說：這不是由他們自己證明這法廷是別有作用，很不公道的麼？北京大學案已說明白了。敢問全國的國民，道種判辭能承認不能承認？幾個月的徒刑，幾天的拘役，北京學生身上的苦痛算不得甚麼。是他們原預備著犧牲的。他們的判辭，實在是打擊全國學生的精神，阻礙全國學生的前途。

七、為新聞同業向北洋政府抗辯

民國八年的五四運動不只是知識界提倡民主與科學的新文化運動，也不只是揭舉「內除國賊、外爭國權」的青年學生運動，而是社會各階層的愛國運動。由於認清了日本帝國主義者之蠻橫與居心險惡，北洋軍閥政府之無能又濫施威權，各界的愛國者乃在不同崗位上努力追求進步。一些法界人士期望藉司法公平以促成政治清明、社會安定，當時在北京執律師業的先祖崇佑公（以後敬諱略）就是其中之一。他因愛國又不懼威權，曾幾度為政治事件受害之弱者向北洋政府抗辯。本篇介紹為民國八年發生之《益世報》和《國民公報》兩案。

《益世報》案

五四運動上海民眾遊行

五四運動起後，全國各地紛紛響應，輿論界支持者亦多。北京的報紙以《晨報》、《益世報》和《國民公報》最為支持此一愛國運動。不斷報導反對北洋政府出賣主權，要求嚴懲賣國賊曹汝霖、章宗祥與陸宗輿的言論，和各地民眾、學生活動的消息。北洋當局對學生施行鎮壓，《益世報》和《國民公報》也一先一後被查封，且主其事者遭到起訴。《益世報》請劉崇佑擔任辯護律師，是他向北洋政府抗辯的第一樁案件。

事由是民國八年五月二十一日上海《新聞報》發表了一封陸軍第五師胡龍舒等全體官兵，反對出賣山東主權的告全國同胞電，內稱：

> 前次北京大學諸愛國學生等，擊章賊之骨，焚曹賊之巢，軍人等不勝歡躍欽佩……軍人等惟以鐵血為諸君後盾。希望我全國軍人猛醒，萬勿以南北二字存心，自相殘殺，徒為個人爭名利耳。並呼籲「全國一致，共禦外侮，速除國賊。

此條消息北京《益世報》於五月二十三日轉載。李大釗見到後隨即寫了一篇「第五師軍人」，其文云：

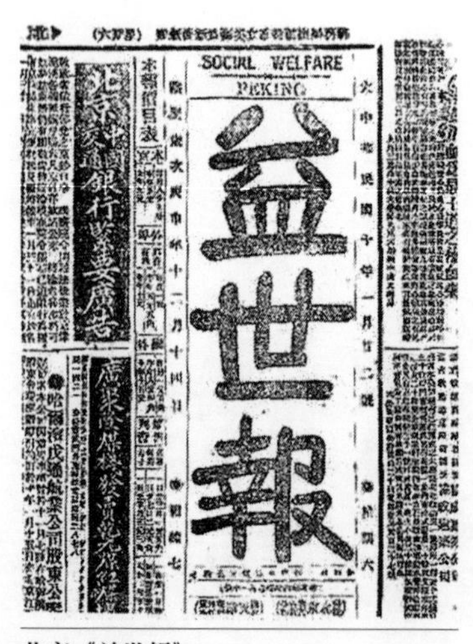

北京《益世報》

> 《益世報》載：近畿陸軍第五師步馬炮工輜全師官兵胡龍舒等一萬零零八十名通電：「除國賊，……禦外侮，……願以鐵血為後盾」。像這種愛國自衛的精神，斷斷不可以拿干涉政治的話責備他們。

刊於五月二十六日出版的《每周評論》。

然北洋政府深懼其他軍人繼起嚮應，遂迫使第五師立即「更正」，謊稱「此電係他人假借該師名義冒發，該師不負責任。」並於二十三日將《益世報》查封，逮捕總編輯潘智遠等。據《晨報》二十五日報導其被封原因如下：

> 本京益世報於前夕被封，昨日即不出版。玆將其被封原因錄左京師警察廳布告第五五號。本廳准京畿警備總司令部函開：五月二十三日益世報登載魯軍人痛外交失敗之通電一則，近日本京各處並未見有此項通電，該報所載顯係煽惑軍隊，鼓盪風潮。查戒嚴法第十四條所載，戒嚴城內司令官有執行左列各情事件之權，因其執行所生之損害不得請求賠償。同條第一項載，停止營業、集會、結社或新聞、雜誌、圖畫、告白等之認可，為與時機有妨害者各等語。本司令部認為該報所載與時機有妨害，自應即行封閉並將該報負責人查傳送究，以杜煽惑而示懲儆，相應亟請密速辦理等因到廳。除由廳令知該管區署執行封閉，停止出版並傳該報經理等解廳訊辦外，合亟佈告該館知悉。仰自文到之日即行停止發行，毋得違誤，特此布告云云。

同日北京警察廳也派員進駐《晨報》和《國民公報》，以實行新聞檢查，規定「所有各項新聞稿件須經審核後方准登載」。《晨報》於二十四日起每天刊出啟事聲明。直到七月七日才解除檢查。

第二版 中華民國八年六月二十五日 晨報

本報特別啟事

啓者前月二十三晚八時起京師警察廳派員會同外右四區署員到本報館檢查發稿所有各項新聞稿件須經審核後方准登載在此監視狀態之中凡讀者諸君極感興味極欲聞知之言論事實不敢保其不受制限而本報久承讀者獎許又不敢以敷衍遷就之詞充幅致辜 盛意茲特決定自是日起至解除監視以前所有本報篇幅概不固定或照常日出兩張或減至一張或一張半或加至三張四張一視是日發稿之多少爲標準於消極的自由範圍以內期不失本報特色 高明當能曲諒幸甚幸甚謹啓

緊要新聞

《晨報》受監視的啟事

此案一出，輿論界多不服。如天津《益世報》五月二十六日有署名「郁青」者，以「政府之無聊」為題作評論云：

> 語云防民之口，甚於防川，川壅而潰，傷人必多，民亦如之。當軸諸公應變乏術，以云對外，失地喪權，以云對內，和局再破。撫衷循省，早應避賢，一誤再誤，何逃清議？不以自責反畏人言，倒行逆施，太無聊賴矣。
>
> 自國會僭統，民意莫伸，一二新聞，少持公論。秉國鈞者當視為諍友，藉覘民意以定從違，並此摧殘，成何民國？況出版自由載在約法，苟非謀叛何得妄干？政府專橫於斯極矣
>
> 或謂封閉報館，箝制言論，原動之力胥出某邦。警察諸君奉令承教，苟隨如此，愈覺難堪。較比朝鮮尤為不逮，韓人鼓吹獨立，種種壓抑悉出外人。不聞同胞自相殘害，今我官府甘心助紂作倀噬人。彼此相衡，獨不慚汗乎？

又據五月二十八日《晨報》，有眾議院議員王文璞提出質詢如下：（一）未宣告戒嚴何可濫用戒嚴法；（二）北京多家報紙轉載該新聞何以獨罪益世報；（三）禁止出版是否妨害人民自由。唯無下文。六月間，天津與上海的學生聯合會曾分別要求政府早日釋放潘智遠等，國務院則於十九日回答因在法院審理中，不能干涉，但已咨請從寬議處。

檢察廳隨後追溯該報五月七日、十三日、十六日三天的報導，以一妨害治安罪、一侮辱官吏罪和二煽惑罪共四項罪名。按新刑律第一百五十五條、第二百二十一條和出版法第十一條起訴，比起初只以二十三日之報導有煽惑罪嚴重的多。此是第一件北洋政府所興之「文字官司」，顯然是必欲入之以罪。當時少有律師願打這得罪政府，又少勝算的官司。但《晨報》主持人之一劉崇佑律師卻毅然

出面為《益世報》辯護。

六月十六日開庭時劉律師為潘智遠等人逐項據理力爭，其辯護書之大要為：

一、五月七日登載「暗商罷市」之新聞，有「妨害治安」罪。但「此在謀罷市者之方面為不利，而政府則可見此新聞而生其警覺，而謀所以慰解商民之道。則該報此項記載是明明預防罷市，不欲罷市之意。與其謂為竭力鼓吹罷市，無寧謂為竭力漏洩罷市之秘密，以警告政府以達其防止罷市之目的？是乃維持治安之作用，何以指為妨害治安？」

二、五月十三日登載「正告曹汝霖」一節內，有「吳炳湘居然聽賣國賊之指揮，可謂喪盡軍警界之德」句，絕非「肆口謾罵」而犯「官吏侮辱罪」。因為「侮辱之義以普通見解言，至少亦須含有醜詆之意，例如不以人格齒人或以穢褻語調為罵詈。易言之，即其程度必為可以損害國家威嚴者乃可，今所謂喪盡軍警界之德云云，猶是以道德責人之詞。……豈國家之威嚴因此遂生損害？威嚴無損，則侮辱問題當然不生。今日既無類似專制時代大不敬之科刑，所謂侮辱者自應嚴格解釋。」而且「牽強入罪，則實反為國家行使刑罰權之玷，而轉有辱國家。」

三、五月十六日登載「勸告軍警」一節內，有「國人皆曰某某可殺而軍警獨曰不然」之語，謂犯「煽惑罪」。但「該文所謂可殺之某某，……並無指實。則所謂煽惑他人犯殺人罪者，先無可殺之特定之人，是為犯罪之不能。……且國人皆曰可殺云者，文句之中雖有殺字而辭意則不過排斥之語調，不得謂為殺人之殺。……國人皆曰者，輿論也。……。該文自始至終並無勸軍警實施殺害某某之言，更安得強認為慫恿。總之，……苟所煽惑者非屬犯罪之行為，抑為不能犯罪，則被煽惑者先已無從犯罪，而煽惑者又何罪之可言？」

四、五月二十三日轉載二十一日之上海新聞報「魯軍人痛外交失敗」通電一節內有「除去曹陸章徐四國賊」等語，認為係假軍人名義煽惑軍人出而同除此四人。但「上海新聞報乃經政府合法詳可其發布內地之報。該報既於二十一日登載此電，是當日即已發行於租界以外。不聞各地方官廳有所聲明，或施以禁止。至二十二日發行於北京市面。亦不聞北京各官廳有聲明禁止之事。……以本來合法之報載當然合法之文，政府於其發行之後又未有臨時禁令，將所認不合法之文字曉諭人民。則人民又何從而知此合法之報今日忽而又為不合法？……不啻政府為阱於國中，故以違法之物頒布人民，而欺詐之，使之犯罪。世界安有此法，更安有此罪？」

劉律師表示：「報館有聞必錄乃其天職」，又說：「國家許設報館，原使之批評時政，臧否人物……批評臧否即有是非之謂，是者不足為阿諛，非者亦不能指為謾罵。」還強調「原載既未被控，轉載何罪？」但法庭仍強詞奪理，必興此文字獄。該案本因轉載山東軍人通電而發審理，六月二十一日判決時卻以轉載軍人通電一事無罪。而以五月七、十三、十六日三天報導學生運動之記載中有「教唆罷市」、「辱罵警察總監吳炳湘」及「賣國賊可殺」等文字，為「妨害治安」、「侮辱官吏」及「煽惑他人犯殺人罪」為由，處潘智遠妨害治安罪二個月，侮辱官吏罪二個月，煽惑他人犯殺人罪十個月。因係俱發罪，故執行刑期一年。發行人李雪舫和印刷人曹萬有，則以「妨害治安」判罪二個月。

七月初，「萬國新聞記者俱樂部」曾上書徐世昌總統，請求特赦而不成。《益世報》後為美國人出面，於八月一日復刊。

《國民公報》案初審

北京《國民公報》

北洋政府原圖以《益世報》之判，恫嚇其他同情學生運動、反對政客出賣國家權益的報紙，但未能生效。同年十月又有《國民公報》被查封一案。

北京《國民公報》於民國八年十月二十四日遭警察廳封禁。據天津《益世報》二十六日報導其經過如下：

> 北京國民公報實於前日（二十四）下午六時被警廳勒令停止發行，輿論對於此事極為注意。昨經探聞，警廳勒令該報停止發行之理由係因該報七月二、三、九、十、三十、三十一等日，八月十二、十七等日，九月十一、十五等日之評論新聞等，觸犯出版法第十一條一、二兩項，應處以十五條之規定。按第十一條之一項為淆亂政體，第十一條二項為妨害治安，其十五條即係無期徒刑之處置。警察本此理由遂勒令該報暫行停止發行，將來是否再出，尚不可知。又該報停止發行之後，即由警察傳去該報發行人邵某到廳問話，至該報主任孫幾伊君則已於事後聞訊赴津矣。

各該日的評論新聞所涉內容，據二十九日《晨報》所記：「所謂被政府指為反犯出版法者皆關係於外交之言論，在該報記者立言口氣，多係忠告政府，警告國民之詞。」而該報編輯主任孫幾伊於二十七日被捕，二十八日《國民公報》館也遭搜查。

十月二十九日此案移送地檢廳，起訴理由有七：

一、七月十八至三十日連載無政府主義領袖俄人科洛朴禿金（按，或譯克魯泡特金）之自傳，近於鼓吹人民隨世界革命潮流以顛覆政府，而有「公然煽惑他人犯罪之罪」。

二、七月三十一日評論上海罷工罷市的風潮中工部局處置不當，演出流血慘劇等語，也有「從中挑撥感情，以鼓動人民罷工罷市，公然煽惑他人犯罪之罪」。

三、九月十日登載前日上海各界大會一則，內載開會時之演說詞「共和國家以人民為主體，政府措施不當有害國家，人民應當有以制裁之」，是「鼓勵人民聚眾為強暴脅迫之行動」，亦為一種「公然煽惑他人犯罪之罪」。

四、七月三日評論欄論及巴黎和會我國拒絕簽字後，國民應取的態度。略稱過去受壓迫，「無能力亦無從發展，所以吾們第一個要件便是排除這種種不正當的壓迫」，乃煽惑不正當之行動，而有「妨害治安之罪」。

五、七月二十七日評論欄表示當時「國內和議問題南方與北方多不是光明正大的接洽……唯一的希望在國民能自己統一起來」又有「……國民能有正當的制裁」等語。「顯係煽惑人為不正當之行為，」故有妨害治安之罪。

六。九月十五日評論欄的「新人與新生活」一則，謂想做新人，就要向舊社會奮鬥。有「打殺囚辱固是我們的意中事……其中一部分人可以單刀匹馬直入社會奮鬥，從裡殺出……」等「顯係鼓動人民為不正當之行動」。也有妨害治安之罪。

七、十月十日新聞欄「今日北京學生界之空前大慶祝」內載傳單如「……大家一齊改，把我們的舊生活變一個樣了，變成

林行規的銅像

活動的生活、活潑的生活、向前生活……」又如「此日逢此難，……還不想法自己幹？」其口胳「顯係煽惑人民為不正當之行動。」故亦有妨害治安之罪。

十二月二日開審，《國民公報》請林行規律師（斐成，1882-1944，英國法學博士，1914-1916年曾任北京大學法科學長）逐條辯駁。雖這七項罪名之不能成立乃顯而易見，但四日仍判孫幾伊有期徒刑一年二月。輿情多不以為然，胡適還為此寫了一首「一棵遭劫的星」，並說明：「北京《國民公報》響應新思潮最早，遭忌也最深。今年十一月（按，應作十月）被封，主筆孫幾伊被捕。十二月四日判決，孫君定十四個月的罪。我為這事做這詩。」詩云：

熱極了！
更沒有一點風！
那又輕又細的馬纓花鬚
動也不動一動！
好容易一顆大星出來；
我們知道夜涼將到了：——
仍舊是熱，仍舊沒有風，

只是我們心裏不煩躁了。

忽然一大塊黑雲

把那顆清涼光明的星圍住；

那塊雲越積越大，

那顆星再也衝不出去！

烏雲越積越大，

遮盡了一天的明霞；

一陣風來，

拳頭大的雨點淋漓打下！

大雨過後，

滿天的星都放光了。

那顆大星歡迎著他們，

大家齊說：「世界更清涼了！」

八年十二月十七日

《國民公報》案之複審與三審

初審之後，孫幾伊決定上訴。除林行規外，同時又請了劉崇佑律師為他辯護。民國九年一月十三日高等審判廳開審。據次日《晨報》新聞：

> 昨日各界人士前往觀審者約有五六百人之多，多數均在門口不得入。中國人方面如汪大燮、林長民、張一麐、王寵惠、梁善濟及北京大學教授等。西人方面如英人辛博森、法人孟列士特、英文導報記者布斯，上海大陸報駐京通信員皮費等亦均前來觀審。足見中外人士均極注意此言論界重大之事件也。

下午一時刑庭開始審理，辯護人林行規先反駁原判所列舉之事實，繼由劉崇佑律師陳述應請法庭調查：（一）孫幾伊是否係總編輯？（二）所登之科洛撲禿金自傳係譯自日文，但孫幾伊不懂日文故該書非他所譯。（三）上海各界聯合會開會是否曾由上海軍民長官派人到場監視，及十月十日北京學生所散布之傳單事前事後是否未經政府禁止？最後審判長宣告，對於事實行調查後再行審理。

三月五日下午一時高等審判廳開庭繼續審理。主要是由劉崇佑律師提出質疑及反駁原判之理由，辯論歷時一小時之久。其主要之質疑為：

一、《國民公報》於五月二十五日到七月八日在警廳監視中，七月八日起又在糾察中，「則其所記者，當然即官廳之所許」。

二、孫幾伊自九月十六日起才代理總編輯，「何能即以概括從前刑事責任？」

其所舉反駁原判之理由大要為：

一、科洛撲禿金自傳原文係反對暴力革命，所述為數十年前俄國及其個人經歷；該報所謂「世界革命潮流」等乃史家用詞，絕無煽惑他人推翻政府之意。故煽惑內亂罪不能成立。

二、上海警廳已證明「上海各界大會」屬正當合法之會且有官吏臨場監視，並無不法，則登載該會中之演說詞如「共和國家以人民為主體，政府措施不當，為害國家，人民應當有以制裁之」，屬自然之理，不得謂為構成聚眾為強暴脅迫之罪。

三、該報所謂「第一個要件使是排除不正當的壓迫」乃贊同我國參加和會代表拒絕簽字，並非鼓吹以暴力反抗之意；批評南北議和「多不是光明正大的接洽」故「最後唯一的希望在國民自己統一起來，此尤至極正當之語」；又所謂「正當

律師劉崇佑啓事

鄙人現仍專任律師設事務所於北京丞相胡同中間路西電話南局一千六百二十二號凡以訟事及其他法律事件相托者請惠臨面談爲幸

◎劉崇佑再啓

敬者此次日本東京國際律師會開會鄙人雖經我全國律師聯合會選派與會惟因事未克前往業已辭職現仍在京執行業務近日因報中登載各處見詢者甚多特此奉告惟希

公鑒

《晨報》劉崇佑律師啟事

的制裁」是「合法」之意，「新人與新生活」一文措詞亦絕無妨害治安之罪。

四、報導學生集會散發傳單之事，當時在場警察並未沒收禁止或散發之人，亦絕無妨害治安之罪。

故原判全然錯誤，應請審判廳宣告無罪。

三月六日以孫幾伊無罪，正式取消地方廳原判。唯高庭檢察長表示不服，旋即向「大理院」（即最高法院）上訴而將孫幾伊繼續羈押。此時，劉崇佑律師原已由全國律師聯合會選派，代表我國參加在東京舉行的「國際律師會」，乃為繼續代表《國民公報》抗辯而請辭。他於四月間提出答辯書，「孫幾伊因《國民公報》事件被上告一案答辯理由書」，《晨報》曾於民國九年四月二十八日刊出，後被選入山東友誼出版社一九九七年出版的《名律師論辯詞》一書。該書編者認為其特點為：「解剖事實嚴謹精細，闡釋文意周詳縝密。」惜於轉錄時偶有誤字，如「懇乞」誤作「襲（襲）乞」，「不知」誤作「兀知」而失原義。

此答辯書（見本書附錄四）加強初、二審辯護之缺漏，據理剖析力爭，直言起訴前題之錯誤而予以辯駁。重點在（一）強調孫幾伊確為後期的代理主任編輯，《國民公報》從五月二十五日起發行即受警察廳之監視，故「本案被告事件，被上告人及國民公報社皆不能負責任」。（二）詳細說明該報所介紹科洛朴禿金之學說思想；據實確定所報導之上海、北京聚會都是合法而傳布之消息和散發之傳單等均未遭禁止；具體解釋評論時政文章內容之無煽惑性，故「國民公報登載各節絕不能成立犯罪」。另再指出：「上告理由……或則割裂原文，或則顛倒意義，牽強附會，指白為黑，實屬無可諱言。」又批評上訴書中所謂「近來激黨盛行，人心不靖，往往有假借名義，利用青年，貽害地方，危及國本」之語，而說「然國家刑罰權之行使，應以絕對嚴格為主，就事論事，量罪科刑，被上告人既非以激黨身分而被訴追，報紙記載公眾共閱，又非專為青年學子而設，則此題外之議論，又與本案有罪與否何涉？」最後語重心長地表示：「有罪固在所必罰，有枉亦所必伸。法律昭垂，事實共見。如本案者，萬眾所瞻，惟在貴院今茲之最後判決。民國是否有法律，是否可恃，竊願執最高民權之貴院有以維持之。」今日觀之，此言無疑仍應是執法者之明鏡。

五月十四日大理院判決結果，有關「科洛朴禿金自敘傳」，「新人與新生活」及「學生界之空前大慶祝」三則撤銷，處孫幾伊有期徒刑五月。未判決前，每羈押兩日可抵徒刑一日。大理院判決書中有兩點最可注意，即（一）「凡在報館從事編輯者，即為該報編輯人。不問曾否呈報警察官署，有無總編輯、分編輯或主任編輯等名稱，均應一體負責。蓋發行報紙原各有一定之目的，其在同一報館以同一目的從事編輯其責任本不可分。」（二）「一切文書圖畫，客觀上足使社會組織與其現狀因而動搖，或動搖加甚，即有害及公共安寧秩序之可能者，均在禁止出版之列。故止須其出版行為出於故意，而不必有妨害治安之目的及豫見。亦不必確已發生實害，且其文書體裁之為論說，為記述，以及編輯方法之為自撰，為轉載，或翻譯等類均非所問。」此兩點嚴重影響言論自由，顯然是北洋政府鉗制輿論之策。

餘波

六月二十九日《晨報》透露：《國民公報》案一審之後推事何班升官，檢察官華國文晉級；二審撤銷原判，諭示無罪後，推事單毓華次日即被陷遭逮捕，檢察官周衡與審判長葉在均於三個月內受到壓迫去職；而提上訴之高庭檢察長表示係受司法總長指示行事。可見腐敗政府干涉司法，自民初北洋時期已然。但也有少數法界人士如劉崇佑律師，周衡檢察官與葉在均審判長等，不懼惡勢力，以維護法律正義與尊嚴。三人也因而成為好友，後曾在天津合辦法律事務所。

晨報

The Morning Post

律師 劉崇佑 周衡 葉在均 合辦 天津法律事務所

天津日本租界吉野街十九號 電話總局四八三〇號 各人之北京事務所仍舊

《晨報》劉崇佑，周衡與葉在均在天津合辦法律事務所廣告

【原載《傳記文學》第90卷第6期（2007），頁66-73。2011年12月9日修訂】

八、福州事件重燃「五四」之火
——義助學生第二案

民國八年五四運動之後，各地學生、民眾的請願、遊行、罷市等活動，雖曾絡繹不絕。唯自七月蔡元培允回任北大校長，勖勉學生安心向學。學生運動多已有漸趨平淡之勢。但十一月十六日福州發生日人毆傷學生致死，破壞民居之暴行。消息傳到北京後，《晨報》將之宣揚，隨即天津、上海等地愛國學生民眾皆知事態嚴重，抵制日貨、抗議暴行、斥責政府之風潮再起。漸熄的五四運動之火又重新燃起。翌年初，天津、北京學生多人先後被捕，且遭起訴求刑。雖因先祖劉崇佑律師（以下敬諱略）挺身為學生義務辯護，兩地學生多得獲釋，但有識者因而認清北洋政府之腐敗無能。只知爭權奪利，不顧國計民生，導致了許多人走上「革命」之途。然而，此一「福州事件」的重要性少人言及，《晨報》所發揮的關鍵性作用也乏人注意，本文將介紹此福州事件及隨後發生的學生案件，以補史籍之缺。

「五四」與「六三」之後

「五四」原是件「內除國賊」「外爭國權」阻止日本強佔山特權的愛國運動。北洋政府起初擬採高壓政策，但濟南上海等地商民、學生紛起響應，多方輿論也支持此一運動，政府態度才稍緩和。然仍對學生的要求不予理會，甚至徐世昌總統還為提出辭呈之曹汝霖，章宗祥和陸宗輿三人辯白與慰留。為此，六月三日北京學生再度發動大規模的街頭活動。有數千人參加，以幾人或幾十人為一組，分在全市各地演講，連續三日。七名學生為警廳捕去，又有約千人被拘禁在北京大學之樓舍中，是所謂「六三」學運。因上海、天津、南京、杭州、武昌等各大城市紛以罷課、罷市、抵制日貨等活動為聲援，北洋政府乃不得不釋放遭拘捕之學生，並於六月十日免曹、章、陸三人之職。而六月廿八日出席巴黎和會的我國代表也拒絕簽署對德合約。原先北京學生聯合會的六項要求：（1）拒絕在「和約」簽字（2）懲罰曹、章、陸三人（3）挽留蔡元培校長及傅增湘總長（4）撤銷鎮壓學生的警備令（5）對留日學生被捕進行交涉，（6）維持南北和議。可說是大致都已解決。

《申報》所刊徐州學界支持北京學生「六三」聚會遊行之活動照。

然而，各界雖多對五四，六三兩次學生運動大力支持，但對罷課、罷市及抵制日貨之舉動，看法卻有不同。就教育界而言。如蔡元培七月二十三日之〈告北大學生暨全國學生書〉言辭最為懇切，他說：

> ……諸請君喚醒國民之任務，至矣、盡矣，無以復加矣。……一時之喚醒，技止此矣，無可須加。若令為永久之喚醒，則非有以擴充其知識，高尚其志趣，純潔其品性，必難倖致。……苟能應機擴充，持久不怠，影響所及未可限量。而其要點，尤在注意自己之知識，若志趣，若品性使有左右逢源之學力，而養成模範人物之資格。則推尋本始，仍不能不以研究學問為第一責任也。……自今以後，願與諸君共同盡瘁學術，使大學為最高文化中心，定吾國文明前途百年大計，諸君與僕等，當共負其責焉？

他還以提倡國貨為例，而說：

> 世界進化，必由分工，凡事之成必資預備，即以提倡國貨而言，販賣因其要務，雖必有製造貨品之工廠，與培植原料之農場以開其源。若驅工廠，農場之人材，而悉從事於販賣，其破產也，可立而待。

輿論界也有類似之務實觀點，如天津《大公報》有「時評」云：「自青島問題發生，各界風起雲湧，莫不高唱抵制日貨，不知外貨之所以輸入中國，攫我金錢而去者，實惟我國貨窳敗故。……」（五月二十七日）又云：「……欲抵制外貨，必先提倡國貨，提倡方法要在改良製造，廉定價格，乃能得一般社會之歡迎」（八月十六日）並在六月八日指責政府遲不解決問題。「……學生風潮，洶洶者一月有餘矣。……假令長此因循，國內之騷亂，因無已時。尤可惜者，莘莘學子光陰不再。為國家前途計，政府忍不亟為維持耶？」

至於商界，抵制日貨、焚燬日貨，除媚日奸商外，有些無辜商民也蒙受損失。罷市的影響尤大。據羅家倫民國九年五月檢討「一年來學生運動」時表示，有上海商人對他說「我們前次罷市，罷了七天，損失了兩千多萬」。故知影響經濟層面很大。而且因此增加失業率，貧苦民眾生活愈加困難，故此類行動實難以為繼。

學生運動方面，經過暑假的緩衝期，九月開學後已漸趨平靜，傅斯年在九月五日所寫「《新潮》之回顧與前瞻」中就說的很明白：

> 自從五四運動以後，我們的雜誌停頓了；因為北京大學幾個月裏事故很多，同社諸君多在學校裏服務，也有往上海的，就無暇及此了。現在大學恢復舊狀，我們社員又集在一起，把幾個月的苦鬥生涯放下，再弄這筆桿下的苦鬥。從今以後，我們得個新生命。五四運動過後，中國的社會趨向改變了。

十月十日國慶日，北京及各地學生又有一些大活動之後，多數學校已恢復正常。雖蔡元培的言論也有人反對，如七月二十六日天津《大公報》曾刊出一篇「浦東學生陳煇漢致蔡孑民書」，強調「求學與社會未可分為二事」。但一般言，多依循蔡先生的要求而「力學」，學生運動之火因之漸熄。

十一月十六日的福州事件

自清光緒乙未（1895）年日本佔據台灣之後，亟欲擴充其勢力到福建。其手段之一是唆使少數原籍福建的不肖臺民，以日本籍人的特殊身分在福建為非作歹，製造事端，引起當地人甚大反感。五四運動之後，中國各地之反日示威及焚燬日貨等事，層出迭見。因而福建學生也常至各店調查日貨，干擾商業行為。在閩日人亦不甘心，乃思造成衝突，促使中國政府出面管束。

十一月十五晚青年會學生公演愛國劇，引起日本觀眾不滿，而曾起衝突。十六日午後六時，福州日僑及臺民六十人，暗攜鐵尺、小刀、木棒等，準備尋釁。先以十餘人於南台大橋頭地方，將路過的青年會學生，尺打刀刺，擊傷學生多人。市民見狀大譁，多赴前救止。而大義道，新橋頭，安樂鋪等處埋伏的其餘日人，蜂擁而至，向市民亂打。警署聞報，派警彈壓，日人竟出手槍亂射，警察一名受傷，學生市民中亦有中槍者。當場拿獲福田原藏三名。同時又有多位日人在順記洋菜館放槍滋事。福建督軍李厚基派警查視，知係日本領事館之警員，由交涉署通知日領事，將肇事日警員及前獲之三人交付日日本領事署。並連續致電北京政府向駐北京日本公使交涉。

民國8年11月20日《晨報》所刊「福州事件」之頭條新聞。

《晨報》所刊「日艦示威」及「福州事件」之相關新聞與啟事。

事件發生後，消息由福州《健報》傳到北京，《晨報》於二十日將之披露，並追蹤報導詳情。中國政府本採息事寧人之態度，但事後數日間，日人仍不斷追擊中國學生，搗毀民宅，以致多人傷亡。並於二十二日照會外交部，反誣中國學生為肇事者。日本政府更派軍艦嵯峨號及櫻橘二號，於二十六日開至福州示威。北京政府外交部不得不向日本公使小幡抗議，要求撤退日艦，小幡卻囂張地說中國地方官保護不力，不能不派軍隊直接保護。由於《健報》原來也是進步黨人所辦，創辦人之一何琇先與先祖關係密切，清末因先祖推薦為諮議局職員，後為私立福建法政專門學校教員，也是《健報》的編輯主任。故相關新聞能由福州快速傳往北京，《晨報》均在重要版面，以顯著之篇幅刊出，勝過其他報。

《晨報》又逐日報導交涉情形與各地反應、抗議之消息。例如傅斯年有篇〈濟南一瞥記〉[註一]，其中說：

> 福州事起，學生很激昂，當局怕有甚麼事故。忽然一天派兵把各學校的門圍起來了，不許放行。正誼中學的學生全是通學，不許出來吃飯如何得了，於是有點小衝突。這些守門兵雖不許出門，卻陪笑對各校教職員學生說「聽說某國人要在山東做如福州一樣的行動，所以派我們來保護諸位。」這連哄帶嚇的怯手段真堪一笑呵！

此時，旅京各校福建學生，包括日後成為知名學者、作家的許地山、鄭天挺、鄭振鐸與黃英（廬隱）等組成「旅京福建學生聯合會」，積極進行抗議活動。《晨報》也以「廣告」方式為該學生聯合會及旅京福建同鄉會之活動刊登啟事，號召福建同鄉積極參與。

另一方面，十一月二十四日晚間即有許多學生在北京街頭為福州事件散發傳單。而北京中學以上各校男女學生兩萬餘人，於二十九日星期六全體請假，在天安門前聚會演講、遊行。以「力救福建」、「抵制日貨」為口號，喚起國人之注意與正視。福州《健報》還編印《台江事件》（又名《十一月十六日大慘史》）一書，揭露事件始末。其篇首云：

> 民國八年十一月十六日，福州南台大橋頭附近發生日人無故殺害華人案，中外人士群起憤慨。於其事之真相，雖已備有所聞，然東鱗西爪，所以貫串前後者未必能詳也。即本報逐日刊載，以云詳密，則詳密矣，然前後錯綜；求所以便閱者之考證尚有待也，爰記其經過情形；裒為是編。俾中外益知華人受害之慘，與日人所以加害者實悍無人道也。

闡明編印此書之目的，是為了把事件發生的過程說明清楚，向全球人士揭露日人殘暴真相。

全國學生運動之火，乃又燃起。

十二月七日的北京「國民大會」

繼十一月二十九日之聚會遊行，學生團體的代表開會決定聯絡其他團體，盡快召開「國民大會」。《晨報》十二月二日報導：

> 北京學生聯合會於三十日下午三時在北京大學第二院第二教室開會，繼續討論對於福州問題之辦法。到者二十八校代表五十六人，無不憤慨異常。至七時始宣告討論終結。茲錄其議決四事於後：
>
> （一）日內舉代表謁外交當局，要求向日本提出抗議。應以民意為主，且須公開（二）組織抵制日貨委員會，議定各種抵制

日貨辦法。並於日內派代表赴商會要求速通知各行商，自即日起不再購進日貨。（三）講演分三項（1）家庭講演由女子高師及女子附中等女校擔任。（2）露天講演由各校學生輪流担任。（3）遊行講演由學住赴各商家講演。以上三項明後日即可實行。（四）邀集北京五十餘團體於本星期三晚開聯席會議，籌備國民大會。

又，「國民外交協會」亦因福州事件於十二月一日下午二時在石虎胡同開大會，據《晨報》次日之報導，會中議決三事：（一）請政府嚴重交涉（二）通電全國（三）推舉梁秋水，陳百朋，藍公武、鄭晟禮四人為代表於參加國民大會籌備會。茲將該會通電原文錄下：

各省省議會、教育會、商會暨各團體、各報館均鑒：
日人在福州殺傷學生、市民、警察。近日福州官紳詳電報告，日人蓄意挑釁，事實昭彰。乃復派軍艦，縱兵登岸，蔑視吾國

十一月二十九日北京學生之遊街大會（一）
集合時之旅京福建學生聯合會

《晨報》所刊11月29日北京學界遊行之福建學生隊伍照。

且反公法。是可忍孰不可忍？政府業經對日抗議。本會今日開會，議決政府要求日本即日將軍艦退出閩港，撤換領事，懲辦兇手，謝罪賠償並擔保今後不得再有此等暴動，非達到目的不止。北京不日即開國民大會，凡我國人宜一致表示以保國權而伸公憤，隨時通電為盼。北京國民外交協會　東（一日）

由於《晨報》社中人士多曾留學日本而洞悉日人陰謀，如其十二月二日之「論評」云：

日人此次在閩之舉動，蹂躪公法，侵損國權，冒國際之大不韙，揭親善之假面目。果意存挑戰歟？抑示威以儆歟？吾以為二者皆非也。……然則日人之用意，果安在乎？蓋自吾國拒簽德約之後，日人之引誘吾政府直接交涉者，非此一次。徒以國民疾呼之力，國際援助之聲勢，不得卒逞。今次美國商上院保留之案，業已通過。日人自度山東問題，未易解決。乃乘吾政府舉棋不定之秋，特向亞東起一新案。項莊舞劍，意在沛公。擴張範圍，實欲利我外交棘手，乃開直接交涉，而後可轉換為利也。

夫此等聲東擊西之法，在日人殆為常技。巴黎和會中之人種差別問題，即為絕好先例。故吾國應付之策，要當力防此點。主張福建事件，單獨解決，凡日人向我牽及他項問題者，均嚴為拒絕。如果交涉不得要領，則進付仲裁，或付國際聯盟處斷。

呼籲政府務必認清事件之嚴重性。又於十四日強調「吾儕主張福州事件，絕對不能看做單純地方問題」，力促中央政府出面交涉。並了解「今日吾政府，一萎靡不振之政府也，今日吾外交，一

晨報
THE MORNING POST

國民大會

一致對外
為政府後盾。
力救福建、
衛國家主權。
本日下午一時
在天安門外

《晨報》民國8年12月7日之巨幅廣告。

麻木不仁之外交也。倘非國民急起直追，則泄沓惰喪，直滅亡之有餘。」因此《晨報》鼓吹抗議最為熱心，希望藉民意對政府施加壓力。

是故，北京商學各界十二月七日（星期日）下午一時舉行「國民大會」，《晨報》不但當天於頭版刊出巨幅廣告，更用超過一版的篇幅，以文字和照片報導日本人在福州之暴行與近日各地之抗議運動。吸引讀者重視、參與，壯大聲勢。結果盛況空前，據估計有十萬人參加。大會議決向日本提出要求八條：

（一）更換駐福州日本領事；

（二）由日本政府謝罪；

《晨報》所刊民國8年12月7日「國民大會」現場照。

（三）慰恤死傷同胞；

（四）懲辦行兇日人；

（五）日政府保證此後僑華日人不得攜帶武器；

（六）懲辦駐閩日領署警長

（七）撤退日艦；

（八）由中國收回在華領事裁判權。

並聲稱如不照允，將與日本斷絕經濟關係。當場由總商會長安迪生簽字，保證在京各商店，一律不賣日貨。並將會議情形呈報政府，請求順從民意，對日進行嚴重交涉。

天津「一、二九」與北京「二、四」事件

北京商學各界十二月七日之「國民大會」後，各地如十三日南京、十六日漢口、二十日天津、二十四日濟南紛起響應。北京政府外交部也迭向日使抗議。日本終於十二月三十日宣佈實行撤退軍艦，唯福州事件之交涉仍未進行。

五四運動之後，天津學生、民眾的反應較為激烈，搜查日貨之舉未曾稍停，與軍警之衝突也不斷。十二月二十日上午先搜查日貨十餘車，集中焚燒，下午「國民大會」有演講和遊行，參加者亦達十萬人。翌年元月二十三日，天津學聯代表在調查日貨時，遭到日本浪人的毒打。次日，學生請願示威時有數十人被拘捕，又有數十學生被毆傷，而警察廳長楊以德竟以「槍斃」為威嚇。二十九日，天津各校數千人在天津學生聯合會的發動和組織下，齊集街頭演講，並到省公署門前請願示威。提出釋放被拘捕的學生，不干涉人民集會、結社、言論、出版自由等要求。周恩來、張硯莊、于蘭渚、郭隆真四人作為學生代表，入省署求見直隸（今河北）省長曹

銳，卻也遭拘捕。請願的學生遭武裝軍警鎮壓，重傷數十人，造成流血慘案。天津學生遂全體罷課。是為「一、二九」事件，各地學生再紛紛響應，又形成一波學潮。詳見本書第九篇。

北京各校學生為聲援天津學生之「一、二九」事件，於一月三十日公舉代表，謁見國務總理靳雲鵬，三十一日舉行遊行演講。不料有日人川田以所乘汽車衝撞遊行隊伍，而日本公使小幡於二月二日向外交部抗議，要求今後取締學生運動。學生大憤，乃於二月四日在前門一帶集會，遊行演講。聽者甚眾，交通為之斷絕，衛戍司令部與警廳派遣大隊軍警，將各學生驅入天安門嚴守，並逮捕北京大學、朝陽大學、中國大學、高等師範、法政專校、工業專校等各校學生四十餘人。警廳並至學生宿舍搜捕，情勢緊張，北大學生羅家倫、張國燾因而離京南下。

政府方面，不思解決問題，疏導學潮，竟恐「五四」、「六三」運動重現而由徐世昌總統下令，恫嚇並禁止學生干政。言「凡學生有軼出範圍之舉，立即從嚴制止」，甚至「辦學各員，倘有徇庇縱容，並予撤懲」。又由京師警察廳下令解散北京「中等以上學校學生聯合會」與「教職員聯合會」。致使許多愛國人士、熱血青年對政府不抱期望，而嚮往於「革命」一途。然學生運動亦未因此稍減。

劉崇佑律師為學生義務辯護

雖然天津學生被捕在先，京畿衛戍司令部及警廳於三月二十三日已將四十三名學生移送地方檢察廳，但天津遲至六月下旬始送交公判。北京地檢廳詢問逮捕學生之後，釋放方豪[註二]、王名烈、夏秀峰三人，繼續拘留蔡咸章等四十人，檢察官徐造鳳並於四月九日以「講演外交問題與鼓吹罷工，當時軍警勒令解散不聽」，故檢察廳根據刑律一百六十四條以（一）聚眾擾亂（二）意圖脅迫（三）不服從解散等罪名起訴。

北京學生遭起訴後，十一日各校學生代表議定以「有罪則全體學生應同拘辦」為理由，分批向地檢廳「自首」，另有呈文上大總統及國務總理，請釋放在押學生並嚴懲衛戍司令段芝貴。四月十二日有祁大鵬等三百多人前往自首，地檢廳當時以人數太多，無法收容而不肯受理。次日批示：「查該具狀人等於本年二月四日是否與蔡咸章有共犯行為，尚無相當證明。所謂一并拘辦，應無庸議。」

檢廳對於學生自首之批示

▲着無庸議

北京學生祁大鵬等以代表蔡咸章等四十餘人業被地檢廳起訴遂於前日向檢廳自首其經過情形及自首呈文已登本報茲聞地檢廳昨已將該呈批示茲照錄如左　狀及名單均悉　查該具狀人等於本年二月四日是否與蔡咸章有共犯行爲尙無相當証明所請一并拘辦應無庸議除狀內爲蔡咸章等辯護送同一審判廳核辦外合與明白批示仰即遵照　此批九年四月十三日

《晨報》民國9年4月14日

學生案之自首與公開

▲三次自首　▲不日公開

北京學界自首情形迭誌前報聞前日下午一時北京學生約五百八十八人在中大集合午後二時出發自首行至檢廳門前即將第三次呈文交司法巡警遞上交涉七次檢察官認爲無再見之必要終不肯出見自首隊堅執不去非達到收拘不可相持至三小時之久始由檢察官傳訊數人並深詰辯訴狀措辭之明白而有條理但不肯收人僅允爲秉公辦理自首隊至五時餘方纔散去昨日由全體學生議決暫停一天以聽消息又聞地方廳昨早又提訊被拘學生代表十八人所有該學生等四十人均經豫審完畢定於下星期開合議庭由推事三人合議判決惟該廳現無廣大法庭又恐人數衆多擾亂秩序故該學生等四十人勢不能同時在一法庭公開辯論云

北京學生到地方檢察廳自首時光景

《晨報》民國9年4月18日

十三日另有二百四十六人，十七日又有五百八十八人「自首」，檢察官皆不肯收人，但允秉公處理。

由於被訴學生面對的是政府和北洋軍閥，少有律師願惹此麻煩。一向不懼威權，又曾於去年八月在北大學生互訴案義務協助學生對抗「安福系」勢力的劉崇佑律師乃再挺身而出，義務為學生辯護。五月十一日原訂上午八時開庭，欲旁聽者達數百人。法院以被告太多，須坐旁聽席而禁止旁聽。羣眾大譁，爭執不已。經劉律師質問禁止旁聽是否合法，審判長始允北大法科教師楊棟林率學生段錫朋、朱自清等共八人入內旁聽。十一時才正式開庭。

據《晨報》十二日之報導，劉律師之辯論大旨在強調（一）學生事前既未有聯合之要約，而其所以聚于一處者亦不過遊行相遇而已。何得謂為聚眾擾亂？（二）政府乃中國人民之政府，政府對外，人民自應盡後援之責。故「二四」學生之講演非為對我政府之脅迫運動，實為對日本之示威運動，以使日本深知中國民心猶未死也。（三）警廳之「解散」命令到底對誰而言？在何地發表？請檢察官明白答覆。否則即無「不服從解散」之罪。他並認為此四十學

◎地審廳審理學生案情形

突然禁止旁聽｜最後允學生代表八人入聽｜被告人數四十八人｜審理時間六小時｜劉律師三時間之大辯論｜學生謝紹敏當庭之痛哭流涕｜三四日便可判決｜被告請審判長轉告當局之警語

▲旁聽忽然發生問題 昨日為地方審判廳開審學生蔡成章等四十八人一案七時前後即有北京學生數百人赴廳旁聽見審廳門口懸一牌示略謂本日審蔡成章等一案因被告人太多旁聽席均為被告人休息所故此案禁止旁聽免形紛擾云云後經律師劉崇佑在庭質問審判長是否根據約法禁止旁聽審判長頗有難於回答之勢復經學生多方[illegible]涉始允公推代表八人由法科教員楊棟林帶入旁聽十一時開庭

▲審判長之訊問 先由審判官張智遠訊問該生等當日講演情形據該生等稱前「二四」講演係本力爭外交宗旨而起別無他意 至於鼓吹罷工一層實屬捏造學生自問並無此意至若不服從解散一節殊屬不對因當時并未聞軍警有解散之宣示且軍警由兩路包圍既能包圍

《晨報》民國9年5月12日

生乃天安門深夜摸索者，有何證據可以決定為犯罪之人？犯罪者既不止此四十學生，而檢廳貿然獨斷，不問是非。試問中國法律何在？結論是「深望法庭為我民國法律保其尊嚴，宣告無罪！」最後並提出要求，將患病北大學生謝紹敏與高師學生張凌漢交保就醫獲准。由蔣夢麟、湯爾和、王家駒三人具狀保釋，送往醫學專門學校醫治。至約五時才結束審判。

北京學生所贈之銀盃，現藏北京國家博物館

劉崇佑律師隨後又文長三千五百餘字之「辯護書」，《晨報》曾於民國九年五月十五日刊出，後被選入山東友誼出版社一九九七年出版的《名律師論辯詞》一書。該書編者認為其特點為：「準確把握情緒基調，以情感人，喚起民眾。」及具「犀利而深沉的辯論風格」。惜於轉錄時偶有誤漏，現依《晨報》民國九年五月十五日所載，將全文刊於本書附錄五，以供讀者參考。

五月十四日下午二時宣判，蔡咸章等十九人判刑二月，以羈押二日抵一日，尚須服刑十五日。莊聯輝等二十一人判拘役四十五日，因拘留日數已超過，立即釋放。事後北京學生會贈送劉律師一銀盃以為紀念。

【本文乃取〈重燃「五四」之火的民八福州事件〉（原刊《歷史月刊》238期，頁102-109）之一部分增補而成。2011年10月22日定稿】

注釋

註一　本文刊於民國十二月二十三日，是《傅斯年全集》未收的佚文。

註二　方豪，字儆新，安徽人，非史學家方豪神父。

九、「五四」後的天津學生運動

——義助學生第三案

民國八年的五四運動迄今已九十年了，相關的文獻資料及研究已浩若瀚海，然實際仍有遺珠。近來舉行的紀念活動重點也都放在「新文化運動」上，少涉其他。當年有些人士雖有頗為重要的貢獻，因事過境遷而遭後世忽略。但有些卻是由於「政治因素」，過去國、共雙方皆故意忽視，近年來在台灣也因「本土意識」作祟而不見蹤跡。實際上，五四運動除了愛國、民主、科學之外；中國的教育因此漸為普及，還有就是「女權」開始萌芽成長。至於先祖崇佑公（以下敬諱略）挺身而出，三度義務為被捕學生辯護，還資助有志青年赴法國求學，也大幅增強了當時愛國運動的氣勢。

天津各界響應五四運動

民國八年五四運動爆發的消息轉到天津後，天津學界除舉辦「五七國恥紀念」（即袁世凱簽訂「二十一條」之日），各界也都紛紛響應。女界方面則以第一女子師範學校最為活躍，領導者為張若名（1902-1958），郭隆真（1894-1931），劉清揚（1894-1977）和鄧穎超

◎天津學生團出發紀事

天津學生聯合會講演團於八日下午一時出發各馬路實行講演後復結成一大隊遊行至三時到天津總商會門首要求晤見會長由諶志篤馬駿兩君到商會內聲明來意文牘長夏芹西接洽告會長均在各界聯合會開會該代表要求非見不可是以即電知葉卞兩會長到會與諶馬兩代表接洽該代表云以上海等處因此次外交失敗相繼罷市者已有數省要求會長即刻召集開會宣布罷市否則我學生等不肯散去葉會長允為明日（即今日）召集各行商董開會磋商並代轉諸君之來意至三點三刻該代表始辭去復全體仍結隊高呼民國萬歲商界萬歲直赴省長公署謁見曹省長至東轅門已被衛兵攔阻由兵官代遞曹省長即派劉參謀接洽該生等聲明非見省長不止結果推舉代表十一人其名詳下馬駿邱鳳湖魏廷滸諶志篤陶開太韓致祥張紹曾安毓文沙主培呂其昌劉家麟等隨同進署該學生團等（約千餘人）皆在轅門前席地坐候稽察長劉歷貞率領稽察四名照料並備以茶水該生並相繼在該處就地講演至七時一刻該代表始出對學生全體報告我等所要求之件均已達到目的全體歡呼鼓掌如雷全體復三呼省長萬歲馬駿復報告我輩目的既達即刻回到高等工業學校詳細討論進行至七點半全體赴高工並探聞該代表向省長要求者如下（一）自由演說（二）設立宣講所（三）不用警察保護（四）明日在公園開公民大會以挽時局云茲將天津總商會通知各行商董原函誌下逕啓者茲因關乎全埠市面緊急重要事件必須公同討論擬於明日即六月九日下午務希準四鐘在本會開全體會行董事會屆時務希賁臨幸勿吝步至所切盼云云

天津《大公報》民國8年6月9日

（1904-1992）等。據天津《益世報》載：五月十一日上午九時即在青年會為參加五四運動氣憤病死的北大學生郭欽光開追悼大會，男女各校學生前來參加者五百餘人；五月十二日罷上日語課。也上書徐世昌總統要求拒簽和約。為抗議北京「六三」拘捕學生事件，天津學生於六月八日聚會並赴省公署請願，前後長逾四小時，女子師範學校學生亦列隊參加。

繼天津男子大學中學於五月十六日組成「天津中等以上學校學生聯合會」，女師學生也於五月二十五日在江蘇會館發起成立「女界愛國同志會」（簡稱「女愛會」）。選劉清揚為會長，張若名為負責決策的評議部部長，又公開對外徵求會員。並積極參與天津商、學、紳、教四界組成「天津各界聯合會」（簡稱「津聯會」）之活動。這一「聯合會」於六月十八日成立，選卞月庭為會長，馬千里、劉俊卿為副會長，設評議部和負責執行的總務部。下有文牘、調查、庶務等六科，二十三日大會中，張若名被選任為庶務科幹事。

為阻止徐世昌在凡爾賽條約簽字，張若名、劉清揚兩位女代表與王厚齋等八位男代表共十人，代表「天津各界聯合會」於六月廿七日前往北京，參加北京各界的請願活動。遞請願書，要求見總統，直到廿八日晚上仍不肯散去，徐世昌才不得不承諾於當場擬好電文，發文巴黎，命令和會中國代表拒絕簽字。據六月廿九日《益世報》，天津代表請願書全文如下：

> 具請願書人，天津各界聯合會代表王厚齋，劉俊卿，韓致祥，張國體，王醉生，劉清揚，劉家麟，呂其昌，王啟潤，張若名，劉少坪等為請願事。竊以歐戰終結。協約勝利，我國參戰。同躋和平。義務權利理應持平。及遣派專使同與和議。不圖戰勝權利絲毫未得；而青島未能取還；密約未能取消；高徐，順濟之路約。「二十一條件」之苛求，皆關係吾國之存亡。迄未能根本推翻。可見和會議決並不公允。國人風從雲集。群起力爭，主張拒絕簽字，並請求懲辦賣國諸人；乃政府持一面之說。密令專使簽字。山東代表團業已晉京叩謁請命。蒙大總統俯允磋商。薄海聞之。莫不歡騰；乃國務院之批示，反嚴詞拒絕。敝會鑑時局之阽危，痛政府之不悟。當於敬日電請。茲復公推代表等匍匐到京。泣請伏乞大總統。國務院垂鑑輿情。俯從民意，速電吾國專使對於和議萬勿簽字。並行懲辦賣國諸賊，以謝國人。民國幸甚！大局幸甚！

抵制日貨與抗議馬良惡行

七月五日，由於天津碼頭發生日本「萬世丸」船員毆打中國工人，激起公憤，劉清揚與張若名等所領導的「女愛會」決定加強在住宅區與學校之演講活動，又發起各界婦女遊行示威。七月十九日為抵制日貨，舉行第二次大遊行。負責「演講科」的王天麟及鄧穎

張若名（左）和郭隆真（右）

劉清揚學生時代

超非常積極，一有機會，即往各處演講宣揚愛國、抵制日貨、破除家庭惡習等，很受歡迎，也獲得許多共鳴。

八月初山東濟南的鎮守使馬良殺害回教愛國會會長馬子雲等三人，並縱容日本人近月來欺凌中國人的多項事件，實施戒嚴，毆打學生。天津學生支持山東和北京學生的請願活動，派關錫斌、郭隆真、劉清揚與張若名等代表進京參加。廿三日的請願有三千餘人參加，要求解除山東戒嚴，嚴懲馬良，但代表多人被捕。據關錫斌（1896-1995，後改名管易文）日後的回憶：他和郭隆真，張若名登到新華門外三座門旁邊的欄杆上，對看總統府大聲疾呼，叫徐世昌出來說話。突然一個軍警用槍托猛然打關錫斌的腦袋。他應聲摔了下來。頭部冒出鮮血。張若名和另一名天津女代表趕快把關錫斌護送到米市大街青年會的三樓，為他包紮好傷口，然後又返回新華門前。但郭隆真。劉清揚等代表已被捕，張若名等連夜返回天津，向聯合會報告經過。

二十五日，天津又派十三位代表，前往北京參加二十六日的請願，總統拒見而命軍警包圍。於是第三批代表三十餘人再度進京參加二十八日的請願，但皆被捕。第四批代表包括張若名與周恩來，以及紳商代表如南開校長張伯苓在內等十餘人乃又進京參加三十日的第四次請願，政府迫於各界壓力而將被捕人士釋放。大部分天津代表皆於八月三十一日返回天津，負責處理後勤工作的張若名與周恩來等八人，九月二日才離開北京。

為了要求懲辦山東鎮守使馬良，及反對政府就山東問題與日本單獨談判，「津聯會」再一次派出張若名、郭隆真、關錫斌等代表進京。十月一日，各地代表齊集總統府門前，推選了三十二名代表去見總統，但當天全部被捕。張若名回天津，商討營救辦法。同時，全國各地普遍開展了各種形式的營救在京被捕代表的活動。政府於十一月七日才將被捕的三十二名代表全部釋放。消息傳到天津，張若名於當天趕到北京，代表「津聯會」迎接慰問這批被釋放的代表。

另外，原定十月十日天津的大規模遊行宣傳活動遭到警察廳長楊以德武力驅散，許多學生民眾受傷。《益世報》十二日有詳情報導。十三日，「女愛會」與男學生聯合會共同發出的「短期停課宣言」表達抗議。繼各校校長連署要求撤換警察廳長之後，二十日天津萬餘群眾與學生聚集省公署廣場請願。並選張若名等十一人為代表，面見省長曹銳，要求懲除楊以德。曹銳虛與委蛇，詭稱將妥為處理，學生乃於二十一日起恢復上課。

民國8年10月12日《益世報》有關天津國慶流血慘劇的報導。

成立「覺悟社」

上文述及張若名與周恩來等八位天津青年，九月二日才離開北京。張若名、郭隆真、鄭漱六、周之廉和李錫錦五位女士和周恩來，諶伊勛（後改名諶小岑），關錫斌三位男士在一班客貨兩用慢車中，四個多小時的行程中談的很多。據諶小岑後來的回憶：「張若名，鄭漱六談的最多，郭隆真發言很少，但她的話是那麼堅決肯定，幾項決議都是她根據大家意見做出的。」他們發現北京的學生已從抵制日貨等愛國運動，發展到宣導新思潮如打倒孔家店，廢除宗法禮教，和提倡民主和科學。故大家都覺得天津極應急起直追。認為應該把天津的學生運動引到思想革命和文化革命的方向上。周恩來就提議在天津組織一個社團，出版一個宣傳新文化。新思潮的刊物，來推動天津的文化運動。得到了大家的同意。

另外，郭隆真和張若名提出把天津男女學校的學生聯合起來，改組學生聯合會的意見，也得到大家贊成。這一路上的談話，便產生了男女青年合組的「覺悟社」，以及天津男女學校同學合組的「新學生聯合會」。這在當時，都是中國前所未有的創舉。

「新學生聯合會」

十月中旬「女愛會」和「津學聯」為了便於統一行動，聯合組成一個統一行動的執行機構。叫「執行部」，由張若名任部長，推動改組「津學聯」。十二月十日下午兩點，在北馬路總商會大院內隆重舉行了男女各校學生聯合組成的「天津中等以上學校學生聯合會」成立大會。到會代表五百多人。張若名擔任大會主席，並致開幕詞。據北京《晨報》十四日之報導：

主席張若名女士致開會詞。略云：今天開這個成立會與往日開會含的意思不同，這個會是由舊學生聯合會和女界愛國同志會合組起來的。這個新學生聯合會有兩種精神，就是進化的精神，奮鬥的精神。我現在要報告女界愛國同志會已往的歷史。就可以知道有進化的精神。（子）開追悼郭烈士大會的時候，女界多半不肯出來，都有恐懼的心：（丑）家庭講演那時候。各學校的職教員多方阻止，而女界諸君還是絕力的進行；（寅）各界聯合會的聯合，這事是國民應當作的事，還有許多疑懼；（卯）北京請願代表新華門前的露宿，這是前此未曾見的事；（辰）（平民）雜志社。這是男女合組的；（巳）今天的現象，與以上五事有連帶的關係，是一步一步進化的。到了現在的地步，所以這個新學生聯合會是表明進化的精神。至於奮鬥的精神，是人生觀不可缺乏的精神。學生聯合會同女界愛國同志會都是作愛國的事，為什麼要合並呢？有兩種利益。就是把許多的精神聚起來，用的人力小。收的效果大，這是第一種利益。又本於男女互助的精神。從前的互助是男對男，女對女。現在要擴廣了。這是第二種利益。總之。這個會是本着奮鬥的精神，進化的精神，同男女互助的精神作去。與黑暗勢力相鬥。有人問，何必要這個形式呢？因為可得精神上的代價，同精神上的變換，從前的好的連續下去，不好的改革。由心理上超精神的變換，就是奮鬥的精神！進化的精神，同男女互助的精神，這是今天的新學生會開會最要緊的意思。

隨後，張若名與北洋大學的陳洋嶺同被選為「新學聯」評議委員會委員長。

星期日　即舊曆己未年十月二十三日　晨報　中華民國八年十二月十四日　第三版

天津新學生聯合會成立紀盛

▲男女合組的　▲採用委員會負責制

民國8年12月14日《晨報》關於「新學生聯合會」成立的報導

「九一念九」事件

民國八年十一月十六日，因日本人在福州尋釁引起「福州事件」（參閱本書第八篇）激起全國各地人民的義憤，重燃了五四運動之火。學生罷課與市民罷市都得到全國各地的支持。天津的中等以上學校學生聯合會（即「新學聯」）於12月20日，由張若名與陳洋嶺等領導在南開學校前廣場，舉行了約十萬人參加的「國民大會」，以為聲援。

第二年一月二十三日，「天津學聯調查日貨委員會」的段鴻蔭在 「魁發成」洋貨莊遭到三名日本浪人的毆打。次日警察保安總隊隊長指揮保安隊毒打愛國學生，並逮捕了二十多名請願代表。二十五日 「天津各界聯合會」和 「新學聯」都遭查封。然抗議之行動不斷，「覺悟社」又決定於一月二十九日再發動一次大規模遊行示威，並向省公署請願。

民國九年一月二十九日下午二時，各學校學生數千名先聚集東馬路講演，散布傳單，聲明要往省長公署請願。要求：省長代電中央駁回日本通牒，催辦福建交涉，取消中日軍事協約，釋放代表，不干涉人民集會、結社、言論自由等。演講後，群往省公署，進入轅門。推舉男女代表周恩來（南開大學學生）、于蘭渚（官立中學學生），張若名（女師範學生）、郭隆真（女師範畢業生）四人求見省長。

衛隊見人多乃將省公署大門緊閉，門裡邊並有多人把守，外邊有公署副官傳達。代表說明來意，副官進去傳報後出來說：「省長可以見代表，但是全體學生須退出轅門外。」意恐門開後，全體學生要隨著進去。代表表示可以由門坎空間鑽進去，副官也沒不准。四個人便俯身鑽進去。但是進去後，先遭推打，張若名差點跌倒，不久後又將他們逮捕。軍警則衝向學生隊伍驅散，用槍托、刺刀重傷學生五十餘人。是為震驚全國的「九一念九」（或稱「一二九」）事件。

從拘留到起訴

周恩來、于蘭渚、郭隆真、張若名（被拘時以字「硯莊」代名）四人於二月六日移到警察廳關押。周恩來在他寫的《警廳拘留記》一書中有一章「張若名的營務處一段日記」，即節錄張若名一月二十

天津學生大遊行

九日至二月六日的日記兩千多字，記述了郭隆真和張若名兩位女代表在「營務處」中的情況。頭兩天，她倆被關在沒有爐火的破屋子裏，擠在一牀鋪上睡。心裏卻掛念著請願朋友們的安危。張若名在她被捕第一天描述牢房時認為「（牢房的）這種景象雖然不好，但是我們……精神很是快樂的。」二月一日，向來支持張若名的伯父張隄人（或作張隄仁）醫師來探望，想要寫信告訴她父母，張若名不願母親擔心，「就用話婉轉的攔過去了」。

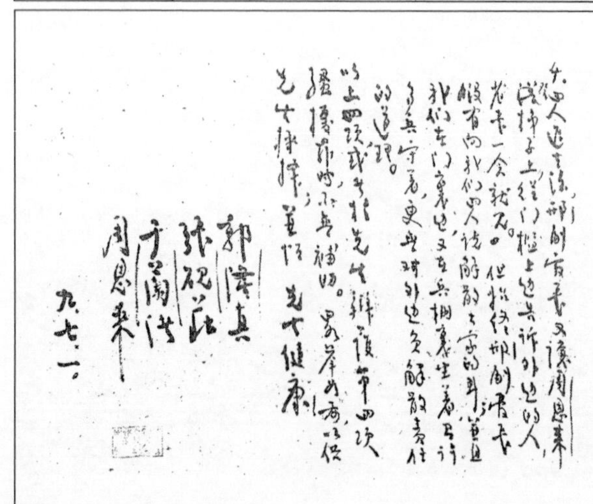

由周恩來執筆致劉崇佑律師之函

二月六日，他們被移往警察廳。周恩來、于蘭渚與上月23日被捕的請願代表拘禁一處，郭隆真和張若名則另在一處。不審不問兩個月，各界紛紛指責，抗議。他們也決定自四月二日起絕食抗議，警方才不得不於四月七日將他們移送「檢察廳」待審。

此案拖延到六月下旬，才釋放部分學生，其餘則予起訴。六月二十三日學生會代表往北京拜訪已曾兩度為學生義務辯護的劉崇佑律師，委託劉律師與天津律師錢俊、蘭興周共同為學生辯護。劉律師出自愛國好義之心，深切同情這些青年遭到長期羈押，自願出庭義務辯護。乃前往天津與被捕學生詳談，了解實情。當時周恩來、張若名、于蘭渚、郭隆真四人被指控為「騷擾罪」，六月三十日與劉律師談後，七月一日聯合寫了一封信，由周恩來執筆。全文如下：

崇佑先生：

省署請願一案，檢廳起訴案由，係注意在「強暴脅迫，不服解散」。從此點上，我們願意與先生聲明者數事：

1．我們請願省長的目的，檢廳既認為合法，當然無所謂強暴脅迫的意思了。

2．我們要求往見省長，邢副官長屢次傳達，均言省長可以接見，但是讓大家退出轅門外。我們的回答是我們的責任是見省長的代表，大家的秩序很好，我們不能讓他們退出去。

3．大家到省署時，衛隊因人多，便將大門緊閉，並無上門限的時機。並且我們四人鑽進去的時候，確得邢副官長的許可，因為我們本是見省長的代表，名單上有四人的名字，報紙也有可証：（九、一、三〇、的《益世報》）——假若我們要是闖入的，何以門不破而限破？並且進去的恰是見省長的代表，大家並未跟着進去呢！

沉且衛隊在門裏的人很多，斷無能讓大家將門限撞破的道理；加着學生赤手空拳，何能將極厚的木門限撞破呢！

4．四人進去後，邢副官長又讓周恩來登梯子上，從門檻上邊告訴外邊的人，省長一會就見。但始終邢副官長沒有向我們四人說解散大家的事；並且我們在門裏邊，又在兵棚裏坐着，有許多兵守着，更無對外邊負解散責任的道理。

以上四項，或者於先生辯護第四項騷擾罪時，不無補助。

略舉如前，以供先生採擇；並頌先生健康！

郭隆真　張硯莊　于蘭渚　周恩來

九、七、一

開庭與釋放

七月六日至八日分批公審。據周恩來《檢廳日錄》所記，七月八日審到「騷擾罪」時劉律師辯護時說：「請願是合法的。檢察官已經認定，至於聚眾多人一層。法律並不限定人數，即幾千人。幾萬人亦均無不可。學生請願。據邢副官代表省長之允許，因繞後門太遠；方從門坎下趴入。並得邢副官長許可。起訴所云之損壞門坎一語，更不近情。因省署門坎。向來白天不上。若云門坎已上，該代表從何而進。門坎較門堅固，與其破門坎而入，則不如破門而入矣。」周恩來代表四人答辯說：「檢察官以學生請願為合法，而又依據刑律一百六十四條起訴，是檢察宮自相矛盾。去歲各省代表請願總統數次，亦未聞有加以刑事處分者。以總統之尊嚴，尚且如此，況一行政官吏乎。若謂省署門外有騷擾行為。即宜捕獲治罪，代表等彼時已在省署之內，焉知署外情形？」

夏琴西四十年後的回憶說：

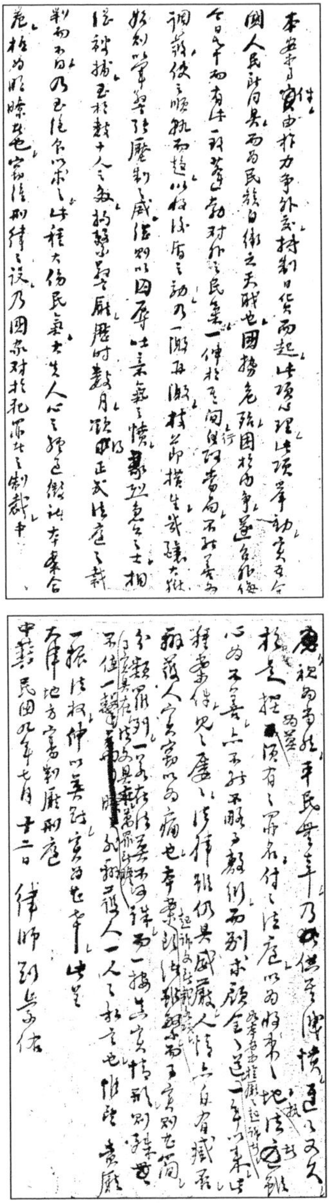

今天在辯論庭上，三位律師依次起立發言，都對起訴理由痛加駁斥，揭穿所舉事實，皆係牽強附會。推測比擬，不足採為判罪根據。特別指出警廳非法拘押，壓制民氣，背乎全國一致的愛國心情，即是與民為敵。說得推事檢察官們低著頭裝作看桌上的文件，不敢向庭上的人們正視。尤其劉崇佑律師。他這天的辯論，佔用了兩個多小時。詞意生動，正氣逼人，對起訴理由及擬刑根據。逐項加以反駁，把全案的情節，予以分析闡明。使懸揣臆斷，故入人罪的論據，完全站不住腳。庭上推檢已愧恧於中，旁聽大眾皆喜形於外。

天津學生案劉崇佑律師辯護書手蹟起首與末頁影件

劉律師的辯護書見本書附錄六。

十七日法官宣判，「騷擾罪」部份：「周恩來，于蘭渚，共犯騷擾罪各處五等有期徒刑二月；張硯莊，郭隆真，共犯騷擾罪，各科罰金六十圓。」並裁決：「被告人等未決期內，羈押日數。均準折抵。以上被告人在押二日抵一日，在押二日折罰金一元，均足執行刑罰終了之期。」經檢察官認可，即將各人當庭釋放。

這時到地審廳門首歡迎大家各界男女百餘人，由公教徒、基督教徒慰勞團，將紀念花與上刊「為國犧性」四字紀念章分送各人，佩戴胸前。由各界聯合會備汽車九輛，每輛樹白旗兩桿，寫有「歡迎被拘代表」字樣，並在坐汽車上，連拍數像。前面白旗兩桿。後步行的百餘人。最後的是汽車九輛。直赴商會。沿途受到熱烈歡迎。至商會後，首推陳寶禾為臨時主席，先述歡迎詞。後由馬千里演說。被拘人出獄後的志願。時子周致謝詞。周恩來報告在獄中情形。張若名報告入營務處情形。多位各界人士演說歡迎代表出獄詞。散會後，國貨售品所和公教耶穌慰勞會各送給每人一個鏡子。老紳士馮駿甫送給每人一把自書的扇子。扇上有馮先生的詩，「囹圄羈縻半歲餘。群公何事擲居諸，多因愛國遭兵警。翮被拋家厄吏胥。志士同心光歷史，讞員無法定爰書。願得民意回天意，瀛海澄

合影照片。前坐者左為張若名，右為郭隆真。站在兩人後最矮小的是陶尚釗（1907-1922），年尚未足14歲。站第三排右二為周恩來

清捕鱷魚。」天津歷史最悠久的鼎章照像館，免費為大家拍攝合影。圖中身材最矮小的是周恩來的表弟陶尚釗（1907-1922），年尚未足14歲。之後由商會會長卞月庭與水產學校校長孫子文，在當時天津最有名的「會賓樓」歡宴全體代表以慰勞。

事後，天津各界聯合會與學生聯合會為感謝劉崇佑律師不接受任何酬勞之義行，合贈一景泰藍花瓶以為紀念。

天津各界聯合會與學生聯合會合贈劉崇佑律師之景泰藍花瓶，現藏北京國家博物館

資助愛國青年參加勤工儉學

學生釋放之後，劉律師又資助了幾位有志的愛國青年參加勤工儉學，赴法留學。據張若名之子楊志道所著文中寫道：

> 一九二零年七月，「覺悟社」被捕社員出獄後，所有在津社員考慮到周恩來、張若名、郭隆真。劉清揚的安全，一致主張他們四人赴法求學。由於當時出國路費和生活費未得到解決，沒有形成決議。

張若名出獄不久便返回保定，住在二伯父張褆仁家裏，這時她已經十八歲了。她父母為防止她繼續在外邊「胡鬧」以致「惹是生非」，便極力設法為她“找婆家”。（中略）她決定採取行動抵制包辦婚姻。她和郭隆真等「覺悟社」社員通信，爭取幫助，準備離家出走。（中略）張若名離家後，和郭隆真共同住在北京西城郭隆真的妹妹郭蔚庭家裏。愛國律師劉崇佑聽說她倆要赴法勤工儉學，主動捐贈三百元。另外由津學聯周恩來等推薦，由張若名出面，由劉清揚的父親擔保，向津學聯「借」支了由學聯保管的「萬德成」罰款中的一千元。所以有人在回憶文章中說：是「由天津各界保送」她們四人出國的。

按，劉律師贈與張若名和郭隆真三百銀圓之事，若非楊先生説出，恐少人知曉，連劉律師家人也未聽説過。另還安排張若名為北京《晨報》的駐法國通訊員，讓她寫報導換取生活津貼。同時又和嚴範孫先生各贈五百銀圓給周恩來，使他也得以參加勤工儉學，去法國讀書。註一

【本文乃取〈重燃「五四」之火的民八福州事件〉（原刊《歷史月刊》238期，頁102-109）之一部分增補而成。2011年11月8日竣稿】

>>> 注釋

註一　那時先祖曾每月匯款若干給周恩來做為生活費，幾個月後因他來信說已找到有固定收入的工作而止匯。此後則未再通音訊。但他1957年11月24日到上海時曾去探望先祖母，1960年先祖母逝世後也致贈了花圈。先姑母蘭業（1903-1981）當時隨侍在側，後於給她子女之信中說：「……周總理非常關心地了解各方面的情況，從外祖母到你們這一輩，從我們北京的老家到上海的房子，詳細地問，耐心地聽，談了兩小時之久……周總理得知外祖母平時只吃一些糯米粥，臨走，表示要送一些糯米來。我辭謝說，外祖母所食不多，商店可以買到，不敢勞總理費心。總理說：我對崧生先生都不客氣，你還客氣什麼呢？過了幾天，有個單位送來了兩百斤糯米。總理還一再問外祖父的墳墓在哪裏，我知道這裏的意思，無論如何也不肯說……」

十、政治勢力不敵國法與公理

——羅文幹奧款冤案得平始末

民國初年，北京政府雖名義上代表國家，但軍閥互鬥，派系紛爭，以致政局紊亂不寧。國務總理及各部總長替換頻繁，尤因財政問題，外債高逾十餘億，屢屢欠薪欠餉，政府紀律蕩然。民國十年六月，北京教師因欠薪過久，忍無可忍而聚會遊行。軍警將遊行領導人北大哲學系教授馬敘倫等打傷，不思道歉及補救，政府竟以馬敘倫等為被告，向法院提出告訴。一向不懼北洋政府的先祖劉崇佑律師（以後敬諱略）當時表示願義務為馬敘倫等辯護[註一]，並以欠薪及傷害為由，反告政府。徐世昌總統知政府於法於理皆有所虧，乃請汪大燮、范源廉等出面調解而於七月底達成和解，保證政府以後不再欠薪。可知北洋軍閥及政客雖惡，也有知道尊重國法與懼畏公理者。

民國十一年黎元洪復任總統，不但國事愈加惡化，更因其昏庸無能，受眾議院議長吳景濂之教唆，竟以簽訂「奧國借款展期合同」違法受賄為由，十一月十九日凌晨將財政部長羅文幹拘補下獄。是民初一大冤案，也是政壇一大鬧劇。劉崇佑律師原為我國第一屆國會眾議員，曾積極參與民國初年之制憲工作。為維護國家信譽，法律尊嚴，乃挺身而出為羅文幹等義務辯護。由於他蒐證完備，剖析入微，法院只得判決羅文幹等無罪。本文簡介此案得平之始末。

羅文榦像

羅文榦與「奧款案」

羅文榦（1888-1941），字鈞任，十七歲留學英國，獲牛津大學法律碩士。宣統元年（1909）歸國，任廣東審判廳長。宣統三年，應學部之考試獲授法科進士。民國肇建，任廣東都督府司法司司長，高等檢查廳檢查長。民國二年北上，任總檢查廳廳長。四年八月「籌安會」成立，羅文榦參劾未果而辭職南下。七年再度北上，任「修訂法律館」副總裁。民國九年又赴英國，考取律師資格，返國後兼任北京大學及法官講習所教授。十年十月任中國出席華盛頓會議代表團顧問，十二月任梁士詒內閣司法次長。次年一月兼大理院（相當今之最高法院）院長，四月代理司法總長，六月因內閣改組而去職。

民國十一年九月任王寵惠內閣之財政總長。因他與王寵惠都是當年五月提出「好政府」政治主張的領銜連署人，故就任後積極整理國家財政，十一月簽訂「奧國借款展期合同」。由於眾議院議長吳景濂與王寵惠不睦，乃誣告羅文榦違法；又據「華義銀行」華籍協理徐世一之密告，以羅文幹受賄一百二十萬。十一月十八日夜晚吳景濂及副議長張伯烈以私發之眾議院「公函」，以羅文幹將潛逃為由，當面要求黎元洪下令扣押。昏庸的黎元洪居然不問明實情即命警察總監與步軍統領將羅文幹和財政部庫藏司長黃體濂逮捕。據賈士毅《民國初年的幾任財政總長》，此案之源起為：

> 民國三年我國政府曾向奧國訂購戰艦四艘，借款六百萬英磅，利息每年六厘，但奧國所得稅七千英磅回贈我國。我國政府付款四分之一後奧國就開始建造。其後因歐戰發生，中國又對德奧宣戰而造艦合同擱淺。戰爭結束，中奧復交，奧方向政府交涉，要求重議此合同內容，但歷任財長未能解決。羅文幹一上任就積極辦理，修訂了舊合同。
>
> 這個合同在十一月十四日簽了字。那幾天裡王總理因為有事在外交大樓招待國會議員，議長吳景濂問起國會經費為什麼遲遲沒有撥發，王總理回答說財政困難，各機關的經費也多沒有撥發。吳議長很不愜意，正好聽說羅總長簽訂了奧國借款的合同，就向黎元洪大總統密告羅總長訂立奧國借款合同有受賄的事……。

然此舉實為總統濫權枉法，王寵惠與多位閣員極度不滿，黎元洪在二十日府院會議中表示歉意，並有下「罪己令」之意，唯為幕僚所阻。另議長吳景濂假藉眾議，私用官印，原屬違法，但眾議院親吳之議員為多數，故也於二十日通過檢舉羅文幹之提案。二十一日意、英兩國駐華使節分別代表「華義銀行」與「安利洋行」出面說明並無行賄、受賄之事[註二]。二十二日總統派武官長蔭昌、大禮官黃開文偕孫寶琦和汪大燮二老到地方檢察廳，以「保人」身份接羅文幹出廳，留居總統府禮官處。由於親吳景濂的閣員與議員多方逼

黎元洪像

迫，二十五日王寵惠內閣只好宣告辭職。但因此羅文榦已不具「總長」身分，地方檢察廳乃予傳訊，隨即認為「案情重大」，再將之收入看守所。

外界反應

此案一起，各界反應熱烈。時梁啟超正在南京東南大學講學，十一月二十三日為此特電致總統，痛加詰責。北京《晨報》與天津《大公報》都刊出其原電文如下：

> 北京大總統鈞鑒，諸報稱鈞座，仰承某議長意旨，交諭逮捕財長羅君，未知信否。羅罪有無，局外無從推測。惟閣員瀆職。議會儘可彈劾。法庭偵查有據，理合自動。若私人告密，而元首奉命唯謹，蹂躪人權，有如草芥，尚復成何事體。中國之無法久矣，常人毀法，冀法定機關，有以制裁之。法所自出之機關，而日以毀法為事，則全國陸沈，其何日之有？啟超講學東南，日不暇給，豈有閑情管此閑事，

惟睹魑魅白日橫行都市，至於此極，良不能已於言。彼哉不足責，公所處何地，忍更比諸匪人以亂天下也？痛憤陳言，惟公圖之。梁啟超叩。

同日又撰一「對於羅文幹案國民所應持的正義」長文，明指議長吳景濂與副議長張伯烈為首犯，罪名有三：（一）以私人資格盜用眾議院印信。（二）假議長名義招搖撞騙或威脅行政機關亂拿人。（三）抗拒法庭票傳不肯到案。又以黎元洪總統為共犯，罪名是「聽了兩個私人的教唆，用私人資格亂發命令拿人」。

蔡元培二十五日對《晨報》記者表示依目前的證據（指意商及外國公使之公函）羅文幹無過失，但拘人不依法之舉「為國會與總統之自殺」；他並認為此案另有「主動者」，「以倒王閣為目的，……唯用此手段，非國家之福也。」

由於吳景濂素與直系軍閥、當時駐兵保定之曹錕沆瀣一氣[註三]，此案實為曹吳合謀，目的在倒閣奪權。故曹錕及直系將領如王承斌等皆通電全國，力主嚴辦羅文幹。唯在洛陽的吳佩孚於二十日發「號電」直言總統違法，其中有：「竊查現行內閣制度，照章俱由內閣負責。羅總長及該司長等縱有違法事件，應提出閣議公決，經國務員副署，解除官職，方能送交法庭。若如聶統領薛總監來電所云，似屬不是事體，殊蹈違法之嫌……」之言。二十三日之「漾電」又云：「……佩始終以為此係完全法律問題，應依法律解決。……蓋按之法律事實，似非此不足以解元首責任，而恢復政府尊嚴也。」可見軍閥也有明理知法者。

全國各大報於此案皆以大幅版面報導，且多有評論，西文報紙亦不例外。天津《大公報》二十二日譯京津《泰晤士報》之論云：

羅文榦忽被逮捕一案，一般人士聞之殆無不咋舌，歎為咄咄怪事者。其被捕之緣由，即係眾議院正副議長詣總統府告訐，謂羅氏在某某借款中有所舞弊，總統立即下令飭步軍統領逮捕羅氏。該正副議長與保定本有密切關係，此為吾人所諗知。然關於借款舞弊一案，事前兩院中並未有彈劾之舉。是故無論該正副議長係屬自動，抑係代表議會而發，其舉動實非正當。而總統對於閣員竟下令逮捕尤屬荒謬之舉動。即使證據確鑿，總統亦應經由正式法庭上種種手續。乃貿然於星六晚，令步軍統領派差至羅氏私宅逮捕，豈非荒唐？羅氏此次被訐一節，殊無可以研究之價值。查羅氏自身頗有資產，曾畢業於英國牛津大學，為英國著名法律學會之會員。居官以來聲譽甚者。吾人以為此次羅氏之被捕，實由於政敵之陰謀，受保定方面之嗾使所致。至於羅氏自身之無瑕疵，當不難昭然大白，惟是堂堂閣員，竟公然受此奇恥，總統方面亦豈能熟視無覩？公論茍存，此事決不可聽其暗中消滅。似此情形，更有何人敢於就閣員之任？若聽其暗中消滅，則後此之為閣員者，茍非先得保洛之援引，則雖貴為閣員，不知何時一受政敵傾軋即成堦下之囚矣。總之，此次之主旨在乎倒閣，而此輩倒閣之目的亦不難於達到。惟是該正副議長竟不肯出庭證實，聲言法庭上勢必左袒羅氏，其行動尤屬令人難堪。嗚呼堂堂之民國議院內閣，乃任保定派所玩弄。此種現象，吾誠不知伊於胡底矣。

然而也有假冒民意的「國民大會」於二十五日下午在天安門前舉行。實際只有一百多人參加，以各界代表為名，提出六項指責羅文榦賣國違法、務必嚴懲的要求。唯隨後即陸續有中國大學，法政專校，京漢路總工會長辛店分會，北京大學，醫專，農專，美專，女高師等多個單位公開聲明並未參加該「國民大會」。可見這所謂的「民意」，不過是一場鬧劇而已。

唯就一般人而言，並不清楚羅文榦是否違法、有無受賄？如十二月三日天津《大公報》有「半山」之「時評」表示：「自眾議院提出查辦羅文榦後，而喪權辱國之受賄大贓案，遂行暴露於全國。……苟非議院首先發難，則國人受當道之矇蔽，受此重大負擔，尚在夢中。然則此次眾議之查辦羅案，無論其有政治作用與否，要不可謂非差強人意之一舉也。」故羅文榦是否蒙冤，須待司法來判斷了。

釋後又捕的鬧劇

此案原是政治目的而起。羅文榦被補之初曾要求吳景濂和張伯烈到地檢廳對質，但兩人拒不出面。隨又傳出告密人徐世一已辭職，且潛逃出京。王寵惠內閣因而辭職，黎元洪明顯已成傀儡。「直系」政治目的已達，法律問題則起初未加干涉。翌年元月十一日，地檢廳下「不起訴處分書」，而將兩人釋放。「處分書」認為：（一）受賄部分自無可能；（二）偽造公文書部分不構成犯罪；（三）損害國家財產部分查無實據，又無圖利自己或第三人或圖害國家之證據。結論是：

> 羅文榦黃體濂關於訂立奧款展期合同及取消購貨合同，或犯罪嫌疑不足，或行為不成犯罪，依刑事訴訟條例第二百四十九條第二款第三款規定，應予以不起訴之處分。

但吳景濂一派之議員政客以及直系軍閥聞之大表反對。正好那時張紹曾初任國務總理，新任閣員尚待議院認可。其中有兩位為求獲議院順利通過，乃投「主流派」所好。由「司法總長」程克授意

蔡元培啓事

元培爲保持人格起見不能與主張干涉司法獨立蹂躪人權之教育當局再生關係業已呈請總統辭去國立北京大學校長之職自本日起不再到校辦事特此聲明

蔡元培辭職啟事

地檢廳十五日傍晚又傳羅黃二人到廳，隨即收押。另「教育總長」彭允彝在十七日國務會議提案，要求以國會與國務院為「告訴人」名義，向地檢廳聲請再議。如此之政治干預，使學界和法界大為不滿。

北大蔡元培因而十八日宣布辭職，並於報端刊登啟事

> 元培為保持人格起見，不能與主張干涉司法獨立、蹂躪人權之教育當局再生關係。業已呈請總統辭去國立北京大學校長之職，自本日起不再到校辦事。特此聲明。

二十五日女子高等師範校長許壽裳，工業專門學校校長俞同奎，醫學專門學校校長周頌聲與美術專門學校校長鄭錦亦以彭允彝「以教育為政爭之具，夤緣競進，廉恥道喪」而辭職。范源廉也因此拒絕出任高等師範校長，都表示羞與彭允彝為伍。而北大、高師、女高師、工專、醫專、美專六所國立大專更由「評議會代表聯席會議」二月二日登報發表聲明云：「現在各校行政暫由各校評議會維

持，所有彭允彝署名一切公文概不接受。特此聲明。」根本不承認此行為不檢、干涉司法的教育總長！

法界人士則有「修訂法律館」總裁江庸於元月十九日憤而辭職。東三省特別法院，湖北省高、地兩廳，天津地檢廳等也紛紛指責程克之違法。然高等檢查廳仍訓令地檢廳繼續偵查，此時又有「陳則民」其人狀告羅黃誤國受賄。地檢廳乃於四月三日正式起訴。

正式起訴

地檢廳偵查數月，才正式起訴。所據乃刑律第二百四十條「官員明知虛偽之事實，而據以製作所掌文書圖樣式行使此種文書圖樣式意圖行使而交付於人者……」，即「偽造文書罪」；及第三百八十六條「官員處理公務，圖利自己或第三人，或圖害國家公署，背其職務，損害國家公署之財產者……」，即「詐欺取財罪」。由於羅文榦與劉崇佑律師原係舊識，其姪羅明佑乃訪劉律師，請為其叔辯護。劉律師表示本案內容複雜，只允俟研究後才做決定。十餘日後查

國立北京大學　工業專門
高等師範　醫學專門
女子高等師範　美術專門
學校評議會代表聯席會議啓事。
現在各校行政暫由各校評議會維持所有彭允彝署名一切公文概不接受特此聲明

北京六國立大專不承認彭允彝為教育部長之啟事

得此案重要反證，認為可解此冤案，乃同意為羅文幹義務辯護。同時黃體濂夫人也來請託，由於羅黃二人屬於同案，故也允同時為之辯護。

十二年四月二十日之《晨報》所載之此案起訴文，分兩部分。其大要如下：

一、偽造公文書部分

羅文幹等訂立奧款展期合同，未經內閣同意，及大總統批准，逕據舊合同而改訂。且取消購貨合同，增加利率，拋棄定金，債票改為九折，與民國五年一部分展期合同本不相同。但「乃竟虛構事實，沿用舊文，聲明為前次合同之附件，認為已經大總統批准，內閣同意，遽予簽字。其為明知虛偽之事實，而據以製作所掌文書，罪跡顯著，無可諱飾」。

二、損害國家財產部分

總債額增至五百七十七萬七千一百九十鎊，損害可分三點：（一）奧款原訂合同均係年息六厘，民國五年一部分延期合同改為年息八厘。但現一律按八厘計算，但購貨存款仍按年息六厘繳還，「損己利人顯而易見」。（二）新債票以九折發行，但原訂合同債票並無折扣。（三）民國二、三年間陸軍海軍兩部與奧商訂立購貨合同時，貸款中之定金已先扣存，現因歐戰發生不能繳貨，違約之責應歸奧商而船廠並無損失，取銷合同不應拋棄定金。「綜上各點，其為處理公務圖害國家，背其職務損害國家之財產，毫無疑義。」

地檢廳認為羅文幹不應不與陸軍海軍兩部協商，又不待外交部電令駐意大利使館查覆船廠損失情形，即拋棄定金。所定合同未經閣議通過，總統批准。「瀆職違法，綱紀蕩然，則將來國家財產上之危險更有不堪設想者，謂無圖害國家之故意，其誰能信？」故依「暫行新刑律第二十九條第二十三條之規定，係犯同律第二百四十條第一項，第三百八十六條之俱發罪」起訴。

首次開庭

羅案雖於四月三日起訴，但因原主任推事調任東三省法院法官，新任吳奉璋於十二日接事，故延至四月二十二日，地方審判廳才票傳羅文榦與黃體濂於二十三日出庭應訊。然卻未通知劉崇佑律師。依法應於三日前傳票應送達被告人，且應通知辯護律師，故劉律師於二十三日上午據刑事訴訟條例二百八十八、二百八十九兩條要求改期開庭。但未獲同意。據北京《晨報》及天津《大公報》，首次庭訊經過如下：

四月二十三日下午二時開庭時劉崇佑律師即質問何以不依法通知辯護人及不在開庭三日前票傳被告？吳推事答乃以「受命推事」身份，調查證據不必拘泥程序。劉律師認為調查證據即是開庭，即須遵守法律程序，受命推事亦不可例外。推事無辭以對，良久始以「辯護人祇能於事實上發言，不得為程序問題發言」，不准律師繼續詰問而開始審問事實。

羅文榦之答覆為：

（一）奧款合同展期及利息算入債款之理由

「欠奧債款，過期已久。中國既無力一次清償，不得不仿照民國六年辦法，展期償還以資迴旋。歐戰期中，我國雖與德奧宣戰，然此項債權人並非奧國政府與人民，而係散在各國之持票人，奧銀團為債票之經理人。我國實處於債務人地位，為保國際信用，不能否認此項利息。」

（二）新票依九折計算，新合同利息改八厘之理由

「奧國本有要求我國立時付現還金之權，今代以債票，自不能不稍有折扣。近年以來，利率增高為一般趨勢。新舊合同相距六七年，自難同日而言，民國五六年我國以庫券交付利率曾至九厘。訂本合同時對方且堅持九厘，爭執甚久。以互讓結果而定為八厘。」

（三）拋棄定金之理由

「我國若不取銷合同，則需再付一百萬鎊給奧方。現我國無此資力，即使有之，當此世界裁減軍備，破壞戰艦之時，我國購來戰艦它有何用？不如取銷合同。唯取銷合同即須拋棄定金，並賠償損失。由於定金只佔全數四分之一，而戰艦已造成十分之四，經再三磋商後，以僅拋棄定金了事」。

（四）據駐意唐公使[註四]電稱，奧艦建造費不及十分之四，但按奧方要求賠償之理由

「唐公使調查電未到之前，意國公使出面保證謂戰艦損失十分之四確係實情。經辦之安利洋行提議附加條件，如調查電到損失之數相符則本合同有效，不符則合同取銷，我方無損。且當時意國以批准關稅條約為要挾，延遲時日皆是我國損失。另因廣九鐵路需款孔殷，乃先簽合約後待調查電報到來，再作商量，非無補救餘地。」

（五）手續之問題解釋

「財政部曾先口頭通知海軍、陸軍總長，合同簽字後，黎總統在公府設宴各總長時又曾提及。原擬向國務會議報告，旋即被捕而未果。」

至於黃體濂，推事所問各節與問羅略同，説明此事本由公債司辦理，因有八萬餘鎊收入，故需庫藏司之參與。

遠東時報之評論

羅文榦一案自始即一再不合法理，開庭時原又不擬公開，經過許多曲折，中外記者才得前往旁聽。在在表示北洋政府之濫用權勢及立場有失。四月二十四日英文《遠東時報》有評論一篇，《晨報》於二十七日刊出其譯文。現轉錄於次。

羅文榦事件

吾人對於政府之辦理羅案手續，實無從究知其用意何在。自去歲十月（按，應作「十一月」）羅博士突被逮捕，歷數星期之久，未能覓出明確罪證，遂行釋放。而釋放數日，又無明確罪證，及合法拘票，復行逮捕下獄，使其飽受寒冬之鐵窗風味。雖羅氏身體孱弱，染受癆疾，亦所不恤。夫忽而逮捕，忽而釋放，復忽而再捕，得無合法拘票，合法手續，播傳中外，同深駭異。二十三日下午二時，又忽而開庭審訊，不依法定日期通知被告人及其辯護人，而對其辯護人，又不予以陳述意見之機會，真可謂糊塗樹結糊塗果矣。且復飾詞謂此次開庭，不過調查證據，并非正式審訊。吾人不敏，不聞法律有此規定。但吾人確信辦理此案實近滑稽。凡有光譽之政府，欲享各國之崇敬者，豈容有此粗淺易見之愚昧舉動？蓋羅君個人是否犯法，其問題尚小，而羅君應受公平之審判，則為最重大問題。今羅之未受公平審判，則無可諱言。司法當局決不能秘密審結此案，亦為三尺童子所共知。縱當局苦心慘淡，隱秘其事，而消息一漏，瞬達環球。法國黑暗時代，世家軍閥，任意拘人。今人權世界，豈容有此？倘有為之者，則二十四小時之內，全球皆知此野蠻之動作矣。況各國曾允中國預備收回領事裁判權，自格外注意中國法庭舉動，今不幸有羅案發生，各國對於中國收回領事裁判權問題，恐難有考量之餘地也。中國雖頒布採用世界上所有最良之法典，但此次發生蔑法舉動，已足以證明雖有良善法典，亦毫無所用也。蓋以中國人行為，恆其理論不一致耳。上古部落時代，村老執鄙哩例書，判行刑罰，及今思之，誠不值一笑。然使其能守之不變，尚且遠勝於今日中國有名無實採用世界法典多多也。然吾人必須見中國法庭對於各案必有實行新法理觀念，乃敢將外國人民交由中國法庭審判。今覩此怪象，吾不能不譏笑外人何苦將此有用之資財，而派委員來華調查中國司法。嗚呼此種可怖之無理笑劇，可以休矣。然能剷除此種笑劇之司法總長將何時產生！翹首蒼天，有如大旱之望雲霓者矣。

直指此案「糊塗，滑稽，愚昧，野蠻」，稱之為「可怖之無理笑劇」。並以當時外國有交還中國「領事裁判權」之議，但此案發生後，「恐難有考量之餘地」。蓋「必須見中國法庭對於各案必有實行新法理觀念，乃敢將外國人民交由中國法庭審判」。也可見此冤案必須平反之重要性。

政府違法　律師反擊

羅案之辯護人劉崇佑律師以此案自逮捕拘押，聲請再議等手續皆是違法舉動，地方審判廳不但未加糾正，卻又以不合法定之程序開庭，實為法治前途之危，乃於四月二十四日公開發表意見如下：

（一）依法定程序，開庭審案須於三日前通知被告及辯護人。二十三日開庭，被告應於十九日接到通知，但通知書日期為二十一日而被告於二十二日下午五時才收到，辯護人則迄未收到。

（二）推事以此次審查為「調查審」而非「公判審」，故未知照檢查官，亦未依法定程序。實則該推事不知調查審與公判審在法律上並無區別。刑事訴訟條例只有開審，而開審時不可無原告之檢查官在座。

（三）禁止辯護人發言係違法之舉，推事應負全責。

二十五日《晨報》又報導：

> 劉君又云：羅案自始至終，總統、總理、總長（指司法總長）無一不違法，至昨則違法之事，發現於司法衙門之自身，誠不為司法界遺憾。……關於羅案本身，劉君亦擬將此案始末，編列一書公諸社會，以資討論，劉君當自答覆質疑辯難之責云。

五月十二日劉律師將月來蒐集的證據，歸納撰成《羅文榦等被告詐財及偽造文書案調查證據意見書》（後文簡稱「意見書」）。除「調查證據意見書」係呈法院外，並附「羅文榦等辦理奧款展期之經過及訂定合同之事實引言」、「奧款內含各項」、「訂立新展期合同時結算賬目情形」、「關於結束前欠賬目部分」、「羅等辦理奧款展期事件利益及損失總比較詳細說明書」以及「地檢廳起訴原文」共兩萬餘字。訂成五十六頁之小冊隨五月十四日《晨報》附送。並在五月十三日《晨報》二版刊登啟事：

> 羅案意見書一冊明日（十四日）由晨報分送如未閱晨報者可以郵票一分請載明姓名住址向敝事務所索取當即奉寄。
>
> 劉律師崇佑啟
>
> 本事務所在鮑家街十九號電西局三六

晨報
THE MORNING POST

今日隨報附送羅案調查証據意見書及附件共訂成一小冊如有遺漏請向送報人索取

律師劉崇佑啟事

《晨報》之《律師劉崇佑啟事》

五月十四日《晨報》頭版廣告中除聲明「今日隨報附送羅案調查證據意見書及附件共訂成一小冊，如有遺漏請向送報人索取。」並刊有「律師劉崇佑啟事」說明原委云：

> 啟者。羅案自發生以來，所有經過情形，皆見報章，中外人士無不知之，無庸贅述。迨檢廳再起訴時，羅君之姪羅明佑君見訪，堅請為其叔任辯護，鄙人以本案內容複雜，未加研究，允以俟研究有得，再行報命。越旬日竟查得本案重要反證若干點，認為足以解此獄，遂諾其請。是時黃體濂君之夫人亦來相約，鄙人以羅黃既屬一案，理由相同，自無庸拒卻，因亦諾之。自是世間關心羅案者，日以函電要求批露本案之真相不絕，但是時鄙人仍在精密研究之中，故未能即答。鄙人對於本案，自始即以為法律問題與事實問題，應分別觀察。法院乃司法機關，當以守法為重，凡為法所不許者，皆宜慎重將事，勿

貽口實，以損尊嚴。至若社會方面，則既有所疑，自應有澈底釋疑之方法，且愛人以德，為羅君計，亦以能將茲事之經過，全盤披露，以待社會公判為得策。如果所枉獲白，則縱未能見諒於法庭，而被告之人格，亦無所損。此意曾以告諸羅君，極為其所願，且謂果獲有使人共見之日，則己雖坐獄十年亦甚甘之。故鄙人擔任辯護之後，早已決心將所知者公布於世。一月以來，夜以繼日，一面搜集材料，一面細核賬目，其結果案中底蘊，幸頗有得。現已擬就調查證據意見書一篇，呈遞京師地方審判廳。又以此案頭緒紛雜，不易了解，更成引言一篇附以損益比較說明書，一併呈遞。竊以為閱者得此，或可以知羅案之始末，而獲良心上真確之判斷矣。茲謹將呈廳原文，印布公眾，閱者如見有誤謬，賜以指教，（但請為事實之指正，勿作是非之批評），鄙人當竭所知奉答，不敢避也。抑更有言者，日來報章有載鄙人設法勾引此案承辦，而獲多金，且謂有私抄案卷，抽藏要件，及種種脅逼被告人之事。此皆干犯法律之舉動，鄙人自信平日立身處事，尚知自愛，殊無慮人之我誣。鄙人業律師已久，自惜精力，辭卻之案較多，亦無勾引攫金之必要，此不過有人故意造謠，無足深辯。且被告人曾否受脅而與以多金，有各本人在，可以查問。案卷皆有編號封識，能否抽藏？律師辦案本得抄錄，是否非私鈔不能寓目，明眼者皆能知之。此種門外漢之語，只有付之一笑耳。惟鄙人竊以羅文榦之獄，實我國最不祥之一事。有罪當誅，有枉當白，法律在前，萬眾俱仰，斷非一二人好惡之私，所能左右，苟此案在情法上得證明其非犯罪，使世間少一不祥之事，則雖當日糾繩之人，見其嫌疑盡釋，亦必深喜之。蓋吾儕所求伸者國法與公理也，非私人之恩怨也，鄙人亦秉此旨以行之爾，謹啟。

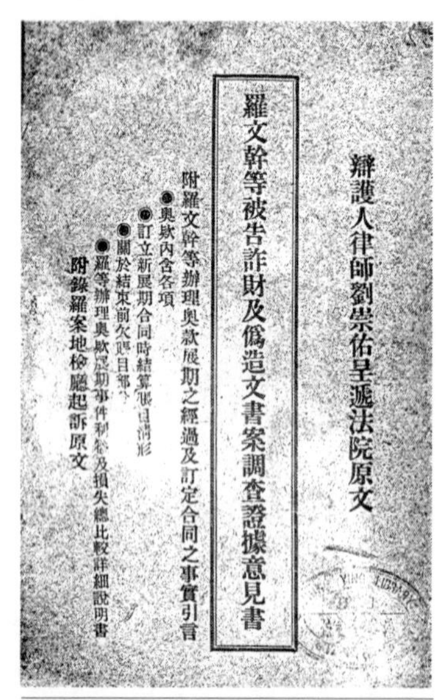
辯護人律師劉崇佑呈遞法院原文

羅文幹等被告詐財及偽造文書案調查證據意見書

附羅文幹等辦理奧款展期之經過及訂定合同之事實引言

●奧欵內含各項

●訂立新展期合同時結算賬目情形

●關於結束前欠賬目部分

●羅等辦理奧欵展期事件利益及損失總比較詳細說明書

附錄羅案地檢廳起訴原文

上海圖書館所藏《羅文幹（sic）等被告詐財及偽造文書案調查證據意見書》的封面

故知劉崇佑律師之目的在將實情公諸社會大眾，冀獲國人公斷。使訟者難有遁辭，法院亦不得不盡可能秉公處理。期望國法與公理得伸，祛除這一「我國最不祥之事」，或能增國家榮譽，有助於領事裁判權之收回也。

羅案調查證據意見書之大要

劉律師一方面將所撰之「意見書」遞呈法院，一方面由《晨報》附送「意見書」及「附錄」以廣流傳。現據上海圖書館所藏全文一冊，知「意見書」中認為「原起訴文指摘各點，殊有斷章取義，罣一漏萬之嫌，甚或以不明事實，未查案卷之故而生誤會者，無論起訴違法，即就其所訴之內容觀之，似亦近草率。」故辯護人詳細列舉，予以反證，「庶是非可明，而動人觀聽之冤獄，乃有大白於世之機會。」其內容分「損害國家財產」、「偽造文書」及「被告人等有無犯罪之故意」三部分。

「損害國家財產部分」，首先說明「損害」與「利益」之標準，再就各項分別討論。

（一）奧款展期合同應辦與否？

說明所謂「奧款」乃因經理人為奧銀團，我國政府為債務人，持債票者即是債權人，且在英京發行，稅別照英例，金額亦為英鎊，不可因持票人國籍而可不還。又據駐英使館之處理辦法，不得以未掛號者即可不還。

（二）此次新展期合同是否急遽成立？

數年來「奧款」持票人向我國駐英駐奧使館索債，各國在京駐使直接詰責我政府。此次法義兩使且親至外交部催辦，羅文幹有整理內外債之計畫，義使又以不簽字於增加關稅相挾，皆是促成速辦展期合同的動機。原以取消購貨與海、陸軍部有關，故擬提交閣議，後因購貨合同由借款而來，為財政部主管故只咨呈總理批准而無須閣議。且已在公府當眾報告，故無犯罪行為。

（三）展期條件是否能以應照原合同或前展期合同之條件制人，期內利息之退讓是否有互換之利益？

展期為一種新合約，債務者無履行能力而求展期恆受制於債權人，財政部歷來展期債款皆不能較舊合同減輕，何可獨責羅文幹？期內利息增加為八厘，拋棄利益僅有四萬餘鎊，為互換其他有利條件而為之，其損益經詳細核算可知我方獲益甚多，「高檢廳列表比較，每年損利息五萬七千四百餘鎊，是真莫名其妙之計算法。」

（四）過期利息改為八厘，是否意外加重？

我國財政紊亂，負債失信，財政部借款均至少八厘，甚至有一分五厘以上者，故是最輕之加息。

（五）新債票九折，是否不正當？

以發賞新債抵還舊債通例幾無不有折扣，而財政部有已成之展期各外債，除水災借款因慈善性質折扣略低外，奧款費為最低者。

（六）存六付八民五合同是否如此？

依據英文訂約原文，民國五年展期，僅其全債款中之一部改為八厘，此外仍是六厘，檢廳不查對英文本而有誤解。

（七）複利是否正當？此次展期合同對於複利改半年一結為一年一結折中計算，是否有利？

利息過期即算複利乃銀行來往通例，民五展期時亦有過期借款但未增加複利乃因展期者僅是本金，並無過期利息之故。原合同規定，每半年一給複利，此次改為半年一結與一年一結之折中計算，我方所得利益有二萬餘鎊。

（八）所得稅應付與否？此次展期合同改英國當時實在稅率為假定稅率折中計算，又欠付所得稅利息亦經免除，是否有利？

民五以前所得稅均經照付，其後則本息及所得稅皆欠而未付，此次展期，自應一一償還。英國所得稅率本有升降。此次磋商採折中計算，遂得省下十一萬餘鎊。加上欠付所得稅利息，共有十八萬餘鎊。

（九）取消購貨合同及拋棄定金之有無必要及其利害？

所購係軍用品已無必要。借款乃為購貨，故購貨之定金與存款亦為借款之一部分，拋棄定金六十二萬餘鎊結束全部借款二百三十餘萬鎊之債務，免得每年利息及所得稅八萬零二百餘鎊，至於奧國承造戰艦工程及船塢租費已耗去一百二十萬鎊已較定金為多，駐義唐使雖曾電複稱不符，但無法律上公的證明，不足為據。

並說明所舉以上各項皆有文件證明，故請檢方詳細調查以資證明。

至於「偽造文書部分」，前節所述，若能了然，則「損害國家財產」不能成立。原訴狀為「俱發罪」之「偽造文書」已無意義，但辯護人仍指明其謬為：

（一）以錢懋勛所供「舊合約均未經閣議通過，總統批准等語是舊合同所載均屬虛構。羅文幹乃明知其虛構而據以訂立，已為羅文幹之所承認。」入羅文幹以罪，實悖事實。蓋羅文幹在檢查廳之供詞並未承認，而民國以來借款合同，已查得其中三項均已明載呈奉大總統批准照辦，羅文幹信之，「何得摭為罪狀之一」？

（二）以「此次合同全部改訂，與民五展期不同……應於未簽字前提交閣議並呈大總統批准方為合法。乃竟虛構事實，沿用舊文……」認為羅文幹「罪跡顯著」。然此次合同是因前合同不能履行而生，實為前合同之附件，其內容不同乃結束前合同當然之結果。「況經咨呈國務總理批准，當閣員在府會晤時，報告總統及大眾，而總統且有辦事應如此之語。」故知未不合程序，而羅文幹亦未虛構事實。「請調查前文合同之文義，並參考英文原文之合同，以證原訴有無誤會。」

「意見書」之第三項為「被告人等有無犯罪之故意」說明檢廳起訴之兩罪皆不能成立。而有人密告總統羅文幹受賄之三張支票，實則一為財政部之收入，另二為英人巴克之勞金，故本案已無成立之根據。另黃體濂係庫藏司司長，奧款非其主管，只是照例會稿，未曾參預磋商，故「與本案無干，閱案卷即知，無待別為舉證。」

最後，劉律師並列出「羅文幹辦理奧款展期事件利益及損失總比較詳細說明書」，得結論為我國利益八十九萬五千七百餘鎊，損失八萬一千一百餘鎊，共計利益八十一萬四千六百餘鎊。

由此「意見書」可知當時北洋政府釀此冤案，不但從總統到司法衙門無一不違法，甚至對於事件經過和國家之得失，完全不了解。真是一羣「糊塗人」做的「糊塗事」！前引《遠東時報》評論所說的「糊塗樹結糊塗果」，一點也不錯。

續開調查庭

五月十四日下午二時，第二次開調查庭，未傳被告，也無律師到庭。只傳財政部公債司第二科科長徐行恭訊問，以確認一些事實。但旁聽者仍多，外國記者及使館人員亦有不少。十七日天津大公報曾刊出問答，從略。

然經月無下一步進展，六月十五夜九時突開傳票，定十六日上午十時再開調查庭，不傳律師，也不准旁聽。劉崇佑律師因知檢查廳一月以來，陸續又向國務院財政部各處行文調查，十四日並到財政部查詢一切。乃就所調查之點於是日呈一「調查證據意見書」之「補充」，《晨報》於十七日刊出全文。其要點是：

（一）當時國務院批准日期，無可疑惑。「查財政部咨呈兩件，係十一年十一月十日所發，該部總發文簿亦係同日掛號，一掛財字第一七二號，一掛財字第一七三號，則是財政部發出之件，毫無疑意義。……調案之原咨呈兩件，皆有前總理王寵惠親筆批語，下皆註十一月十一日，則知該咨呈當然為十日到院，故總理於十一日親批。又院之批准公函，即照總理親批之語擬具。……而調案之函稿，則有前院秘書長梁宓親書照繕發，下註十一月十三日等字，可知該公函當然為是日自院送部。……據辯護人所知，國務院之用印簿內十一年十一月十三日載明是日秘書廳調用印四顆，此四顆之印，即該函兩件封內封面各一顆是也。……此種種物證，實已證明該批准公函，是十一月十三日所發，並非十四日合同簽字之後之所偽造者矣。」

（二）五年展期合同第十五款英文中文各異，此係中文之錯誤。「前呈之意見書，已詳言之。貴廳以是否合同正本為問，……且正本合同有契約者，兩方正式簽名蓋章，最易識別，草本式副本則無之，今請就於卷內該合同驗明有無此等此正式之標識，即又可了然。……問法意兩國批准關稅日期，與國務院議決取消日期之先後，有無關係……查法意兩駐使催訂之急，皆有案券在廳，至於閣議對於本案展期合同認為未曾成立，責成外財兩部，本此宗旨，不使此項合同成立，係十一年十二月八日之事，十二年一月十四日院又函部催其照辦，於是財部於一月十八日乃初次函達安利洋行，聲明否認此為我債務者方而之舉動也。至於彼債權者方面，則十一年十二月十四日代表函部報告，已履行合同，取消購貨合同，辦理完竣，一月二十二日，安利洋行來函，對我一月十八日否認之函，聲明抗議，其後類此之函甚多，十二年二月十日，華義銀行函部報告，已履行合同，布告換票手續，我財政部皆始終未有以答之。……謂人必如何重視我國務院之議決者，實大誤也。況修正關稅案，法國係十一年十一月十六日照會批准，意國係十一年十二月三十一日照會批准，而財政部第一次致函安利洋行，否認新合同，則為十一年一月十八日，彼之批准在前，我之通知取消固在後乎，貴廳如欲調查，請函詢稅務處即知。」

由於六月十六日調查庭，對羅文幹與黃體濂之答覆表示懷疑，劉律師乃於十九日再提補充證據，包括「財政部收發文件之程序及總發文簿內無記載之原因」，說明羅文幹之供詞屬實。二十一日《晨報》有載，茲不贅述。

公開審判經過

六月二十二日上午十時正式開庭審理羅文榦一案，審判長李受益，主任推事吳奉璋，檢查官楊繩藻。各界人士旁聽者極多，據《晨報》所記，地方廳最大法庭只能容納二百餘人，故復至而被拒者達數百人，九時三十分座位已滿，法庭內臨時裝置電扇四架以散解暑熱，且備茶水以供辯護人被告人解渴之需。《晨報》刊出其全程記錄，現摘要敘述於後。

羅文榦首先表示：「財政部之有奧款，實始于前清末季及民國初元。計原合同六件，訂定分期償還所謂購貨合同及購貨定令購貨存款，係由此合同之後三年內發生。民四十二月到期本款不能照付，乃有民五之展期合同。民五十二月到期本息等款，又不能照付，乃有發給按月九厘計息之國庫券，並與奧銀團代表瑞記洋行商定本款展期辦法。歷年以來償權者方面，迭經索付本息，直至去年因債權者催索十分迫切，財政部遂不能不與磋商訂定展期合同。」又說明利息自六厘改八厘的原因是：「六厘的利息，係十幾年前的情形，照現在中國的情形，中國的信用，及中國現在的金融狀況較之十數年前已不可同日而語，當時利率尚不甚高，迨歐戰以後，金融狀況不同，而中國信用又完全墮落，試觀民國七八年來各項借款，曾見有六厘輕利者否，甚而高至在一分以上或二分者。奧款民五展期已加至八厘，此次之改為八厘，自屬正當援例。」並強調起訴必須查原合同規定及根據案卷，「不能空空洞洞解釋」。最後又說：「如果檢廳認為應當六厘，八厘即為損害，請問財政部前後所借各債，凡在八厘以上，是否均認為損害國家，均一律治罪？」

有關起訴文中所指責「新債票九折」之辯解為：「此項債票展期十年之久，其折扣不能不打。況在歐戰以後八厘利率，實比較便宜。中國財政信用不佳，為人人所共認。欲維持信用關係，折扣一層不能不加斟酌。況十年前所訂合同已有九一折扣。」至於「拋棄定金」一事，說明係根據取消購貨合同而來。內容與前述劉律師所撰之「意見書」相同，不贅。但又指出：「起訴原文謂係根據五年合同，以歐戰期限為限。文榦看并無以歐戰期限為限之明文，且前後日期衝突，更不限於歐戰前有效。將五年合同中英文加以比較，即可明白。」

「偽造文書」部分之辯解理由亦大致同於劉律師所撰之「意見書」。羅文榦更說明了積極辦理的原因；「文榦自長財部，第一政策即維持當時治安，如去年陰歷八月以前，各機關經費，非常困難，時常罷工，維持治安者在財政。所以舉辦十一年公債，照清單分配十個月，以維持目前之治安。第二政策即顧全信用，財政方有辦法。一個人如無信用，尚且不成，何況國家？當時債權者派代表來京，又有意法兩國公使要求速辦，文榦認為如不解決，不惟國家信用不保，且牽到增加關稅問題，文榦對于此層，非常慎重考慮，不僅以能維持一兩月之薪俸，即為財長之能事，辦事員將眼光放遠，所以既無損害，就可以允許。信用既可保，而將來關稅施行增加後，對於所有外債，未嘗不可以還清，信用亦即可以恢復。……且當時廣九鐵路債款到期，交通部無力應付，高總長與文榦說由財政部負擔。但當時財政部亦無款，鹽務署亦無款，迫不得已，所以咨呈國務總理批准遵辦……」。檢察官質問後他又指出：「檢察廳起訴，將合同有利益之條文，悉置不問，即如從前半年付利一次，今則改為一年付利一次。利息中之利息，所獲利益甚多。又如英國所得稅戰時與平時不同，當歐戰期內英國所得稅甚重，而本合同折中計算，獲利亦非淺鮮。」

然後從法律觀點說明：「刑律三百八十六條之規定，注重意圖二字，文榦身為總長，當時認為此種辦法，無非為希望增加收入，恢復信用，並維持廣九鐵路起見，非惟無自利之心，亦且無自利之機會。即手續上因公文補行掛號，亦不能認為有意圖損害國家。既非損害又非圖利，何所見而謂之為意圖？」乃強調：「文榦只有圖利國家之意思，而無圖害國家之事實。」因此對於檢察廳起訴各節，完全否認。

黃體濂應訊時強調此事乃經公債司審定，他只是奉命依規定辦事，亦未受賄。絕無偽造文書、損害國家財產等事，並認定為國家爭回一百多萬磅之利益。最後又說：「檢察官謂認為辦理不對，要知公債司為辦理此事主管機關，如果不對，應由公債司負責，何以單單將我一人拿來拘押八個月之久。被告人經濟上名譽上所受之損失，已不堪設想。」故「請審判長主持公道。」

辯護人劉崇佑律師則斥起訴此案根本違法。他先說：「本案辯論，應分兩點，（一）為起訴違法問題，（一）為事實內容問題。本來起訴若是違法而不能成立，法院即應依法不予受理，說不到審理事實之事，所以法律問題，應該開庭之始，即當發言。不過因從審判長吩咐，此時方得開口。」再言違法起訴問題，大意同前述之「意見書」，不複錄。隨即直言：

> 此次檢廳起訴，照此看來，實在笑話。法院是說法律的，是不受上官非法命令的。辯護人敢鄭重聲明，務請法庭顧念法律之可尊貴，依法辦理方可。果然法庭能依法不予受理，則事實問題，可以不說了。但是辯護人是保護被告利益的人，法律是否有靈，乃法院之責任，與被告無干，被告如果被非法判罪，被告人格，亦無所損，辯護人以為被告所最為重視者，應在此項辦理奧款合同一事，所以並無舞弊，並非犯罪之真相，有無方法使之澈底公布於世，使世人能知其真相，此則與被告之名譽人格，最有關係。大凡人之等類不一，其度量亦不一，

有不以枉法營私為恥者，有惟以枉法營私為恥者。若被告羅文榦有相當之知識學問人格，應以名譽為第一生命，故應該借此機會，使事實之真象，澈底根究，使之明白。故就此而言，法庭不拘起訴違法與否，而依然審理事實，在被告實應視為第一等幸事。辯護人關於本案事實之意見書，曾經三次提出貴廳，所列種種反證：自信其詳而且確。頃聞審判長宣言此等反證，一一皆經調查，並言若有犯罪證據，自應當庭宣布，然則審判長今日並未宣布犯罪嫌疑之證據，可見被告之事實，並無犯罪事實。辯護人第一次之意見書，一個月以前，即經公佈，想來檢察官已見過了，今日且不必重敘一遍，空費時間，今甚望檢察官能將辯護人之主張，有所攻擊，辯護人當就檢察官攻擊之點，再加答辯。究竟是否犯罪，應當人人共見，萬不可含糊了事，使大家莫名其妙，今謹靜坐以待檢察官之攻擊。」

檢察官發言時，又將起訴文大略說一過，質問之言大旨為：「利息從前可以六厘，此次自應六厘，乃改為八厘，究竟太貴。債票九折，究竟與民五展期不符。辯護人言民五展期，係以拋棄交貨期限為交換，但此不過一句語，所謂莫大之報酬一語，亦當時對付彼方之辭耳。存六付八，中文合同，明明如此說，要說英文不同，但當日中文何以有錯，再說辯護人譯出之文，與券中之中文合同，亦差不得多遠。拋棄定金，據辯護人說，「從速交貨」四字，把不住人家把柄，但是總有此四字，在彼此數年不交貨，究與從速有背。複利所得稅，雖說我方便宜，其數有限，若說我有便宜，是人家吃虧了，人家吃虧，何以尚不肯取消。此次合同不提出閣議，是明明違背國務會議章程，因為國務會議章程，定有條約案應提出，又定有國務員認為重要者應提出。再若偽造文書罪，辯護人雖提出三個總統命令作反證，此命盡是假的，並無此事，若有之，何以財政部無案。」

劉律師對檢察官之抗辯說明如下：

（一）檢察官借債均有扣頭，司法部借債，亦有扣頭。若說以債還債，不應有扣頭，現舉一證據，請查芝加哥太平洋兩債款，共有美金一千餘萬，因到期不能歸還，展期二年，除將欠利還清，尚須有確實擔保，方能改換合同，其扣頭即是九二折，此合同尚在財政部，可以由廳調查以資反證。奧款原合同，亦係九二折，此十年前的事，金融狀況，今又不同，何以不說？檢察官乃以十年前例十年後，硬說九折八厘為不應，為不知從何說起。請查近財政部所借之款，其扣折及利息，究為若干，恐犯罪的更多。

（二）存六付八問題，應以英文合同為準，合同已經定明，不能強財政總長以做不到之事，漢文與洋文原本不符，可傳鑒定人當庭鑒定。……辯護人所譯者，是照英文合同意思，與中文合同之誤譯者，大大不同，法庭可以細看的無待硬說。

（三）拋棄定金，從速交貨，及不等公使查復等問題。須知從速交貨的速字，乃對緩而言，並非有一定標準。……檢察廳祇看漢文合同，未看英文合同，以為既有從速之規定，就可執從速二字抓他把柄。不知上文尚有無論何種遲緩，均不得有所要求，或處罰之語。……不等公使答復，并非即此信以為真，即予確定。還有一條件附的保證在那裡，我們尚有一選擇權存在，拋棄定金一層，為本案最大數目，意見書一段，已說得很清楚，原以我們既上了人家大當，應圖設法如何免去此當，吾輩試設身處地一想便知。

（四）檢察官謂莫大報酬一語，不過對付彼方之語，此全是未看案卷說話。卷內乃前任財政總長對於司中請示手摺之批語，係對內而非對外，難道總長對付司官而作此謊語耶。全案利益與損害，辯護人早算得很清楚，倘認為有得算不清楚之處，請當庭指駁。

（五）檢察官言人家不肯廢約，足見人家有利，即我們有害，此話甚奇。在我們既有精確算盤算在那裡，我們究竟是利是害，應就此算賬上核之，豈有以人家肯者，即是我們有利，人家不肯者即是我們有害。如此籠統不清的說法，這個話在論理上怎麼講呢？

（六）至於偽造文書一節，辯護人已找到三個命令為反證，檢察官竟然說是假的，此話大錯了，難道說辯護人亦犯偽造文書耶。此處是法庭說話，是有責任的，請檢察官慎重。辯護人所舉之命令，係由外交部查出來的，豈外交部偽造耶，請切實調查，

（七）檢察官說此案未經過閣議通過，違背國務會議章程第五款之條約案，應通過國務會議，及第十一項之國務員認為重要者，亦可提出，此真是大錯特錯。條約乃國家與國家所締結者，本案合同，乃與奧國商人所訂之契約，何得謂之條約，此種分別，何以尚鬧不清。

（八）檢察官所說第十一項國務員認為重要者。請問本案當初，是經那位國務員認為重要，主張提出閣議而財政部不肯，須舉出證據來。況此事明明是部務，何以必經過國務會議，近來主管部總長怕負責任，往往將本部應辦的事，提出國務會議，以圖卸責，此種風氣，最為卑劣。

（九）最後就黃（體濂）之地位，特補一言。查黃為財政部庫藏司司長，此事是公債司主管的……但查案卷，此事起初，

並不見黃體濂名字，僅僅末了一個手摺子有其簽名，即為共同犯之證？……財政部會稿之事甚多，請調查使知，會簽一稿，即算共同犯罪，真時睡夢中可以犯罪了。且據羅文榦歷次口供，均說黃不與聞，僅為款項出納關係而簽名，即其主管公債司司長錢懋勳亦供與黃無干，法庭若非得有更強之證據實在不能加害以罪。再黃體濂因常到國務院，將公事帶來帶去，亦屬極平常之事，因此倘責他為有罪，乃更說不上的。

最後並強調：「法院第一應該嚴守法律，本案起訴違法，無可避免，自應立地予以不受理之判決，所有事實問題，本來是說不上的，不過事實亦是無罪的，辯護人為保護被告名譽起見，欲其嫌疑釋，故發此言，但是辯護人尊重法庭，愛護法庭，甚願今日能為半年法界之紛擾，得一補救方法，且愈以顯我中國法院，究竟是有法律的，應請貴廳依法判決不受理，則至幸事。」

強調起訴違法之意見書

劉崇佑律師依據法理，強調「刑事訴訟，所以成為嚴格之程序法，自其演進之歷史觀之，雖謂為被告人之保護法亦無不可。法律於訴訟進行各階段，特設嚴格之程序，且時時加以命令『應』或禁止『不得』之表示，凡以禁濫縱而防侵害也。」故當時在法庭對於違法聲請再議一層，極力指責。記者報導云：「淋漓痛快，聞者擊掌。」他並當庭另呈一意見書，據現行刑事訴訟條例第三百四十條，以「起訴程序違背規定」，請不受理判決。

這意見書長達五千字，在在皆是就法論法。今節錄以供讀者參考。文中首先說明：「起訴程序之意義，非限於本條例之起訴節內所載。凡自接收案件著手偵查以迄於起訴，其中經過必要之程序，即如條例第一百十九條，第二百二十條，第二百二十九條，第二百三十條，第二百五十一條至第二百五十六條文規定，皆為形式之起訴前不能不如法履行之事。……有一不合，則起訴程序，即不能完成，而案件亦陷於不能起訴。蓋此種程序，檢察官有不應蔑視之責，若不按法律規定辦理而擅行起訴者，即為不應起訴之起訴，其起訴自身，即為非法。起訴之法的效力，已生根本之動搖，故條例特命法院應以判決為不受理之諭知，所以慎起訴也。此次京師地方檢察官起訴羅文榦黃體濂詐財及偽造文書一案，據其訴狀稱：羅文榦等由警察總監奉大總統面諭交法庭查訊，並由國務院鈔交函件到廳，經本廳偵查，予以不起訴處分。國務院聲請再議，由高等檢察長將原處分書撤銷，令交本廳再行偵查依法究辦。本廳按照國務院聲請再議理由書及高等檢察長訓令各節，詳細偵查。……該訴狀所謂依法，當然為依起訴程序之法，雖其如同依法之理由，未經聲明，而就其狀中所述，自檢察廳接收案件，以迄於起訴之經過事實，則與刑訴條例之規定實大違背。」

繼將主要論點分為四項：

（一）本案有無告訴人

檢察官有偵查犯罪嫌疑之職權，遇有案件，原可自行發動，不必待人之告訴。惟此次起訴，檢廳乃於一度不起訴處分之後，以遵奉高等檢察長訓令之名義，而再行起訴。則其前提，當然非有合法之告訴人為合法之告訴不可。原訴狀首稱「總統面諭警察總監，此大總統當即檢廳所認之告訴人，此面諭當即警廳所認之告訴。然總統面諭，何以即為合法告訴，在法律上有何依據，殊為費解。按立憲國元首，除發布命令外，別無行為，是為世界通例。中華民國約法，臨時大總統之職權，為列舉的，凡以大總統資格所為有關政務之事，皆為命令。而命令則皆必經副署，制限甚嚴，決非何人所能利用而伸縮之。……若謂大總統告訴，並非以公人資格為之，所謂面論，僅為敬語之辭，亦與私人之告訴無異。然則此告訴特黎元洪私人之行為耳。黎元洪則一面為大總統，一面固不失為一私人，但私人之黎元洪，則不過中華民國人民之一，何足為國家之代理人耶，準此而言，是本案自始即無合法之告訴人，亦無合法之告訴。

（二）國務院聲請再議能否合法有效

現行刑訴條例，聲請再議，乃告訴人之權利，非被害人之權利，被害人為合法告訴後，法律乃認為告訴人。告訴人經第一百三十條，聽聞筆錄之朗讀及簽名於筆錄，又經第二百五十一條不起訴處分書之接受，始能有聲請再議之事。是為法定程序，絕對不許欠缺之階段。……告訴狀以國務院聲請繼諸大總統面諭之後，且聲明當時國務院曾鈔交函件到廳，揣其意當謂大總統既代理告訴在前，國務院自不妨聲請再議在後，且大總統告訴之時，國務院並經鈔交函件，亦類似於參預告訴。夫告訴之代理人變更，是否法之所許，茲且不論，而前之代理人告訴，既不曾合法成立，而等于無告訴，試問繼之者，從何獲得此再議之聲請權？……故國務院縱有可為本案被害人代理人之資格，而該院自身既未為告訴。大總統之面諭不成為告訴，該院雖曾鈔交函件，亦僅鈔交而已，並無一字之意思表示，更無所謂參預告訴，則盡量言之，國務院不過一被害人耳，非得為聲請再議之告訴人也。抑聲請再議必在接受不起訴處分書之後，而受處分書之送達，必為曾經筆錄之朗讀，及為負責之簽字，條例固已明定之。此不論告訴人之身分如何，凡在法律之下皆無可省免者也。乃辯護人遍查案卷，未見警察總監或地方檢察官當時所作之筆錄。卷內雖有檢廳事後之補正筆錄，亦僅敘述經過原由，並無告訴人口供及其簽名，則未曾向告訴人朗讀更無俟論。似此無效筆錄，決非法律之所要求，何足以完成法定之程序？且檢廳當日下不起訴處分後，亦無對於大總統或國務院為送達。（並無類似送達之通知）不經送達，當然不能有法律之接受，無接受則聲請從何啣接而生。……知乎此則本案國務院聲請再議不合程序，尤屬顯然。夫既無資格，又背程序，試問此項聲請權，檢廳果依據何法而承認之耶？

（三）高等檢察長撤銷不起訴處分之命令是否正當

本案京師高等檢察長撤銷地檢廳前此不起訴處分之命令，其內容如何，且不暇辯。惟該命令係依刑訴條例第二百五十四條之規定而來，該條所稱有理由之聲請，當然須以合法聲請為前提。蓋聲請若不合法，則理由之有無，早無認定餘地也。國務院聲請再議理由書，依前項所述，既以無合法告訴，不能生法的效力，高等檢察長何得以此為根據，命令起訴？……上級檢察長乃貿然下令撤銷原檢廳之處分，貿然分別何項應續行偵查，何項應予起訴，而令飭下級檢察官遵辦，鑄此大錯，究屬何因？……此種命令決非法律所認為正當，竊以為應無疑義。

（四）地方檢察官應否遵奉上級檢察長命令而起訴

檢察官有服從上官命令之義務，載在法院編制法，固矣。然官吏服從義務，應以合法命令為限，否則不惟上官無指揮之權，下官更有不服從之義務，此即法律所謂不應為者也，不應服從而服從，則其服從之自身，先已非法，因此非法服從所為之行為，自更無合法可言。本案高等檢察長對於非法之聲請再議，為非法之承認。而下非法命令，為非法處分，下級檢察官應據法拒絕，嚴守條例第二百五十六條之規定，除發見新事實或新證據外，不得對於本案再行起訴。……故檢廳對於本案再行起訴，其起訴之訴訟行為，既已違背程序，而陷於非法，則法院固不論其是否遵奉上級檢察長命令，彼既非法，則亦不能不以非法待之。蓋此非法，由於無合法告訴，無合法聲請，無合法上級檢察長命令之結案而來，遂致此項起訴於法亦無絲毫根據。換言之，即所謂起訴之程序違背規定是也。

因此，劉律師認為：「依上所述，地方檢察官對於羅文榦黃體濂起訴一案，違背刑事訴訟條例規定之程序，無可諱言。法文具在，不論如何解釋，終無可以援引之條。」其結論是：

> 總之，本案事實問題是一事，法律問題又一事，法院審判，以按照法定程序辦理為第一義，程序適合，乃能為實質之審理，此刑事訴訟條例之所命也。故條例於不受理之條，首列起訴程序違背規定一項，本案自國務院非法聲請以來，經過情形，中外共見，違法之攻擊，迄今不休。辯護人以為平心而論，當時總統雖曾面諭警察總監，而由法律觀之，此種面諭，實不過司法警察官或檢察官因此而知有犯罪嫌疑而已。無論法律上不得謂為告訴，即總統自身固亦未曾自居為告訴人……此皆國務會議之提案者，舞文弄法，強為此言，以自佔地步，高地兩檢廳，不知依法峻拒，一誤再誤，遂演成法律界莫大之奇觀。所幸檢廳究與法院不同，司法尊嚴，今日尚有維持餘地，辯護人為尊重法院及顧念本職起見，合請貴廳依法即予知不受理之判決，以全法律之威信，實為公便。

結局

由於本案被告確未違法，故答辯時問心無愧，坦然陳述；而辯護律師蒐證解說巨細靡遺，就法論法，據理力爭，實無懈可擊。十二年六月二十九日法院中午由審判長李受益宣判羅文榦與黃體濂無罪，旋即交保開釋。其判決理由之大意，據次日《晨報》所載為：

起訴程序，認為合法。國家如此重大事件，不能謂大總統不能為告訴。至於無告訴筆錄等等，則係檢察官之錯誤，不影響於告訴人，故該廳認應受理。損害國家財產一層，認為國家受有損害。偽造文書一層，起訴文所指民五合同載大總統之命令，並無此事。被告等明知其偽而據以製作本合同，現既經舉出反証，當時實有命令，則偽造文書罪，自不成立。更查被告當時辦理本案，有其財政計劃及其他原因，而所謂受賄等等情弊，均屬無據，是國家財產雖受損害，不能指為意圖，故不能論為犯罪。

由此看來，政治力量終究是敵不過國法和公理的。

唯「司法總長」程克仍不甘心，唆使檢查官楊繩藻再提出上訴。但黎元洪已於六月十一日離職赴天津，曹錕積極進行賄選總統，此案在法律上原已站不住腳，現也無政治目的之重要性。雖又起訴，隨後則不了了之。

羅文幹宣告無罪矣

判決理由書不日發表

羅文幹在宅靜養謝客

哄傳中外之羅案。已於昨午(二十九日)十二時開庭判決。宣告無罪。羅(文幹)黃(體濂)二人。已於昨日下午一時出看守所。各歸本宅。聞地方廳判決理由。係認僞造文書罪不能成立。復無意圖詐財之行爲。故俱不爲罪。此項理由書。不日即可發表。羅氏在看守所時。因感天時起居之不適。患痢兼胃病頗劇。尚未痊愈。昨日歸宅後。即閉門靜臥。謝絕賓客。藉資休養云。

民國12年6月30日天津《大公報》之新聞報導

劉崇佑與夫人（中坐）、三子汀業（後左）、內姪廖洪熙（後右）、外孫女何慧（前左）、外甥孫女方細（前右）（民國12年攝）

再者，當年在北洋官僚軍閥惡勢力下，法界與學界仍有不少梗直強項之士如蔡元培校長、劉崇佑律師等，敢批逆鱗以維護公義。此當係中國衰而不亡，弱能轉強之一主因也。

【原載《傳記文學》第92卷第1期（2008）第40-58頁。2011年十一月三日修訂】
〔附註〕「羅文榦」常誤為「羅文幹」，本文一律將之訂正。

>>> **注釋**

註一　據馬敘倫（字夷初，1885-1970）《石屋餘瀋》「劉崧生」條：「……五四運動時，崧生方居北京，為律師。有藉藉名。即挺身為各校被捕學生義務辯護。余欽服其人。十年，六月三日新華門之役，余為徐世昌所訟，崧生亦願任辯護。其好義如此。」參閱本書第十四篇。

註二　因外國當時有「領事裁判權」，我方法院不能傳訊屬於外國之商行負責人。

註三　翌年之曹錕賄選總統，吳景濂即是首要主謀者之一。

註四　當時我國駐意大利全權公使為唐在復。

十一、「救國會七君子」案始末

救國會之產生

民國19年「中原大戰」結束，中國雖尚無統一之實，但已有統一之勢。日本軍閥謀我愈急，而次年製造「九一八」事變，侵佔東三省。又於民國21年初發動「一二八」淞滬之戰，使國人有危機之感。唯除少數了解國情與國際現況者外，許多知識份子與社會大眾對執政當局採息事寧人之不抵抗政策心生不滿。不少人也對執政者所採攘外必先安內之「剿共」行動不能認同，「救國會」即應勢而生。

「救國會」乃「全國各界救國聯合會」的簡稱，民國25年5月31日成立於上海。蓋民國22年熱河與長城戰役後日軍進關，我國軍隊雖起初曾憑熱血豪情，挫敵於喜峰口、羅文峪等地。但無力繼續抵擋，又因種種顧忌，國民政府與日本簽訂「塘沽協定」。24年准許「冀東防共自治政府」成立，允許日本勢力進入河北。上海及北平文化界人士憂心國將不保，12月組織「文化救國會」。次年初，中央政府的「中央宣傳部」發表一篇告國人書，指責該會是有背景、有作用的團體；2月21日政府頒布維持治安緊急辦法，22日行政院特令教育部禁止平津學聯會活動。這些行為引起一些其他人士的反感，例如25日天津《益世報》即以「愛國無罪！」為題發表社論。附和者日多，不久後就擴大發展成為全國性組織。抗戰勝利後易名「中國人民救國會」。1949年12月18日以「勝利的完成了它所負擔的歷史任務」為由，在北京宣告「光榮的結束」。

「救國會」的主要領導人為沈鈞儒，王造時、李公樸、沙千里、章乃器、鄒韜奮、史良、陶行知等法律、教育、文化界人士，其中史良為一位女律師。他們得到了耆老馬相伯，國民黨非主流的宋慶齡、何香凝、馮玉祥等著名人士支持，也有許多共產黨地下黨員如胡喬木、周揚等以個人身分成為各界救國會的主要幹部，故也參加了「救國會」的各項活動。據「全國各國救國聯合會成立大會宣言」，其宗旨是「團結全國救國力量，統一救國方策，保障領土完整，謀取民族解放」，要求停止黨派間的軍事衝突，進行談判，「以便制定共同抗敵綱領，建立一個統一的抗敵政權」。並特別聲明與國民黨政府抗爭的「是一個政策之爭，而不是政權之爭」，其中沒有對任何個人的讚揚或批評，但公開指出要求集會，結社，言論和出版的自由。

隨後，沈鈞儒、章乃器、陶行知、鄒韜奮四人於民國25年7月15日聯合發表「團結禦侮的幾個基本條件與最低要求」公開表示支持中國共產黨「建立抗日民族統一戰線」的主張。並要求政府停止剿共，聯合紅軍，共同抗日，給予國人抗日言論與救國運動的自由。

由於其宣言中也公開聲明「任何黨派……如果放棄了當前的大敵，對敵人作無限止的讓步，想用武力征服敵黨敵派、用權威排除異己，用權術鞏固政權，那結果只有使人心離散，而自陷於覆亡」。8月10日毛澤東在延安寫了一封長信對救國會的宣言與「團結禦侮」這篇文章表示極度滿意，也表示共產黨願在救國會的綱領上

社論

愛國無罪！

民國25年2月25日天津《益世報》社論

加入簽名。

「全國各界救國聯合會」成立之後，各地救國組織紛紛成立，原有者也加強活動，可說救國運動因此廣泛展開。連旅歐各地的華僑也因八月間陶行知等到巴黎參加國際會議，藉機大事宣傳團結抗日，而廣為響應。9月20日「全歐華僑抗日救國大會」在巴黎召開，參加者四百餘人。知識份子外，救國會的運動普遍進入學生、工人、婦女、公私機構職工各階層，也得到工商界部分人士與國民黨軍政人員的支持。據估計，民國25年底全國會員已達數十萬人。

「七君子」之獄

民國25年8月，日本慫恿東蒙軍隊侵犯綏遠，救國會呼籲「援綏抗日」。九月中日雙方在南京談判，日本駐華大使川越提出華北五省自決，中日合作防共，取締日運動，解散救國團體等條件。救國會於十月發表「為團結禦侮告全國同胞書」，揭露日本帝國主義滅亡中國的新陰謀要求政府立即停止外交談判，團結全國力量，共同抗日。獲得了廣泛的響應。連國民黨部分元老如張繼、居正、覃振等都在內，張繼還主持了「援綏大會」。同時又打電報給張學良、傅作義、宋哲元、韓復渠等，要求出兵援綏，堅決抗日。另一方面，受日本人經營工廠欺壓、剝削的我國工人，因有救國會的支持而罷工、抗議之舉增多，以致日方也屢向南京政府施壓。在在使執政當局難以應付，乃於11月22日深夜逮捕了在上海的沈鈞儒、章乃器、鄒韜奮、李公樸、沙千里、王造時和史良七人，以圖壓制反對政府之活動，為當時著名的「七君子」之獄。另外又逮捕羅青、顧留馨如和任頌高三人。由於當時的《危害民國緊急治罪法》規定以高等法院為這類刑事案件的第一審管轄法院，而上海只有江蘇高等法院第二分院，故將他們並押往蘇州高等法院看守所。

沈鈞儒等七人被捕，引起各界高度關注。例如北平教育文化界王建賢等，包括周鯨文、易希陶、張東蓀、梁實秋、許壽裳、梁秋水、吳承仕、許德珩、齊燕銘等109人11月24日聯名致國民政府電云：「據報載章乃器，沈鈞儒、鄒韜奮、王造時、史良、李公樸、沙千里等在滬被捕，聞訊不勝驚異。國難嚴重，端賴合作禦侮，不容再有萁豆之爭，章等熱心救亡，全國景仰，敢請即日完全開釋，

沈鈞儒、史良、王造時（前排左起）等參加上海各界群眾集會遊行

勿再拘傳，以慰群情，共赴國難為幸。」各大學學生救國聯合會則議決罷課兩天。皆可代表當時許多知識份子的心聲。宋慶齡也在上海發表支持七人之聲明。

南京則有國民黨人馮玉祥、于右任發起十萬人簽名營救運動「以示民意所依歸」。最重要的是12月12日張學良和楊虎城發動「兵諫」，也就是震驚中外的「西安事變」，其八項要求之第三項即是「立即釋放被捕之愛國領袖。「西安事變」和平解決之後，一般都認為政府應依所允張楊的要求，釋放被捕之救國會人士。孰料局勢大變，張學良被囚並決付軍法審判，而「釋放政治犯及愛國領袖」一事也成為泡影。

初次開審

民國26年4月3日，因法定「七君子」羈擇偵查期已滿，江蘇高等法院檢查官翁贊年以「起訴書」正式提出公訴，並宣布繼續羈押。甚至還擴大被告範圍，將在美國訪問的陶行知，以及張伸勉等

宋慶齡先生爲全國各界救國聯合會七領袖被捕聲明

余以全國救國聯合會執行委員之一、對於全國救聯七領袖被捕，特提出抗議，反對此等違法逮捕，反對以毫無根據的罪名橫加於諸領袖。任何理智清晰的人士都明白這種逮捕以及這些罪名都是由於日帝國主義者的影響所致。這種有背常的逮捕很明顯的證據，就是日本報紙（上海日報上海每日新聞）今日突又傳稱余今晨亦爲法捕房所捕，罪名是共產黨活動與第三國際有聯系。或許日本報紙已獲得要逮捕我的事前的消息，若此，則余之所言，實在一點也沒有冤枉。

全國救國聯合會衆所昭知的目的，完全是促進政府與人民一致成立聯合戰線抵抗日本侵略。恰恰與日帝國主義的挑撥武斷的言調相反，救國會從不袒護共產黨也不反對政府。這些罪名完全是日帝國主義者故意製造出來，使中國政府與救國會發生惡感，由是將政府與人民分裂，以遂其陰謀的。

雖然備遭逮捕橫被加以惡毒罪名，救國會仍要再度表明自己的心跡：救國會是不反對政府的；它也不袒護共產黨；它要促進全國人民不分政治信仰黨派不同的區別，以成立聯合戰線從事民族解放戰爭。

我要指出日人方面這種策略，完全會出於他們原來的意料之外，僅能更引起中國人民反日的忿怒和愛國的熱誠。

至於對我個人的攻擊罪名，實是不值一笑的。我也用不着來駁斥這些日本報紙的汚蔑。他們的慣於毀謗造謠卑劣宣傳早已有目共覩，有耳共聞。

救國會的七位領袖已經被捕了，可是我們中國還有四萬萬人民，他們的愛國義憤是壓迫不了的。請讓日本軍閥們當心些罷！他們雖可以指使七位領袖的被捕，但還有全中國的四萬萬人民在這裏啊！

全國各界救國聯合會執行委員 宋慶齡

十一月廿六日

上海莫利愛路二十九號

宋慶齡以救國聯合會執行委員名義發表的抗議聲明

三人列為「在逃」！起訴理由是：

> 共同以危害民國為目的而組織團體，並宣傳與三民主義不相容之主義，依刑法第十一條第二十八條，係共犯危害民國緊急治罪法第六條，除陶行知、張仲勉、陳道弘、陳卓等所在不明已予通緝外，合依刑事訴訟法第二百三十條、第二百四十三條，提起公訴。

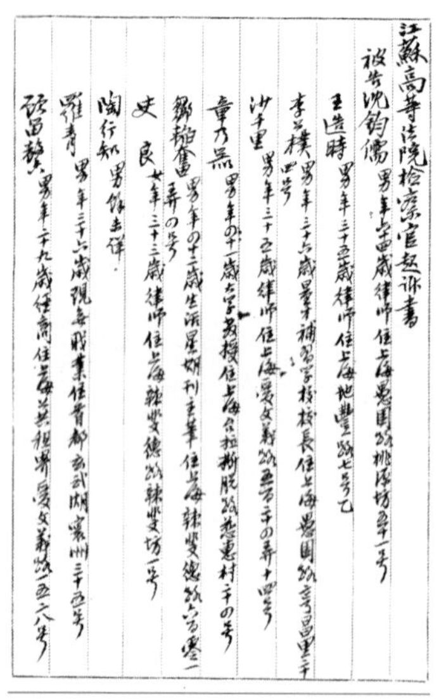
江蘇高等法院檢察官起訴書
被告沈鈞儒 男年六十四歲律師住上海愚園路[illegible]坊[illegible]號
王造時 男年三十五歲律師住上海地豐路七號乙
李公樸 男年三十六歲量才補習學校校長住上海愚園路[illegible]里[illegible]號
沙千里 男年三十五歲律師住上海愛文義路[illegible]號
章乃器 男年四十一歲大學教授住上海[illegible]路[illegible]村[illegible]號
鄒韜奮 男年四十二歲生活星期刊主筆住上海辣斐德路[illegible]號
史良 女年三十三歲律師住上海辣斐德路辣斐坊一號
陶行知 男餘未詳
羅青 男年三十六歲現無職業住[illegible]
顧留馨 男年二十九歲任商住上海[illegible]愛文義路[illegible]號

法院起訴書

由於沈鈞儒、王造時、沙千里和史良均是律師，上海律師公會應被告家屬之請，邀二十一位律師分別擔任七人之辯護人，並決定皆是義務性質。沈鈞儒因與先祖崇佑公（以下敬諱略）早在民初制憲時已共組「民憲黨」，為「極熟之友」，據他4月9日寫給其子沈謙的信中說，原已商定委任劉律師辯護，但張耀曾執意為其辯護。因鄒韜奮係劉律師長媳之兄，經協調後，這二十一人分配如下：張耀曾、秦聯奎、李肇甫（沈鈞儒辯護人）、江庸、李國珍、劉世芳（王造時辯護人）、汪有齡、鄂森、陳志皋（李公樸辯護人）、江一平、徐佐良、江葆楫（沙千里辯護人）、陸鴻儀、吳曾善、張志讓（章乃器辯護人）、劉崇佑、陳霆銳、孫祖基（鄒韜奮辯護人）、俞鍾駱、俞承修、劉祖望（史良辯護人）。其中張志讓為「救國會」之一活躍會員。據上引沈鈞儒之家書所記，章乃器曾墊二百元交張志讓供抄錄案件，購買狀紙及印刷文件等之用。二十一位律師聚會後，推舉江庸、劉崇佑、李肇甫、俞鍾駱與張志讓五位為代表，擬答辯狀供當事人參考，而其初稿實為劉崇佑律師所撰。

按，該案起訴書舉長五千餘字，有十項證據為「犯罪事實」，然皆為斷章取義或屬「莫須有」羅織的罪名。劉律師所撰之答辯狀，經七人補充後長達兩萬多字，針對檢察官起訴書列舉的十條罪狀，逐一批駁。其中強調：

> 以被告等等愛國之行為，而誣為害國，以救亡之呼籲，而指為宣傳違反三民主義之主義，實屬顛倒是非，混淆黑白，摧殘法律之尊嚴，妄斷歷史之功罪。

律師團合影，前坐左4為劉崇佑律師

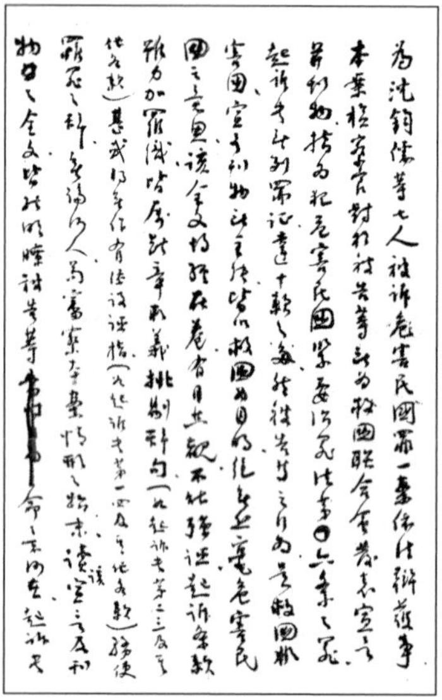

劉律師所擬答辯狀之手稿

全文俱見《民國叢書》第三編，沙千里所著之《七人之獄》，除第九項之一部分見下文外，餘不贅述。

民國26年6月11日蘇州高等法院決定首次開庭，當時輿論多呼籲慎重其事。6月6日，劉崇佑會同江庸、張志讓、俞鍾駱等律師，就法律方面提供若干對策。據沈鈞儒6月8日寫給沈謙的信中說：「鎔西（按，即張耀曾）先生頃有函來，知日來體次不舒益甚。不願再請其勞動，已函覆遵辦。並快函崧生先生，請為兼任辯護矣。」故知實際上劉崇佑律師兼為沈、鄒兩人辯護。是日下午一時開庭，辯護律師與所有被告皆認為「證據」不足，要求法庭對各「證據」詳細說明或再予調查。如當時報載，鄒韜奮之辯護律師劉崇佑即要求審判長對於被告，應從兩方面著手調查：（一）鄒韜奮的主張，均見於他的著作，請鈞院調查那些著作，有沒有一絲一毫的共產黨氣味？（二）剛才鄒韜奮說救國會成立的時候，吳市長曾表示願與合作，救國會宣言也全部公開，並且為了這事，吳市長還請他們去吃飯。不知道當時吳市長看救國會宣言，有沒有像今天檢察官所說的一樣嚴重？如果有，當時吳市長為什麼不說話？為什麼不扣留他？這應請審判長秉公調查。方可判斷被告是否犯罪。據謝居三「救國會七君子被捕案軼聞」文中云：「劉崇佑老律師在1920年天津發生一二九慘案時，曾為被捕的愛國學生辯護。……17年之後，他又毅然為七君子案被告辯護，在法庭上發言次數最多。」上述發言，可見一斑。

唯被告與辯護律師所提出應請調查之證據二十餘條，庭上未舉理由，一律裁定駁回。並以時間已到晚間七時二十分，宣告明日午後開庭續審辯論。但當晚被告與律師商討結果，為免法院秉承政府意旨，做出被告不願接受之判決（見後文）。故以推事有偏見而具狀申請迴避。再開庭時律師團除少數幾人因未收獲通知而到場外，餘皆未出席。沈鈞儒等又以筆錄與所言不符，拒絕簽字。法院只好宣布延期再審。

二次開審

「七君子」於6月22日提出第二次答辯狀，詳細說明救國會的政治意見，乃以抗日第一為本旨，絕無危害民國之企圖。又於翌日提出「聲請調查證據狀」，舉出十大問題，要求以人證或物證為調取、傳喚、或囑託之處分 。25日上午，蘇州高院再度開庭審訊，由律師團首名被

時評

沈鈞儒等七人案開審　宜

全國各界救國聯合會負責人沈鈞儒等七人。經江蘇高等法院檢察處以共犯危害民國緊急治罪法第六條之罪。提起公訴。今日正式開審。此案出庭辯護之著名律師達二十餘人之多。而公訴狀及答辯狀且廣載於全國報紙。故極為中外人士所注意。在此萬目睽睽之情勢下。法院方面當能秉司法尊嚴之精神。作公平之裁判。無待輿論界加以論列。然吾人以為各被告素為社會知名之士。其構成罪嫌之出於愛國動機。殊有不容一筆抹煞者。在此案中縱使從法律觀點。應受著何程度之處分。而從政治觀點。要亦可得極大之原恕。蓋本案所援引之危害民國緊急治罪法。本屬政治環境之產物。在審判中。對於政治情勢。亦不能不有所參顧也。

沈鈞儒等被捕以來。國內局勢顯有不少之轉變。去冬以前。政府審慎應付國難之苦衷。未為國民所周知。國內因意志隔閡而互信不立。往往發生阻礙統一之事象。自綏戰及陝變。政府維護領土主權之決心。大白於天下。全國人民擁護政府之熱情。遂為空前所未有。統一之基礎已奠。政府且進而謀憲政之實施矣。沈鈞儒等過去之主張及行動。容有稍涉偏激之處。然其用意所在。實與政府當今所宣示之團結御侮方針。並無二致。設在今日而猶因此致罪。則從政治觀點看。豈非至可扼腕者耶。

民國26年6月11日《申報》「時評」

告沈鈞儒的辯護人劉崇佑律師領隊到庭，協助被告進行辯護。被告與律師一再駁斥了所謂「危害民國」的種種誣陷，並反覆要求具體證據及傳訊相關證人，劉律師發言尤為積極。據《中國律師史話》（1996年）一書所記：

> 當審判進入高潮時，……年近六旬的劉崇佑先生精神抖擻地站起來發言，……他激動地說：「國家到了今天的地步，老實說，做中國人，有哪一個不要救國？救國，是一種義務，同時也是一種神聖的權利。誰敢侵犯這種權利？」令到場者無不動容。

以西安事變為例，起訴書第九項謂：

> 全國各界救國聯合會致西安張學良電報，「前略，望公本立即抗日之主張，火速堅決要求中央立即停止南京外交談判，發動全國抗日戰爭，並電約各軍事領袖，一面對中央為一致之督促，一面對綏遠實行出兵援助，事急國危，幸即圖之。」此電拍發後，為時僅浹旬，即有西安事變發生，而張學良之通電；又明明以釋放該被告等為要挾。且核其彼此所揭櫫之主張，亦復完全相同，其雙方互相聯絡之情形，已堪認定。雖被告原電係慫恿張學良聯合各將領督促政府對外出兵，尚不能證明西安暴動，係出於被告等所策劃，而其勾結軍人，謀為軌外行動，馴至釀成鉅變，國本幾乎動搖，名為救國，實則害國，要屬無可諱言。況查抗敵救國，政府自有整個計劃，縱令被告等果具愛國熱忱，亦當於攻府領導之下，竭誠獻替，一致進行，以期有濟。乃竟假聯合各黨各派為名，私立救國聯合會，其所倡另建抗敵政權一節，尤與張學良通電所為改組政府之主張，適相吻合。此外又復散發種種刊物，鼓吹人民救國陣線等謬說，淆

亂聽聞，使人民與政府間起分化之作用。是其以危害民國為目的而組織團體，並宣傳與三民主義不相容之主義，更屬罪證確鑿，灼然無疑。

據《立報》所報導，在法庭中對於西安事變一項之爭辯如下：

鄒韜奮說：「由給張的通電，說我們勾結西安叛變，為我們又有電給國民政府和傅作義，給張學良是勾結叛變，給國府豈不是勾結國民政府，勾結傅作義將軍？為什麼勾結國府不管，而單問張學良呢？檢察官：「因為這封電報引起事變。」鄒：「這個電報是關於綏遠事。三電文字均與西安事變毫無因果關係，為什麼傅作義，國民政府不引起事變，而單單引起西安事變呢？

沙千里說：「給張學良通電，因張為東北人，本因出來打日本人……西安事變是否由此電而起，請問張學良及電報是為打日本人還是引起內戰？」……

史良則表示「給張學良的電報事，請先看過給國府的電報及其文句，要是給張電圖謀不軌，那麼致政府的電，也是讓政府圖謀不軌，即給張學良電引起事變，這好像我要他殺人、殺人的是他，我也不負殺人的責任啊！（筆者按，史良此論失當，如此說則應負教唆殺人罪！）……

劉崇佑律師認為「關於西安事變叫張學良來是法院應該行使的權利，救國為全國要求，為了法院威信，為本案明白起見，應澈底查清，才能使全國清楚本案真相。」

江庸律師說：「西安事變未澈底查清，將責任加在報告，實太冤了。主張是否一樣，非問張學良不可，然後再加比較。」俞承修律師律師則主張不僅要傳訊張學良，且要調查軍法會審案卷，看張學良有無危害民國或全救會煽動張學良的事實。……李文傑律師說電報給張學良，給傳作義，檢察官說綏陝隔開數省，實則綏陝接壤，這點要請檢察官看看地圖。（筆者按，表示這一檢查官不明地理，信口胡言！）但檢察官仍說「不用傳張學良，訊問筆錄已夠。」

此語引起被告和律師不滿，一度空氣陷入極度緊張，劉崇佑律師堅持必須查清楚，因「通電發表後，即有西安事變發生。且起訴書中說被告與張互相連絡，互相連絡是互，是誰去誰來，決不是一方面。『勾結』也是兩面相勾，既然相勾，須傳張始能明白」。

但最後審判長宣布：「請求調查西安事變事，評議結果決向軍委會調集軍法會審卷及事變真相，其他請求應毋庸議」，仍是推拖敷衍，被告和律師亦無可奈何！

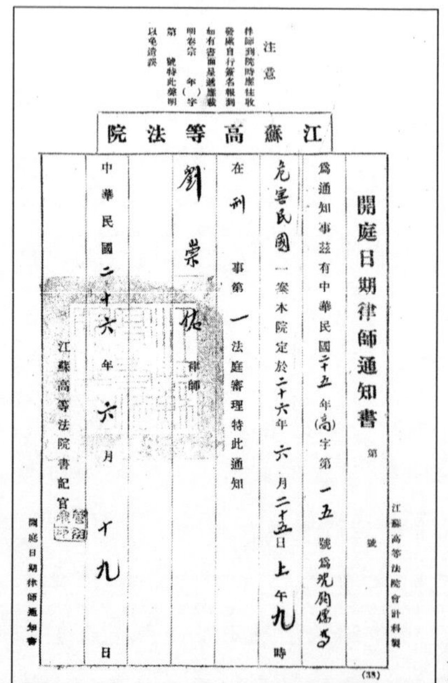

江蘇高等法院會計科製

開庭日期律師通知書 第 號

爲通知事茲有中華民國二十五年(高)字第一五號爲沈鈞儒等危害民國一案本院定於二十六年六月二十五日上午九時在刑事第一法庭審理特此通知

劉崇佑律師

中華民國二十六年六月十九日

江蘇高等法院書記官

江蘇高等法院

注意

律師到院時應往收發處自行簽名報到

如有書面是遞應載明案宗 年（ ）字第 號特此聲明以免遺誤

開庭日期律師通知書

(38)

法院開庭通知書

保釋與內情

此案起訴後，除各界聲援之外，非官方輿論界亦紛紛表示政府行為之不妥，而呼籲從寬勿處置。加以再度開審後不久，即發生了日寇侵華的「七七事變」。在各界人士的強烈呼籲下，再加上國內外學者名流的營救，和劉崇佑等律師的有力抗辯，政府不得不做出讓步。唯直到7月30日，高等法院才宣布由於被告等「羈押時逾半載，精神痛苦，家屬失其贍養等情，聲請停止羈押。本院查核尚無不合，應予照准。」「七君子」終於第二天交保獲釋，羅青也於同時保釋。唯到民國28年12月，此案才由四川高等法院第一分院正式宣告撤銷。

此案久未判決，實有內情。政府原於第一次開審前由葉楚傖出面，企圖經過上海聞人杜月笙與錢新之勸沈鈞儒等同意宣判認罪，進「反省院」，但為沈等所拒。6月12日，具狀申請迴避，即免遭逕行判決。13日，杜、錢兩人再度赴蘇州斡旋的結果，沈鈞儒等原則同意接受葉楚傖的意見，寫一類似「悔過書」之致蔣委員長函：

> 介公委員長鈞鑒：頃杜月笙、錢新之兩先生來蘇，轉示鈞座致杜、錢兩先生寒電，請杜、錢兩先生偕同鈞儒等赴廬晉謁，面聆教益，足見鈞座寬大懇摯及愛護鈞儒等之至意，公誼私情，銘感曷已。鈞儒等曾於本月廿二日向江蘇高等法院呈遞二次答辯狀，於法律之外，謹再就政治方面，表示愛國愚誠，願在鈞座及中央領之下，為抗日救國前途盡瘁，並說明已往鑒於國難危迫，雖政府因環境牽制，自有苦衷，而鈞儒等愛國心長，迫不得已，乃有急切之呼籲。顧以賦性坦率，而誠信未孚，致重貽政府以憂慮。問心自謂無他，而文詞表現輕重緩急，間或易

被認為過當，迄今思之，殊為抱憾。惟以鈞座精誠為國，萬流共仰，鈞儒等感於鈞座主持和平統一保全主權之堅苦奮鬥，深為佩慰。嗣後如獲在鈞座領導之下，竭其駑駘，為國效力，不勝大願。一俟由杜、錢兩先生保出，即當隨同杜、錢兩先生赴廬聆訓。先此奉陳，並附二次答辯狀副稿一紙，尚祈垂察，敬頌鈞安。

七人同啟　六月二十三日

可能蔣對信函內容不滿意，一直拖到7月21日，「七君子」同意再上一函電如下：

南京蔣委員長鈞鑒：

家屬見告，鈞座昭告國人以最後犧牲之決心，為渴求和平之後盾，而以盧溝橋事件之能否結束，為犧牲最後關頭之境界，其解決之條件，亦須一本領土主權不受分割之原則，否則唯有以犧牲到底之決心，為民族生存之保障。義正辭嚴，不勝感奮。深信在此偉大號召之下，必能使全國人心團結愈固，朝野步驟齊一無間，同在鈞座領導下，以趨赴空前之國難。鈞儒等身羈囹圄，心懷國族，寇氛日亟，倍切憂惶，赤忱共抱，企望旌麾，無任神馳。

沈鈞儒、鄒韜奮、章乃器、李公樸、沙千里、王造時、史良。（馬）

大約此電給足面子，而終得保釋成功。

插曲

此一案件進行中有一插曲：「國母」宋慶齡曾率眾以自願入獄的方式凸顯救國無罪。六月二十五日由宋慶齡領銜偕何香凝等十六人呈文蘇州高等法院，其文曰：

> 呈為沈鈞儒等被訴危害民國一案，具狀人等言行相同，束身待質，請予併案辦理事。竊愛無罪，不待煩言，沈鈞儒等，從事救國工作，並無不法可言，羈押囹圄，已逾半載，倘竟一旦判罪，全國人民均將之惶惑失措。具狀人等，或為救國會會員，或為救國會理事，或雖未加入救國會而在過去與沈鈞儒等共同從事救國工作。愛國如竟有罪，則具狀人等，皆在應與沈鈞儒等同受制裁之列。具狀人等，不忍獨聽沈鈞儒等領罪，而願與沈鈞儒等同負因奔走救國而發生之責任。為特聯名具狀，束身待質，仰請鈞院將具狀人等悉予羈押審訊。愛國無罪，則與沈鈞儒等同享自由；愛國有罪，則與沈鈞儒等同受處罰。具狀人等願以身試法律上救國之責任。特具呈鈞院，守候傳訊，伏乞鈞院訊予辦理，以解天下之惑，實為公便。謹呈
>
> 江蘇高等法院
>
> 具呈人孫宋慶齡　何香凝　諸青來　彭文應　張定夫　胡愈之　江馥炎　張宗麟　潘大逵　王統照　張天翼　沈茲九　劉良模　胡子嬰　陳波兒　潘逵山（簽名蓋章）
>
> 六月二十五日

為達成「如沈鈞儒等有罪把大家羈押起來」的目的，七月五日，宋慶齡、胡子嬰、胡愈之、諸青來、彭文應、汪馥炎……等十

二人，各人攜帶裝有換洗衣服、蚊香、盥洗用具之提箱乘火車前往蘇州，到法院要求入獄。因「起訴書所列十條罪狀，如認為證據確鑿，那我們都曾參加，我們也有罪，為公平起見，還是請求把我們一道押起來」，檢察官表示未經偵查、起訴、無權收押。但同意如有證據則可開始偵查，請各人聽候傳訊。並同意如其他人提出同樣之入獄要求（實際已有三件同樣為七君子案申請羈押之狀），亦比照辦理。到傍晚除潘文逵和彭文應外，宋慶齡等離開蘇州回到上海。可說是當年「民間」對「政府」抗議的一種表現。唯若非因宋慶齡之身份特殊，這些人恐也難免牢獄之災。

七君子出獄後合影，左起為王造時、史良、章乃器、沈鈞儒、沙千里、李公樸、鄒韜奮

餘話

此後不久，日軍發動「八一三」侵滬戰爭，爾後形成全面抗日戰爭。劉崇佑律師以年邁未遷往內地，續住上海公共租界內。仍執律師業，但漸淡出職場。民國30年 9 月因肝癌逝世。

與劉律師同為鄒韜奮辯論的孫祖基律師（1903-1957）也在上海續執業。民國30年12月8日珍珠港事件後，日軍佔領上海租界，孫祖基曾附逆而於抗戰勝利後入獄，37年底獲得保釋，翌年赴台灣，逝於民國46年。

民國27年春劉崇佑律師（右坐1）與家人、親戚合影，右立為四子滋業，前立為長孫女廣周（滋業之女），中坐為夫人廖氏，左坐為廖夫人的四妹。

宋慶齡與沈鈞儒晚年合影

至於七君子的結局，則各不同。鄒韜奮於1944年病逝上海，李公樸1946年在昆明遭暗殺，王造時1949年之後在復旦大學任教，1957年打成右派，文革時遭批鬥，1971年死在獄中。其他四人於1949年後都一度位居高官。沈鈞儒是最高人民法院院長，人大副委員長和政協副主席，1963年病逝。史良自1949年任司法部長，1957年改任人代常委，文革遭批鬥，1985年去世。章乃器初任政務院政務委員，1952-1958年任糧食部長，反右及文革均遭批鬥抄家，1977年去世。沙千里初任貿易部副部長，商業部副部長，後為輕工業部部長，1958年任糧食部長，文革所受迫害較輕，1982年去世。

【本文初刊於《歷史月刊》第241期98-104頁。2011年十二月修訂。】

十二、劉崇佑先生的新聞事業
——《晨鐘報》與《晨報》

先祖劉崇佑先生（以後敬諱略，簡稱「先生」或逕稱其名）自清末赴日本研讀法學譯成「法學通論」（見本書第一篇）以迄晚年退隱逾三十年，其重要事蹟，除與法律相關的教育、立憲及律師業務外，另一少人知曉的是新聞事業。先生曾參與創辦《晨鐘報》與《晨報》，且為後期（約民國十二年起）《晨報》的實際主持人。唯民國肇建才一世紀，許多早期的史實，都已混淆不清。如民國十七年以前北京發行的《晨報》及其前身《晨鐘報》是當時之一著名大報，也對民國的政治、文化有許多重要的影響。但今人誤解傳訛處甚多，本文試為說明。

《晨鐘報》之創辦與遭查封

民國五年五月下旬，袁世凱稱帝失敗後病死，六月七日黎元洪以副總統繼大總統位，恢復國會，並請段祺瑞組織容納各方人士的內閣，也得到各黨派及軍人的支持。中國一時似有欣欣向榮的氣象。俗稱「研究系」的進步黨人湯

蒲殿俊像

中華民國五年八月十五號

晨鐘

THE MORNING BELL

第一號

電話南局一千八百八十六號

（今日出正附兩大張）

本報價目

本京報費每月大洋六角自取五角零售每份銅元三枚

本國內地每月大洋七角五分郵費在內日本同價

外洋每月大洋一元二角郵費在內

以上均按日報寄半年全年照算函訂報概不作價

本報社設在北京宣武門外丞相

分發行所在北京南柳巷永

《晨鐘報》第1號

化龍（濟武，1874-1918）、蒲殿俊（伯英，民國九年起以字行，1876-1934）和劉崇佑等乃在北京創辦《晨鐘報》，於民國五年八月十五日創刊。除用為該黨之喉舌註一以推展民主國家的政黨政治，並以「振此晨鐘」喚起「民族之自我的自覺」，擔負「青春中華之創造」之使命為宗旨。報導國內外要聞，介紹新思想，並表達民意，監督政府。由清末曾在四川辦過《蜀報》的蒲殿俊主持，並以「蒲殿俊」、「蒲伯英」或筆名「止水」、「沚盦」撰寫評論。劉道鏗（放園，1883-1957）為經理，也參與編輯事務。編輯主任最初為李大釗，續任者有陳光燾（筑山，1885-1958），劉以芬（幼蘅，1886-1961）等。社址在宣武門外丞相胡同（又稱菜市口胡同）中間路，以後的晨報社址亦同。當時「劉崇佑律師事務所」也設於其內，且共用電話直到民國七年五月十五日，民國十二年四月才遷往鮑家街十九號劉崇佑之新居，可見其關係之密切。有人推測《晨鐘報》中署名「木強」、「責公」、「木公」等的幾篇評論文字為劉崇佑所寫，但無確證。

《晨鐘報》起初除創刊號與增刊

外，每天一大張半共六版，後增為兩大張。有社論、國內新聞（電稿，主要報導國內政局、議會消息）、國外新聞（電稿，主要報導歐洲戰場戰況）、地方新聞等，二版上還有一鐘狀圖案，刊出一條「晨鐘之聲」警語。另有短評「法言」，以及文藝版整版。甚受知識份子歡迎。民國六年七月一日因張勳率辮子兵復辟，報社迅速遷往天津，二日起暫停了五天而於七日起在天津復刊。十二日張勳兵敗逃走，十七日起又遷回北京繼續出刊。改進內容，增加教育、文化新聞，銷路甚佳。第七版之副刊有「講壇」，胡適的「墨家哲學」即曾自民國七年八月十五日起連載其上。

民國六年十二月湯化龍、梁啟超、蒲殿俊等進步黨人退出段祺瑞內閣開始，《晨鐘報》即以在野黨立場監督政府，又批評當局的武力統一政策。民國七年段祺瑞圖向日本借款擴充個人實力，《晨鐘報》在七年九月二十二日及二十四日新聞報導中揭發其將以高、徐、順、濟鐵路抵押日本借款二千萬之賣國勾當，被京師警察廳在九月二十四日查封。

再辦《晨報》

那時正逢湯化龍訪問北美洲，在加拿大為國民黨收買的一位華僑所暗殺。劉崇佑與湯化龍素稱莫逆，大慟之餘，為繼亡友遺志，乃與蒲殿俊等在原址再辦《晨報》。十二月一日出刊第一號，附有增刊「蘄水湯公治喪記」為紀念。

雖然《晨報》的主要經營者仍是進步黨人士，但劉崇佑已決定退出政治，故《晨報》也漸脫離政黨色彩。這一點在四週年和五週年時，淵泉（陳博生）之社論中都說的很清楚——「我們決不肯替一黨一派說話，也不肯替一國家一階級幫忙」。民國十一年十二月一日「本報四週紀念日」裡說：

中華民國七年十二月一日

本報開設在北京宣武門外丞相胡同中間

晨報

THE MORNING POST

第一號

電話南局一千八百八十六號

今日出四大張

本報價目

中華民國郵務管理局特准掛號認為新

《晨報》第1號

……我們晨報有一貫底主張，有奮鬥底目標。每日社論和記載裡面，都可以看得出的。我們決不肯做一個隨俗浮沈的報，也不肯做一個顛倒是非的報。我們決不肯替一黨一派說話，也不肯替一國家一階級幫忙。我們在主張方面，是拿定『擁護正義，主持公是』底旗號。在實行方面，是抱定『寧為玉碎，勿為瓦全』底方針。四年以來，每遇發生重要事件底時候，我們不屈不撓，衝鋒陷陣，向著這方面做去，毫不退縮。

我們對於中國前途，主張非根本的改革不可。……所以我們主張非同時實行全部的改造不可。全部改造底預備行為，就是先使群眾能讀，能寫，能聽。我們晨報注意這一方面底教育，也就是為此。

我們晨報既然注重在未來的中國，對於目前底政局，祇持消極的監視態度。換句話說，就是監視政府，使他們不要作惡，不要做我們全部改造底礙。事實上底總統，事實上底國會，事實上底內閣，事實上底督軍，我們以為沒有評論底價值。我們主張對不對，是另一問題。我們態度，是永久不變的。

次年「五週年紀念日」社論為淵泉的「吾報之使命」，除重申「絕對不肯做一黨，一階級，一國家的機關報」，再強調社會教育，思想改革之重要：

……我們相信報紙唯一存在的意義，在實行社會教育。報紙要想盡這使命，非先有一個大理想，排在前面不可。根據這大理想，來批評日日所發生的社會現象。社會現象本極複雜繁頤，報紙應當用科學的方法，使複雜的變成統一，繁頤的變成簡單，然後用冷靜的頭腦來考察，公平的眼光來判斷，務使社會現象一一都可以做我們社會教育的材料。我們晨報因為受人才和經濟的限制，加今還不能十分貫澈這揰主張，實在抱歉得

即舊歷癸亥年十月二十四日　星期六

社論

吾報之使命

淵泉

我們孤軍奮鬥到五年之久（若合前身的晨鐘報而言，實達七年），途中所遭遇的堅苦艱難，不知多少。回顧戰跡，豈勝感慨？我們在此政治狀況之下，社會環境之中，好像一個單身旅客手提紙燈籠，於狂風拔樹，寒氣侵骨的黑夜裡，在窮僻山中趕道似的。今天我們雖得平平安安過這五週年紀念日，而目的地還離得很遠，重重難關，橫梗在我們的前路，一一打通，要費許多心血和努力。我們相信人生有奮鬥，而後才有意義。難關愈多，戰鬥愈苦，我們愈覺得有興味。我們切望社會上的同志，把過去援助我們熱烈的同情，將來永遠也同樣的給我們。

我們絕對不肯做一黨，一階級，一國家的機關報。我們的友人，是全世界的人類；我們的敵人，是蹂躪眞理，蔑視正義的惡魔。我們對於現實政治，祇取監視態度。軍閥當權，人民政治教育尚未普及的時候，希望政治修明，無異緣木求魚，對牛彈琴。所以我們今後奮鬥的標語，是改造人心，換句話說，就是思想革命。不但中國人急切要受這洗禮。就是歐美人，也得受此一番訓育。思想革命是今後改造中國——不，改造世界——的唯一工具，也是晨報存在的唯一使命。

民國12年12月1日《晨報》社論（右）首段（左）末段

很：但是我們日夜總向著這目標努力，進行，始終抱定不要使我們的晨報變成一個商品。

我們絕對不肯做一黨，一階級，一國家的機關報。我們的友人，是全世界的人類：我們的敵人，是蹂躪真理，蔑視正義的惡魔。我們對於現實政治，祇收監視態度。軍閥當權，人民政治教育尚未普及的時候，希望政治修明，無異緣木求魚，對牛彈琴。所以我們今後奮鬥的標語，是改造人心，換句話說，就是思想革命。不但中國人急切要受這洗禮。就是歐美人，也得受此一番訓育。思想革命是今後改造中國——不，改造世界——的唯一工具，也是晨報存在的唯一使命。

民國十四年十一月二十九日下午，晨報社因遭暴徒縱火，停刊一週（詳下文）十二月七日恢復出版，淵泉在社論「舊戰跡與新戰線」中敘述《晨報》過去反對軍閥之經過：

五四運動發生，警廳緹騎四出，偵伺吾人，夜復派警到社，監視稿件，非經簽字，不得登載。然吾人在此重圍之中，仍本其書生面目勇往邁進，未嘗自餒。民八直皖戰爭，吾人因反對內爭而觸當局之怒，竟遭勒令停版之厄。近如驅黎擁曹，吾人力謂茲事不可以為訓，而吾報又為偵騎之目標，甚至個人行動亦不自由。當曹密謀賄選之時，吾人主張先議憲法，再選總統，是以又見忌於直系，而吾報之未受封禁者，亦僅矣。曹錕當國，首欲舉辦金案，吾人據理力爭，大受壓迫。……昨年吳佩孚大舉攻奉，吾人戒以武力不可以自存，專斷不足以成事，而吳亦銜甚。……段祺瑞組織政府，世方以三角同盟大功告成，統一事業，指日可期，而吾人則早已斷定安福之徒，不足有為，故對於欺人之善後會議國民會議條例，力加抨擊……

表示了《晨報》一向之風格與勇氣。

進步黨與國民黨之間原不和諧，湯化龍被暗殺後更成水火。但自民國十四年元月孫中山先生北上患病起，《晨報》新聞即十分關注，幾乎逐日報導。三月十二日孫先生病逝，《晨報》大字標題為「革命先覺者　孫文竟溘然長逝矣」，社論「悼孫文氏」讚揚，悼念及評價均甚得體，亦可見《晨報》格調之高。

早年歐美訊息獲得不易，仰賴外國通訊社則有侷限。《晨報》自民國九年與上海《時事新報》合聘駐外特派員，又有特約通訊員，報導外國實情，世界大勢。註二因此特別受到知識份子，青年學生的歡迎。

中華民國十四年三月十三日　晨報　星期五

社論　悼孫文氏

革命先覺者
孫文竟溘然長逝矣
遺骸將倣照列寧辦法永遠保存
墓地決定南京紫金山附近地點

臨終之一剎那

遺骸送入協和

臨終之遺囑

倣西式之棺具

民國14年3月13日《晨報》

《晨報》的三大功臣

《晨報》是民國七年到十七年間北京三大報之一，與《益世報》，《順天時報》齊名。也是當時中國報界與上海《申報》、天津《益世報》、漢口《中西報》及廣東的《七十二行商報》同為具有代表性的報。《晨報》之所以能成為當時著名大報之一，應可歸功於前後兩位負責人蒲殿俊（創刊至民國11年底）註三和劉崇佑（民國12年初至停刊）的知人善任，以及李大釗、陳博生與林仲易三位的貢獻。

李大釗（守常，1889-1927）是中國共產黨的創始人，曾於1905年中秀才，後入天津法政專門學校。1913年畢業。受湯化龍（1874-1918）、孫洪伊（1872-1936）及劉崇佑的資助1914年九月入日本早稻田大學專門科就讀，1916年輟學回國。註四李大釗回國後協助創辦《晨鐘報》，擔任編輯主任，僅二十二天就以「私事縈擾，急思返里」為由，辭職返回家鄉河北省樂亭縣。雖其真正原因不詳，甚至

李大釗（右1）、胡適（右2）、蔡元培（右3）、蔣夢麟（左1）合影

有他與湯化龍，劉崇佑意見不合，遭受排擠而去之訛傳。但他九月五日在《晨鐘報》還發表了一篇「祝九月五日」，一開始即說：「中華民國五年九月五日為憲法會議開幕之期，記者謹馨香頂禮以盡慶祝之誠⋯⋯」希望憲法制定成功，與湯、劉觀念完全一致。而且他在《晨鐘報》所闢每日一句的「晨鐘之聲」也一直延續到張勳復辟鬧劇終了，報社暫時遷往天津才停止，表示辦報的理念並無不合。

李大釗在該啟事中還說：「此後倘於一事一理有所指陳，仍當寄登本報就正」，之後他也確實做到這點。民國七年十二月《晨報》出刊，李大釗已是北京大學圖書館主任及教授，還應邀兼為《晨報》創辦全國具有獨特風格與內容的「副刊」（詳下文），使學界人士與青年知識份子喜讀《晨報》。他也常為《晨報》寫文，介紹俄國革命和馬克思主義等。民國十六年奉軍搜查蘇聯使館，捕去李大釗等二十餘人，處李大釗以絞刑。《晨報》曾以顯著篇幅報導，並示悼念。

第二版　中華民國五年九月六號

李守常啟事

晨鐘創刊鄙人承乏編輯主任一席出版兼旬缺謬未免殊負閱者之雅望今以私事縈擾急思返里爰請社中另托明達鄙人此後倘於一事一理有所指陳仍當寄登本報就正當世所有編輯部事項概不負責特此聲明

陳光燾啟事

啟者鄙人自本月六日始接任本報總編輯以後凡關於編輯部事務概由鄙人負責此啟

民國5年9月6日《晨鐘報》

陳博生像

陳博生（本名溥賢，1891-1957），福建閩侯縣螺州人。早年留學日本，早稻田大學專門科畢業，返國後一度在北京眾議院任職。《晨鐘報》成立後，任該報編輯，以「淵泉」為筆名負責撰述國際新聞述評。《晨鐘報》遭查封後，參與籌辦《晨報》，並續任編輯。民國九年六月赴歐進修擔任《晨報》的「英國特派員」，十一年十月返國後，負責《晨報》編輯事務。他的學問好，文筆佳，對時事又有深遠之見解，深獲該報前後兩位主持人蒲伯英和劉崇佑充分的信任與支持。

林仲易像

林仲易（1893-1981）是福建長樂人，1911-1914就讀福建私立法政學堂，曾受業於劉崇佑，一直以師禮相待。後赴日本早稻田大學留學，民國九年（1920）專門科畢業後，返北京任職晨報社。他的文筆好，交游廣，具有經營長才，與陳博生合作無間，也得到蒲伯英和劉崇佑充分的信任與支持。他曾邀請著名漫畫家王君異（1895-1959）每日作畫一幅批評諷刺北洋軍閥，尖銳深刻，極獲好評。陳、林兩位對《晨報》的發展有很大的貢獻。

《晨報》副刊

《晨鐘報》時期的文藝版，原已甚受歡迎，《晨報》第七版亦設為「副刊」，民國八年元月三十一日，《晨報》有「本報改良豫告」啟事：

> 本報從二月七日起（即舊曆正月初七日起）將第二張大加改良，（一）增設自由論壇一門，歡迎社外投稿，凡有以新修養新智識新思想之著作惠寄者，無論文言或白話皆所歡迎。（二）譯叢一門，擬多採東西學者名人之新著，且擇其有趣味者迻譯之。（三）劇評一門；擬專擇與文藝關係比較的有高尚精神者登載之，如承投稿，亦所歡迎。謹啟。

此一改良是由李大釗所指導。《晨報》於民國八年二月一日起所辦的副刊，傳播新思潮，提倡白話文和白話文藝。其中有許多文章介紹俄國革命，無政府主義和馬克思思想等新思潮，還有學術討論，科學新知等專欄。許多民國初期重要作家如冰心之「寄小讀者」、魯迅之「阿Q正傳」等的作品，都在此發表；林語堂最初的聲韻研究論文，丁文江、張君勱等之「科學玄學論爭」也刊載於此。是為提倡新文化運動，倡導思想自由、言論自由、以及鼓勵研究學問的重要園地。

《晨報》之另一創舉是提倡研究「婦女問題」，民國八年五月一日有啟事如下：

> 本報特別啟事
>
> 婦女問題為今日世界上之一大問題，本報現於第七版特設婦女

問題一欄，徵求海內學士名媛對於本問題研究之言論，逐日登載。無論贊否，兩方之意見經本報認為有登載之價值者便當發表，原稿登載與否概不奉還。

本報編輯部啟

五月四日起有徐彥之「男女交際問題雜感」一文，後康白情、羅家倫、易君左、潘公展、楊鍾健等紛紛投稿，遂成為一重要話題。

孫伏園（原名福源，1894－1966）於北京大學畢業後進入晨報社工作。民國十年十月晨報社決定將《晨報》在原本專載小說、詩歌、小品和學術演講等的第七版，自十月十二日起，改另出四開單張，題名「晨報副鐫」（後改稱《晨報副刊》），每天一張，每月合訂一冊，叫《晨報副鐫合訂本》。十六年六月不再另出單張，但「合訂本」一直發行到十七年六月一日第79期。《晨報副刊》共出了2314號，至《晨報》停辦而結束。

民國十三年十月下旬孫伏園預備發表的魯迅《我的失戀》，為

星期三　中華民國十年十月十二日　晨報附刊　舊曆辛酉年九月十二日

晨報副鐫

第一天

讀書錄

紀費密的學說　胡適

（讀費氏『弘道書』的筆記）

費密生於明天啓四年（1624），死於清康熙三十八年（1699），年七十七。其父經虞以亦享高壽，死時約在康熙初年，遺命命密到蘇門山從孫奇逢學。孫奇逢（1584—1675）在蘇門時當1650至1675，費君從學當在此時。

費君父子都長於歷史知識，故他們第一步便要打破宋儒的『道統論』。道統說始於韓愈，他說『堯以是傳之舜，……孔子傳之孟軻，軻之死不得其傳焉』。宋時，蔡京極推崇王安石，說他『斬乎百世之下，追迹堯舜三代……與孟軻相上下』。程顥死時，程頤作他的行狀，說他是孟軻後一人。又朱熹作『三先生祠記』，他說：

自鄒孟氏沒而聖人之道不傳，世俗所謂儒者之學……淺陋乖離，莫適主統，……濂溪周先生奮乎百世之下，乃深探聖賢之奧，疏觀造化之原，而獨心得之；立象著書，闡發幽秘，詞義雖約，而天人性命之微，修己治人之要，莫不畢舉，河南兩程先生既親見之而得其傳，於是其學遂行於世。（此袁州州學之先生祠記，淳熙五年。參觀同類的祠記甚多。）

又他的『中庸集解序』說：

中庸之書，……孟子沒而不得其傳焉。……至於本朝，濂溪周夫子始得其所傳之要，以著於篇。河南二程夫子又得其遺旨而發揮之，然後其學布於天下。（乾道癸巳）

又『大學章句』序：

孟子沒而其傳泯焉，……河南程氏兩夫子出而有以接乎孟氏之傳，實始尊信此篇而表章之。（淳熙己酉）

又『中庸章句』序：

及其（孟氏）沒而遂失其傳焉，則吾道之所寄不越乎言語文字之間，而異端之說日新月盛；以至於佛老之徒出，則彌近理而大亂真矣。然而尚幸此書之不泯，故程夫子兄弟者出，得有所考以續乎千載不傳之緒，得有所據以斥夫二家似是之非。（同上年）

這叫做『道統論』。這種道統論一日不去，則宋明理學的尊嚴一日不破。孫奇逢的『理學宗傳』只是一種因襲道統論。他說上古的道統（宗傳）是：

（元）羲皇　（亨）堯舜　（利）禹湯　（貞）文武周公。

中古的統是：

（元）孔子　（亨）顏曾　（利）子思　（貞）孟子。

近古的統是：

（元）周子　（亨）程張　（利）朱子　（貞）王子。

這竟是海智衛的哲學史觀了！故他的『宗傳』以周

第一期「晨報副鐫」

代理主編劉勉己[註五]撤下，兩人因而發生衝突。孫伏園於三十一日辭職，離開《晨報》。魯迅這首「我的失戀」全文為：

我的所愛在山腰，想去尋她山太高，低頭無法淚沾袍
愛人贈我百蝶巾；回她什麼，貓頭鷹
從此翻臉不認我，不知何故兮使我心驚。
我的所愛在鬧市，想去尋她人擁擠，仰頭無法淚沾耳
愛人贈我雙燕圖；回她什麼，冰糖葫蘆
從此翻臉不理我，不知何故兮使我糊塗。
我的所愛在河濱，想去尋她河水深，歪頭無法淚沾襟
愛人贈我金表索；回她什麼，發汗藥
從此翻臉不理我，不知何故兮使我神經衰弱。
我的所愛在豪家，想去尋她兮沒有汽車，搖頭無法淚如麻
愛人贈我玫瑰花；回她什麼，赤練蛇
從此翻臉不理我，不知何故兮，由她去罷。

可說是一歪詩，實不值得刊出。孫伏園竟因此與劉勉己翻臉而離開晨報社，是件莫名其妙的事。其後「晨報副鐫」由劉勉己主持，水準並未降低。他還啟辦了「藝林旬刊」，「新少年旬刊」等，也在「滬案」（即「五卅慘案」，見後文）後設「滬案特號」多期，極受歡迎。

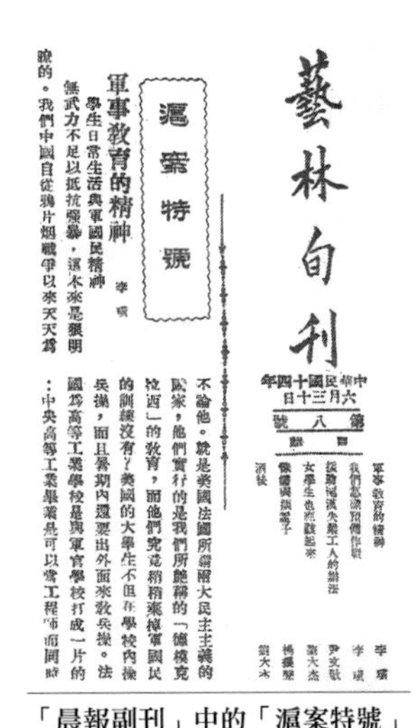
藝林旬刊
中華民國十四年六月三十日
第八號
滬案特號
軍事教育的精神 李璜
學生日常生活與軍國民精神
無武力不足以抵抗强暴，這本來是很明瞭的。我們中國自從鴉片烟戰爭以來天天為……不論他。就是英國法國所稱爲大民主主義的國家，他們實行的是我們所鄙棄的「德模克拉西」的教育，而他們究竟稍稍兼採軍國民的訓練沒有？美國的大學生不但在學校內操兵操，而且暑期內還要出外面來教兵操。法國爲高等工業學校是與軍官學校打成一片的：中央高等工業畢業生可以當工程師而同時

「晨報副刊」中的「滬案特號」

民國十四年十月一日起，《晨報副刊》改由徐志摩接編，每週一、三、四、日出刊。除此之外，每週還另出三個週刊，分別是《社會週刊》、《國際週刊》

昨日晨報館被羣衆焚燬

△房屋燬了大半

△被捕者兩人說

昨日羣衆游行示威之際，有許多人手豎旗幟，大書打倒晨報及輿論界之蟊賊等語，遂蜂擁至宣武門大街，將該館舉火焚燬，祇待室火先成災，烟焰突起，消防隊聞警趕到撲滅，結果已延燒他處，該報房舍之大半，業成焦燼，附近房舍，又以撲救關係，折毀破損甚多，且消防隊之趕到救火者，後覺被街頭把風之羣衆攔阻，不許往救，直至七點半鐘，宣外大街一帶，交通尚因之阻斷，聞警衛司令部因維持秩序，有羣衆兩人被捕云，乙B

第六版　中華民國十四年十二月七日

本報被難始末記

損失之數三萬以上

此後惟有益自鞭策

被難之經過

（a）民國14年11月30日《京報》（b）民國14年12月7日《晨報》

和《家庭週刊》，由《晨報》其他編輯負責。如《社會週刊》由劉勉己負責。

晨報社遭焚事件

晨報社於民國十四年十一月二十九日被國民黨人北大教授朱家驊、顧孟餘等率領的學生在反對段祺瑞政府、呼籲國民革命之「國民大會」後，滋事焚毀一部分。但其負責人劉崇佑於五四運動時，即愛護青年學生，義務相助（參閱本書第六、八、九篇）；民國十三、四年北京學生與教育部屢有爭執，《晨報》也常表示支持。他並對民國十三年底美專部分學生搗亂，阻止新任校長余紹宋就職一事，勸余紹宋不必計較。[註六]這次的事件，他認為是學生受政客煽動蠱惑所致，晨報社又與北大學生一向關係良好，決定不予追究。唯因此對國民黨的領導者起了反感，日後也不願與其妥協。《晨報》雖於遭到破壞後，迅速於十二月七日復刊，然最可惜的是「晨報出版社」的紙版均付一炬以致原出版的許多名著因而絕版多年。例如當時甚為暢銷的《杜威五大講演》

為民國九年（1920）出版的「晨報叢書」第三種，因此絕版。直到半世紀後（1970）台北仙人掌雜誌社將其重印，而2005年安徽教育出版社才以簡體字版發行。

晨報社遭焚後，報紙復刊第一天，十二月七日淵泉的社論對放火的幕後指使者，提出三種可能。一是反共產說，因《晨報》近月來的反共產、反聯俄言論所致。二是黨派傾軋說，因《晨報》一向被視為「研究系」的報，與國民黨意見不合。三是同業造謠煽動說，因同業（主要是《世界日報》）競爭所起。當時輿論多以為主要是出於前兩種原因。復刊日淵泉的社論說：

> ……他人有稍拂我意者，即以武力對待。以力壓迫異己為帝國主義者之傳統的思想，不圖於號稱國民革命之日，竟有此模倣帝國主義者之舉動！此吾人所以益覺思想革命為根本要途也。……社會果以吾人尚有存在之價值，則吾人自當與強權暴力奮鬥到底，此身健在，此志不渝……

亦可代表《晨報》同人憤慨和無奈。

當時北京和外埠有許多報刊是支持《晨報》的。例如《法政學報》第四卷第九期第68頁有署名「子衡」的「晨報的燬」一文，其

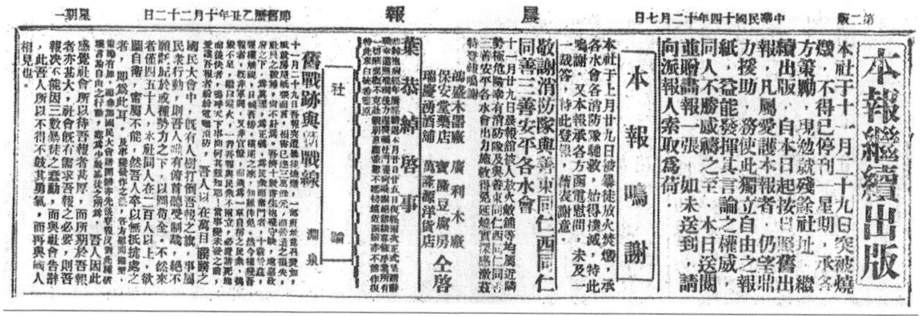

第二版　中華民國十四年十二月七日　晨　報　即舊曆乙丑年十月二十二日　星期一

本報繼續出版

本社于十一月二十九日突被燒燬，不得已停刊一星期，承各方策勵，現就殘餘社址，照舊繼續出版，自本日起按日出報，凡愛護本報者，仍望出力援助，屬務使此獨立自由之報紙，能發揮其言論之權威，同人不勝感禱之至。本日送閱並贈報一張，如未送到，請向派報人索取為荷。

本報鳴謝

本社于上月廿九日被暴徒放火焚燬，承各水會各消防隊馳救，始得撲滅，特此鳴謝。又本報承各方函電慰問，未及一一裁答，特此登報，藉表謝意。

敬謝消防隊與善東同仁西同仁同善三善安平各水會

十一月廿九日晨報館被人放火，敝舖等均屬近鄰，勢極危險，幸有消防隊及與善東同仁西同仁同善三善安平各水會出力施救，得免延燒，實深感激，茲特登報鳴謝

鴻盛木器廠　保安堂藥店　瑞慶湧酒舖　廣利木廠　寶隆豆腐房　萬源洋貨店　仝啟

恭賀啟事

社論

舊戰跡與新戰線　淵泉

民國14年12月7日《晨報》第二版

中說：

> 晨報在北京報界中，其地位總算不錯，所以智識階級的人們，看這報的也算不少。常聽人說：前後辦晨報的人們，都是以闡文化運動自命。又聽人說：晨報的辦法比較謹嚴，內容比較完備，且其價值不畏強權，不受津貼，常與惡勢力奮鬪、始終不渝。

胡適曾因當時共產黨領導人陳獨秀向他表示「你以為《晨報》不該燒嗎？」，而回信予以譴責，陳獨秀也無言以對，可見公道自在人心。

「滬案」（五卅慘案）與「濟案」（五三慘案）

民國十四年五月上海的日本紗廠虐待工人而發生罷工工潮，三十日上海各校因援助幫助工人而遭逮捕的學生，在租界內散發傳單與英國巡捕（警察）起衝突，英警竟開槍射殺學生。第二天學生遊行抗議，捕房開槍轟擊，以致又有學生多人死傷，是所謂「滬案」或稱「五卅慘案」。當時舉國憤激，上海各界決定罷工罷市。《晨報》不但連日以顯著版面報導，表示支持，也在「社論」指責「慘無人道之英人」（六月一日）以及呼籲「舉國一致對英日」（六月三日）、「英日兩國宜速猛省」（六月五日）。又於六月十日出版「雪恥特刊」，主文為梁啟超的「我們該怎麼樣應付上海慘殺事件？」。並請他續寫幾篇擲地有聲的「時論」，「滬案交涉方略敬告政府」（六月十二日），「趕緊組織會審兇手的機關啊！」（六月十三日）與「對歐美友邦之宣言」（六月十四日）等。《晨報副刊》也特別開闢了「滬案特號」（見上文）。

晨報社除決定拒刊英商廣告，又發起「滬案後援募款團」，自

晨報社滬案後援募款團啟事

上海慘案，舉國同憤。現在罷工工人已有二十餘萬之多，全國非舉其全力援助，則罷工者將難為繼。本社以事關對外，人人皆有應盡之義務。不揣微力，特組織『晨報社滬案後援募款團』設法募捐，援助工人。所有捐款，悉數匯託上海總商會代為分配各罷工團體。募款所需之一切費用，概由本社負擔。凡我國人，務望量力捐助，使此外交得獲最後之勝利。捐助務期普遍，交款尤望迅速，區區之意，伏祈　垂察。

本日開募

收款處

（一）晨報社滬案後援募款團會計處
（二）北京大陸銀行（西交民巷）
（三）北京浙江興業銀行（戶部街新大路）
（四）北京通易信託公司（西交民巷）

所有捐款，均付收據，每日并將大名登報，以重手續而清賬目。又本社承大陸銀行，浙江興業銀行，通易信託公司允可代為收款，並免除一切匯費電費，實深感謝！

民國14年6月10日
《晨報》第二版啟事

十日起開募。啟事如下：

> 上海慘案，舉國同憤。現在罷工工人已有二十餘萬之多，全國非舉其全力援助，則罷工者將難為繼。本社以事關對外，人人皆有應盡之義務。不揣微力，特組織『晨報社滬案後援募款團』設法募捐，援助工人。所有捐款，悉數滙託上海總商會代為分配各罷工團體。凡我國人，務望量力捐助，使此次外交得獲最後之勝利。捐助務期普遍，交款尤望迅速，區區之意，伏祈　垂察
>
> 本日開募

又聲明：「所有捐款，均付收據，每日并將大名登報，以重手續而清賬目。又本社承大陸銀行允可代為收款，并免除一切滙費電費，實深感謝！」北京各界熱烈響應，第一天即募得約兩千七百銀元，其中有晨報社捐的三百元和劉崇佑捐的一百元。六月十二日法政大學、北京大學、師範大學、農業大學、工業大學、女子師範大

中華民國十四年六月十二日　晨　報　即舊歷乙丑年閏四月二十二日　星期五

本社緊要啓事

本報向未登載日商廣告，間有英商廣告，現因契約拘束，不能停登，一俟滿期，即當解約。新來者絕對不登。

師大滬案後援游藝會廣告

游藝項目

西樂　本校教授柯政和組織樂隊担任

魔術　特請魔術大家韓秉謙担任

跳舞　女師大及女師大附中本校及本校附中

新劇　本校戲劇研究會所演劇本，良心，幽蘭女士，回家以後，酒後，少奶奶的扇子。

日期　陽歷本月十七，十八，十九三晚。

地點　香廠新明劇場

券價　前排二元，後排一元。

售券處　各劇場，各電影院，各校號房，場廠甸本校號房。

看看南京路之血

諸君要曉上海南京路殺戮華人的慘狀麼，諸君要知道慘殺的詳細情形麼，請快看第二卷第二十一期**國聞週報**　本京發售處宣內松樹胡同三十七號國聞通信社琉璃廠有正書局東安市場丹桂商場佩文齋書莊各大學專門學校號房

清室善後委員會**為援助滬案故宮參觀券減收半價廣告**

此次滬案發生全國人士同深憤慨所有死傷失業同胞均應從速設法援救本會現應各界要求特將最近兩星期六與星期日四天內參觀券減收半價補幣六角悉數捐助滬案并將**重華宮**（淑妃舊居）加入參觀不另收費**景山**同時開放券費補幣一角

售券時間

本星期六（六月十三日）下星期六（六月二十日）下午一時起至四時止

本星期日（六月十四日）下星期日（六月二十一日）上午九時起至下午四時止

北京電話局全體同人援助滬案團按月捐薪廣告

滬案發生舉國震駭凡屬國民同深哀痛現經本局全體人員決定自本月起每人每月捐助一日薪金按月匯交上海總商會分別發給被害家屬及失業同胞此項捐款以滬案解決之日為止尚祈各界同人一致奮起努力援助至為企盼

各界聯合募款啓事

我們要作滬案的後援最有力的方法，是募集鉅款，救援那幾十萬因公憤罷工的失業同胞。我們列名各團體都是為這目的而奮鬥的。現在為募捐便利起見，特聯合組織「北京各界援助上海失業同胞募捐總會」。又為求辦事敏捷起見，捐冊及收據由「晨報社滬案後援募款處」「北大學生會滬案後援會經濟股」辦理。務請國人踴躍捐輸，至最後勝利時為止。

法政大學　工業大學　北京大學　女子師範大學　師範大學　醫科大學　農業大學　中法大學　北大學生會　晨報社

民國14年6月12日《晨報》第二版啟事與廣告

學、醫科大學、中法大學及北大學生會、合組「北京各界援助上海失業同胞募捐總會」擴大勸募。

六月十一日漢口又發生英兵槍殺華人事件，民心愈為忿激，捐獻也愈為踴躍。註七晨報社共募得八萬八千餘元。除陸續滙寄上海商會，總工會和學聯等團體代為發放，到十一月底尚餘一萬一千六百餘元。後因上海收款機關取消，餘款生息到民國十七年六月二日總計「一萬三千另十元另四角八分，又財政部特別流通券七十三元。」晨報社在結束營業前將此款匯寄紅卍字會以濟助下文所述「濟案」遭難之民眾。並詳列帳目，公諸報刊，可謂有始有終。

民國十七年五月三日，國民黨北伐軍進入濟南後日本竟出兵干涉，阻撓繼續北伐，殺傷我國軍民甚多，佔領濟南，並將交涉員蔡公時剜目割鼻慘殺，是所謂「濟案」或「五三慘案」。《晨報》自五月九日起連續以「國難來矣」，「不能忍受之凌辱」，「自衛者果應如是耶」，「國民應取之態度」等篇社論。表示反對內戰繼續，抗議日本侵佔濟南，並呼籲蔣介石決不可聽從日方各項無理要求。維持了多年來不變的愛國立場。

尾聲

《晨報》從民國九年起每月編輯目錄，十二年一月起出合訂本，直到民國十七年一月後才停止。因報導之新聞為他報所無或刊載之文章為他報所不能及，常銷路極佳而使有些非訂戶之讀者向隅，而有向讀者購回舊報重售，有時甚至願出雙倍價格收回。如民國十二年元月二十日報導羅文榦被捕事（參閱本書第十一篇）二十二日就有「本報發行部啟事」：

> 本報近日銷數陡增，現要收回本報二十日本報百數十份，閱者諸君如願割愛，敝社當以二倍原價（即每份銅元十二枚）收回。此啟

民國十六年國民革命軍底定江南，政局大變。晨報社決定整理版面，擴充紀載，及改革內容，以配合時勢。五月二十六日公告其計劃如下：

> 本報超然於現實勢力之上，報告事實，批評時事，不偏不倚，不激不隨，夙為同人所矢守之立報精神，亦為讀者所共見之本報態度。現時局日益複雜，政治中心，已非一處。各省新聞，皆極重要。南中制度，變革甚多。社會問題，尤應調查。凡此事實，欲求網羅無遺，決非今日紙面所能盡。若增加篇幅，又恐重累讀者負擔，有失本報歷年取價維廉之方針。再四思維，衹得將副刊保持原量，減少容積，以所餘地位，為擴充之用。茲決自六月一日起，副刊改變形式，以現有之字數，拼排一大版。騰出一大版，登載北京版各種有趣味材料（較現時可多一欄

約一千字）。而以現時北京版地位，擴充第六版之社會的新聞及二三版可以移登之各種新聞（約較現時可多三欄約三千字），於是二三版可以多登各省重要新聞及調查材料。第七版經濟界亦增加一大欄。務期本報成為今日全國現象之縮影，讀者易於明瞭及理解各省實際狀況。同時各省特約通信員已特別增加或改良，此後各版面目自皆為之一新。本報力求盡其微力為社會服務之誠意，當亦讀者所樂聞也。特此奉告。

但民國十七年六月六日閻錫山的「國民革命軍」進入北京時，劉崇佑毅然決定於是日起將經營十年，一共發行了3306號的《晨報》停刊。六月五日之「本報停刊啟事」云：

本報創刊倏屆十稔，日處不滿意環境之中，委曲求全，冀有所自獻於社會，聊盡匹夫有責之義。乃為事實所限，所欲言者，既未及什一，而所言者，又未為各方所了解，徒求苟存，毫無意義。用是決自本日起停刊，與吾愛護本報之讀者告別！

其後，閻錫山派曾任民初國會議員李慶芳向晨報社洽商，收購機器紙張等，發行《新晨報》。陳博生則北上瀋陽任《瀋陽日報》總編輯，民國十九年「中原大戰」爆發，張學良九月率軍進入北平，乃請陳博生接辦《新晨報》。由陳博生任社長，林仲易為總經理，原擬恢復「晨報」舊名，但未獲原創辦人劉崇佑之同意[註八]，遂改名《北平晨報》「肯定新報係繼承晨鐘報及晨報之統緒，報名雖改，而未忘其本，亦未失其本」[註九]。唯在國民黨「訓政時期」，政府對言論有許多鉗制，新聞自由有時還不如往昔，《晨報》所秉持之精神，實際上未能完全延續。

>>> 注釋

註一　進步黨的機關報還有福州的《健報》、上海的《時事新報》等也都創辦於民國五年。

註二　民國九年十二月一日《晨報》啟事列：美國特派員陳筑山，英國特派員陳溥賢、劉秉麟，法國特派員劉延齡，德國特派員吳統續，俄國特派員瞿秋白、金澹廬、李續忠；美國特約通訊員羅家倫，英國特約通訊員傅於，法國特約通訊員張若名女士、張崧年。

註三　見蒲伯英民國12年6月30日《晨報》啟事

註四　據民國初年在東京就讀中學的先大伯準業（志平，1898-1993）晚年告訴舍弟廣實：他留學時每月生活費係由家裡匯款供用，有好幾個月先祖都有信函囑他將匯款中的一部份按月送給李大釗，而每次送去時，李大釗都會對他講解一兩篇古文。直到李大釗離開東京而停止。筆者推測這是先祖以請李大釗為「家教」的名義，資助他的生活所需。

註五　劉勉己，本名聘業，乃劉崇佑的堂侄。畢業於早稻田大學專門科，與陳博生同學，後又留法，回國在《晨報》擔任編輯工作。以「勉己」或「勉」為名撰文，評論時事或談論思想，頗有見地。

註六　余紹宋十四年一月日記：「訪劉崧生談三小時、美專學生搗亂，崧生勸我不必與較」，表示劉崇佑一向愛護學生之原則未曾改變。（參閱第十四篇之附圖）

註七　例如京劇名伶梅蘭芳捐五百元，徐碧雲捐二百元，馬連良、朱琴心等之「和勝社」六月十五日在「華樂園」義演一晚。（參閱第十三篇之附圖）

註八　可能由於當時「革命軍」之表現不佳。民國十八年底北京大學曾做過「民意調查」。有一些統計結果顯示對於「革命軍」並不歡迎，如：「革命軍與軍閥的區別是什麼？」作答者257人，認為「沒有區別」的107人；「現在中國握有兵權者，那個不是軍閥？」，作答者170人，認為「都是軍閥」的138人。（《北京大學史料》第二卷，頁1615-1616）

註九　林徵祈，《中華民國名人傳》第七冊頁244-258（國史館）。

十三、從幾封信談丁文江和先祖的交往

丁文江（1887-1935）是近代中國學界、實業界和政界的名人。筆者多年前聽先父（諱滋業，1910-2004）說過，約在民國十四、五年前後，也就是他就讀初中時，丁文江常到北京鮑家街家中來訪先祖長談。按他們二人早已相識，因民國七年底丁文江即與先叔祖崇傑（號子楷，1881-1956）同隨梁啟超去歐洲考察訪問近一年。《胡適遺稿及秘藏書信》中也有三封民國二十一年相關的信函，表示那時他們仍有來往（詳後）。唯筆者經眼有關丁文江之傳記、文章，並無提及兩人交往事者。

民國七年赴歐前合影。前排左起1劉崇傑、2蔣百里、3梁啟超、4張君勱，後排左2丁文江

北京中國科學院近代史研究所宋廣波研究員為撰《丁文江年譜》（2009年，黑龍江教育出版社出版），2008年秋特別前來南港中央研究院傅斯年圖書館查閱「丁文江檔案」。承告知檔案中有三封民國十五年劉崇佑律師

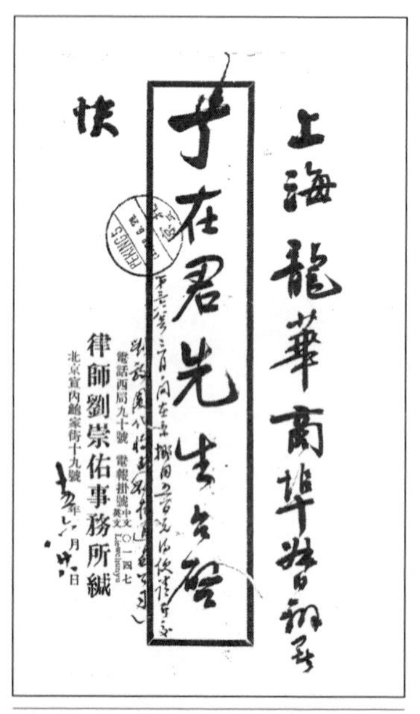

民國十五年劉崇佑致丁文江函之信封

致時任「淞滬商埠總辦」丁文江之函，又有一封羅文榦（字鈞仁）致丁文江之函也涉及先祖。後蒙當時史語所王汎森所長惠准，複印了這四封信。讀過這幾封信內容，又參考幾種其他資料，似可勉強勾勒出當年丁劉二人來往的一些情景，謹述之以為近代中國史頁之補白。

民國十五年的四封信

「丁文江檔案」中這四封民國十五年的信，按時序先錄六月二十八日先祖自北京寄到上海龍華督辦署的快信內容於下：

> 在君吾兄大鑒：前奉惠書並鈞任書，讀之生笑。小弟兄口角本所常有，過去事似可不提矣。
>
> 兄近必甚忙，故久不敢以無聊通信上擾記室，惟聞自南方來者言，望　兄者則期許甚大，忌　兄者則刻責亦深。弟知兄既勤且慎，將來必有足以大慰朋輩者。但任事以來，措施應付尚順手否？

兄所抱負諒有所在，竊欲有聞，特不敢冒昧相詢耳。北京刻正熱鬧，亦正紛擾。新聞雖多，無非如此如此，不足述，亦不必述。適之歸來僅晤一面，未有所談，昨聞其行期已定矣。爾和南下已多日。鈞任則見其拼酒而已。弟本無知，吾數人復散而不聚，自揣庸拙無裨於諸兄，竊願仍退為往日苟全亂世之生涯，自食其力迄於老死。

諸兄皆擎天之才，但使偏勞一伸手，則弟即樂得清閒，無慮天墜矣。敢陳所懷，幸兄諒之。三月間　兄在京時曾由敝處挪用五百元，得便請即交劉放園兄代收。放園在通易公司電話一詢便知弟現於上海適有用途，就近撥付，較為兩便也，專此即請

大安　風便尚希時時

賜教

弟　劉崇佑　頓首

六月廿七

信封上有註字（前頁）：「第三六八號　三月間在京挪用五百元，得便請即交劉放園代收函（劉在通易公司）」可能為丁文江所記。此件檔案又附先祖二十九日致劉放園函，對這筆款有所說明。不錄。據前述宋著《丁文江年譜》，七月三十日劉道鏗（放園）曾函告丁文江，此款已由胡適歸還。

九月四日先祖又有一快信，內容是：

在君吾兄鑒　昨奉快函並致鈞任函，又其原函，讀之生笑。武漢間正槍炮震天而我兩個兄弟乃大作君子小人之辯論，暇豫哉！尊函到時，適君（鈞）任亦來。弟即以示之，詢以何故放此大炮。渠謂我是好好商量正事，在君人來開口便語我勿鬧

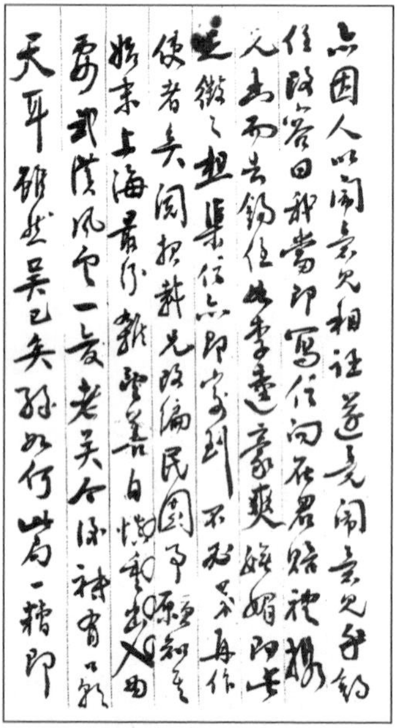

亦因人以鬧意見相誣遂竟鬧意見乎鈞
任改容曰我當即寫信向在君賠禮攜
函出而去鈞任如李逵豪爽嫵媚即此
足徵之想渠信亦即寄到不必弟再作
使者矣報載兄改編民團事願知其
始末上海最紛雜望善自慎重出入
為要武漢風雲一變老吳今後祇有口
朝天耳雖然吳已矣孫如何此局一糟即

民國十五年劉崇佑致丁文江另一函（部分）

意見。我何曾鬧意見，故炮不覺隨發。弟謂君本非鬧意見，誣君以（疑漏「鬧」）意見誠不對，但君亦因人以鬧意見相誣，遂竟鬧意見乎？鈞任改容曰我當即寫信向在君賠禮，攜函出而去。鈞任如李逵豪爽嫵媚，即此足徵之。想渠信亦即寄到，不必弟再作使者矣。報載兄改編民團事，願知其始末。上海最紛雜，望善自慎重出入（以上四字右加圈，如圖）為要。武漢風雲一變，老吳今後祇有口朝天耳。雖然吳已矣，孫如何？此局一糟，即辛亥之第二步，蓋進深一層之革命也。

北方一時當然在奉系勢力之下，奉收保大，魯侵河南，皆意中事。假使黨政府設於湖北，則在下游者將奈何。孫另足與爭鄂乎？湘鄂皆有入贛之路，贛失則孫何以自存乎？頗聞孫身邊有兩派，近日最後決議已傾向與蔣緩和，不知確否？軍事非外行人所能臆。但革命辦法，宣傳與實力相為用，妥協與戰奪亦相為用。此次陳家（嘉）謨先曾與蔣定密約，互不侵境謂湘歸蔣鄂歸陳也，蔣不入鄂，陳亦不援贛，然轉瞬而蔣軍迫武昌矣。想此事南京方面當已知之。

兄於將來變化有何觀察？暇時能略語我否？國家多難，同類之人不能集合以有為，僅此二三友朋見解相同矣，彼此說話亦略略可以相信矣，然陰差陽錯總不免，有多少格格不通之處。各處一方各事所事，無所接洽，愈隔愈疏，嗟乎，既有今日，何必當初，真可痛者也。弟曾告鈞任，不可過於孩子氣，真想辦事，朋友者決不如此。又言真想辦事，須有真正計劃。目前所做之官，特逢場作戲而已，有志氣者，決不安於如此。鈞任皆點首，然弟閒人而無用，不能為朋友絲毫之助。悠忽過日，坐視天下之紛亂，弟之咎也。 兄賢勞而精細，其將何以振吾輩耶，專此奉覆，即請

大安

弟佑頓首

四日

（中缺）

以上數項，敬乞兄得便飭人一查見示為感。 兄公務忙以此相瀆，自知不應，但以商埠機關較為真確，舍此更無從知，故以上煩耳，諸維原諒 即賜覆是荷

弟佑又頓首

九月四日

此信封上之有註字為：「第八八三號 函詢此次解散民團始末並於將來有何觀察，又請飭人一查上海各華商電燈公司對於地方上擔負義務之種類數額由。」故知檔案中所缺頁即詢問有關上海華商

民國十五年劉崇佑致丁文江又一函（部分）

電燈公司回饋當地之項目及金額。註一

羅文幹十一月一日自北京寄一封信給丁文江，摘錄部分如下。

> 示敬悉，崧生明日南下，因接子楷也。兄示弟曾交渠讀，想兄與渠晤面後必有以教兄。崧生本約弟同行，然以種種事故，弟此時究未便出京。（下略）

此信封上也有註字為：「第二九七〇號　函述崧生明日南下，自己以中日中比事未能有頭（疑漏「緒」），此時未便出京由。」按當時羅文幹正負責重訂中日及中比商務新約事務，所以說：「未便出京」。

第四封信是十二月二十七日先祖自南京下關寄給因車禍受傷，請假在上海英租界休養的丁文江，告其與孫傳芳談話之經過。全文是：

> 在君兄鑒　昨午見孫，適魯張借其署中請客，弟見時張已到矣。主人有事，故不便久延，只小坐二三十分鐘即辭出。孫未知我此來之意，似只知是兄介紹之人耳。弟雖將

已之意見約略陳述，主人亦有撫掌點頭時，然似未了解，不過敷衍而已。彼說政治，話頗外行。弟略言實力與社會運動之須相輔而用，如車之有兩輪不可偏廢，又言須有積極對於政治之主張，不可說消極話，如僅言保境安民之類是也。又言須延攬天下人才有一結合，自己即為此結合中之一人。又言此時人心惶惶，苟實力上略站得住，即須有一政治上積極之表示，以號召全國，使天下之士得所歸，苟無主義，則為何而戰？故徒實力無用，苟無地盤則於何處發揮吾之主義？故徒主張亦無用。渠亦亂談一陣，但自弟聞之頗覺有難解者，弟亦即匆匆出矣。渠語時曾兩次說我豈以討赤為滿足者，不知是否表明迎魯之非得已，不便多問。弟亦言我在北邊久，於其辦法不敢恭維，恐無久存之理。南方共產黨之橫暴更不必言。故吾人希望中部有一第三勢力出也。渠言黨軍不論如何，總不能越長江而北，渠亦表示北方辦事不得法之意。總之，打官話多，似是而非之政治論亦多耳。渠或視我為過路游客之一見之談而已，弟即晚北行，謹此奉告　即請

近安

弟佑頓首　廿七午後二時

出時渠問何日回滬，弟言我居於北京，明日即北回。渠言今後通信。臨走時渠又說夜裡七八點鐘可談話，然渠未來約，自不便再去也。渠未曾問兄病如何。

解說

羅文幹（字鈞任，1888-1941）原與先祖相識，民國十二年因「奧款案」受羈，由先祖義務擔任辯護律師而冤屈得伸（參閱本書第十一

篇）。此後他們一些原常來往的朋友成為一個經常聚會的談論時局的小社群。先祖原為民國初年福建省選出的眾議院議員。民國二年十一月袁世凱迫使國會休會後即在北京天津兩地從事律師業務。袁氏稱帝不成而死，民國五年八月國會復會，先祖恢復眾議員身份，但仍兼為律師。民國六年五月三十一日因軍閥干政，辭去眾議員職務。七月張勳復辟失敗後，國會恢復，但不再參與第二屆議員選舉而專執律師業及協助發展《晨鐘報》。自民國七年九月一日摯友湯化龍（濟武）在加拿大為國民黨人暗殺，二十四日《晨鐘報》又為政府所封，乃決心退出政壇，專心於律師業務及創辦《晨報》（參閱本書第十二篇）。唯對政局與社會現況仍極為關心，並鼓吹、參與諸多愛國、救國活動。

民國元年及二年先祖原與許多國民黨人關係良好。但到了民國五、六年憲法會議和眾議院院會復會時期，親睹國民黨籍議員曾為觀坤伶演劇不出席而造成流會[註二]，也屢因提案不能通過而搗亂，甚至以暴力動手打人而自己曾遭池魚之殃[註三]。加上摯友為國民黨人暗殺，對於國民黨之印象轉劣。因此先祖政治觀點和許多北方學，政界人士相同，與不同團體的人士常有聚會。丁文江、羅文榦、胡適等較年輕（約少十歲）留學返國的人士是一群體。從上引他和羅文榦分別致丁文江的三封信中可以看出，當時他們交往甚密，先祖視丁、羅為「小兄弟」，且偶有經濟上的來往。民國十四年十一月二十九日，《晨報》因表示反對南方的「親蘇」主張及受到某些同業之造謠挑撥，遭朱家驊（時為北大德文系及地質系主任）所領導的一部分國民黨支持者[註四]將報館縱火搗毀，先祖與其友人多不齒此種暴力行為[註五]。他們近於一致的想法是，對當權的舊式軍閥已不存希望，對南方的印象又不佳，而期待有一「第三勢力」出現，故曾對孫傳芳抱有希望。

孫傳芳（1885-1935）山東泰安人，1908年畢業於日本士官學校，1909年見習完畢後返國。民國九年任北洋軍長江上游總司令、第二師師長。十一年夏，奉直開戰，北京政局動搖，他在宜昌發出通電，倡議若欲統一政局，必須先行恢復法統，力主黎元洪復總統位，並促北徐（世昌）南孫（中山）同時下野，得到各省響應，黎遂復位。孫傳芳的勢力自此迅速擴大，民國十四年秋福建、浙江、江蘇、江西和安徽皆入其勢力範圍，自稱「五省聯軍總司令」。他因領有五省，雖僅東南一隅，然為全國首富之區，人才薈萃之地。一方面師事蔣百里與章太炎，並親往南通拜謁張謇，又禮遇地方耆紳，而口碑頗佳。十四年上海「五卅慘案」後，六月十一日漢口又發生英兵槍殺華人事件，民心忿激，愈覺北洋政府腐敗無能。《晨報》除以大篇幅報導、評論及出版「特刊」外，還於六月十日起開始發起募款援助上海罷工工人，各界熱烈響應[註六]，先祖也率先捐出一百元。（參閱第十二篇）推測丁文江即因發生此事件，考慮南下助孫傳芳一臂之力以收回上海會審公廨及促成其他建設，故單獨與先祖多次長談，聽取意見。

孫傳芳像

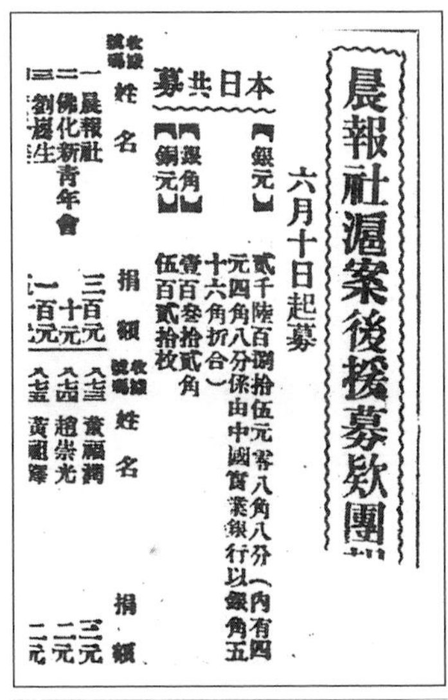

晨報社滬案後援募款團

六月十日起募

本日共募

【銀元】貳千陸百捌拾伍元零八角八分（內有四元四角八分係由中國實業銀行以銀角五十六角折合）

【銀角】壹百叁拾貳角

【銅元】伍百貳拾枚

收據號碼	姓名	捐額	收據號碼	姓名	捐額
一	晨報社	三百元	八三	袁福潤	三元
二	佛化新青年會	十元	八四	趙崇光	二元
三	劉[illegible]生	一百元	八五	黃[illegible]峰	二元

募款第一天的徵信錄（《晨報》6月11日）

第二版　中華民國十四年六月十四日

華樂園和勝社 演義務夜戲援助滬案

滬案發生舉國憤慨一致奮與我滬上同胞以力爭國權之故能罷市罷工用爲後援第恐生計所關中輟堪虞自應急籌巨欵匯寄救助同人懸懵撫胸責無旁貸自知棉薄微弱尚有一藝自鳴爰於六月十五日（星期一）特演夜戲一晚將所有票價悉數撥匯援助滬上罷業同胞各界士媛愛國心同耿耿熱誠不甘人後倘希惠然肯來共襄盛舉願竭聲技特表歡迎此啓

華樂園和勝社 馬連良朱琴心周瑞安萬子和 榮蝶仙郝壽臣荟妙香吳明泉 謹啓

戲目 馬連良朱琴心榮蝶仙郝壽臣荟妙香（四進士）馬連良郝壽臣（洪羊洞）周瑞安（冀州城）孟小如（武家坡）許德義方連元（蘆林坡）

票價 四座包廂大洋十元 大包廂大洋十二元池座大洋一元廊座大洋六角樓上頭等起大洋一元三等樓大洋六角 時間 六月十五日下午七時

看看 南京路之血

諸君要瞧上海南京路殺戮華人的慘狀麼諸君要知道慘殺的詳細情形麼，請快看第二卷第二十一期國聞週報 本京發售處宣內松樹胡同三十七號國聞通信社琉璃廠有正書局東安市場丹桂商場佩文齋書莊各大學專門學校號房

北京各校教職員滬案後援聯合會啓事

本會係由北京國立公立私立教會立大中小各校校長教職員聯合組織以作滬案外交後援維持人道爲目的會所暫設北京李閣老胡同法政大學辦公時間每日下午三時至六時函電接洽請寄該會爲盼

《晨報》民國14年6月14日之廣告與啟事

民國十五年五月四日，孫傳芳和丁文江同時在上海分別就任淞滬商埠督辦和總辦。丁文江立即積極推動市政改革以及收回上海會審公廨事宜。前引先祖六月二十八日的信中除私人金錢來往事外，即表示關心其工作情形。丁文江之覆函現已不存，唯可自八月十六日他給胡適的函中得知其當時的處境。

（前略）我此地的事，一言難盡，但是請你不必十分給我擔憂。我的短處是太粗心，太偏於獨斷。新六在此很可以補救我。不過他也很忙，我不忍得利用他的good nature，請他分我的煩惱。我只好揀重大的事體，給他商量。大體講起來，事體總算順手。會審公廨的積案，居然可以解決了。唱高調的人固然攻擊我，然而我細細考察上海的真正輿論，對於此事的確十分贊成。市政的計劃如果一時無戰事，可以有相當的辦法。我總相信天下事誠能動人，拙能勝巧，堅忍能制油滑。我只好用我所長，藏我所短，一步一步做去。

你批評鈞任等這班人的話，我完全同意。不但如此，我更覺得他們對於朋友根本是感情用事，不論是非。這種團結如何是可以幹政治的？新六和季常回來告訴我，崧生聽見鈞任說，竟疑惑我在此與南通和江東串通販煙！幸虧我向來是insensitive，不甚介意。不過對於政治的結合，不能不使我抱幾分悲觀了。（下略）

按其中所謂「串通販煙」，是指丁文江上任之初即表示重視「禁鴉片」問題（見五月廿六日《申報》）為人造謠說欲控制買賣鴉片，而令北方友人誤解。

關於先祖九月四日的信中所謂「解散民團」是指上海原有南市閘北兩個「保衛團」，團丁係雇用性質，所費頗鉅，商民反對向民團繳納「保衛捐」之呼聲很大，可能也有管轄不易的問題。八月廿八日丁文江乘招集保衛團訓話的機會，宣布將之解散並收回槍械。但當時有人將之曲解為欲扶植英國帝國主義派的資產階級傅筱庵一班人而打擊日本帝國主義派的資產階級虞洽卿等。（見《丁文江年譜》頁263」）為免再因謠言誤解，所以這一次親函丁文江以了解實情。並囑其「慎重出入」，顯示了先祖對友人的關心。

又從前兩封先祖的信可推想丁文江與羅文幹因對某些事意見不同而有所爭執，而可能以往聚談時若兩人有爭執，先祖常為之調解，故丁文江才會兩度向先祖抱怨。他寫給胡適的信裡也透露對羅文幹有些不滿。

羅文幹給丁文江信中所說的「子楷」是先叔祖劉崇傑之號，時任中國駐西班牙公使，奉召回國參加北京臨時執政府外交部十一月九日開始的「條約研究會」商討修改不平等條約之事。因他自民國九年受任駐西班牙兼駐葡萄牙公使，離國已六年，先祖與之手足情深，特南下相會，然後同返北京。因先叔祖與丁文江也是舊識，他們會面時想當然對國內外時局都有所談論。丁文江當時的看法可從十一月二十八日他給胡適的信中窺知一二。他說：

（前略）江浙目前沒有糜爛，然而江西的戰事，仍是沒有把握。我對於前途並不十分樂觀。（中略）維持政局當然不是可以單靠戰爭的。但是此次孫之用兵，實在出於不得已。當粵軍攻湘的時候，他並沒有出兵，並且用種種方法和緩廣東，無奈蔣介石提出兩個絕對不可以通過的條件：（一）是加入國民黨，（二）承認廣東的國民政府！沒有幾天，蔣介石的兵就到了江西了。戰爭的情形我沒有功夫詳細的報告。總而言之，戰事異常激烈，雙方的損失都是很大，勝負至今未分。孫極願意議和，但是廣東方面似乎完全沒有誠意，所以還是沒有結果。孫的意思總是抱定保境安民的宗旨：人不犯我，我不犯人。國民黨方面則完全取一種急進的政策，在上海方面造謠式的宣傳，無意識的暴動，不一而足。我預料他就是能將孫打倒，內部必有問題，而且恐怕要為土匪式的奉軍來造機會。這是我最愁的一件事。因為你知道我不是迷信反赤的人，就是孫也不是迷信反赤的人。無奈過激派與極端反動派倒可以聯合，溫和派的人則反是孤立，這也許是歷史上公例，不能避免的。

我個人在上海整理內政，頗有點小成績（如廓清收稅的弊病，厲行考試用人政策），可惜為戰爭耽擱下來了。你來信所說的整理內政，我當然是贊成的，就是孫也想如此做去，我近來並且作了一個整理內政的具體計劃，如整理幣制，厲行文官考試，解決關稅釐金，承認工會，改革教育，凡你所說的都可以包括在內，但不知道能否有機會給我試試耳。

（中略）我們處中國目前環境，真要立定了腳根，咬緊了牙齒。認真做事，認真做人。至於國民黨的那一套，我真正不敢佩服，我所檢查到的信很多。其中最重要的主張：是學生應該「少讀書，多做事」！你想這班青年，就是握了政權，有多大的希望呢？（下略）

似他對孫傳芳還抱有一線希望，而對國民黨仍不認同。但他不知孫傳芳已悄悄北上投靠奉軍，三十日擁戴張作霖為安國軍總司令，自任副司令。此舉令原來支持孫傳芳之人感到失望與不安。十二月十二日凌晨丁文江自杭州返上海後在回家途中，所乘汽車出事，他頭部受傷頗嚴重。先祖特南下探視，很可能勸丁文江藉此機會辭職離去。並請丁文江代為聯絡，以能在北返前見孫傳芳一面。中央研究院傅斯年圖書館之「丁文江檔案」有三電報與此事有關：

十二月二十五日丁文江致張佩西：劉君崧生明日到甯謁聯帥，祈代約時間。

十二月二十五日丁文江致孫傳芳：劉君崧生明日到甯，務祈撥冗約其暢談。

十二月二十六日孫傳芳致丁文江：俟劉崧生到甯即當接見。

先祖二十六日下午與孫面談後次日即將經過函告丁文江，顯然是以旁觀者清的口吻，暗示孫已無可救藥，宜早離開。丁文江終於在三十一日那天辭去淞滬商埠總辦一職，翌年一月回到北京。

至於丁文江等曾擁護孫傳芳的原因，梁啟超民國十六年一月二十五日「給孩子們的書」裡說的相當清楚，謹錄於下：

> （前略）思永問我的朋友何故多站在孫傳芳那邊？這話很難說。內中關係最重要者，是丁在君、蔣百里二人，他們與孫的關係都在一年以前，當時並沒有孫和北伐軍對抗的局面。孫在北洋軍閥中總算比較的好，江浙地方政象總算比較的清明，他們與孫合作並不算無理由。既已與人發生關係，到吃緊時候舍之而去，是不作興的。直到最近兩個月，孫倒行逆施，到天津勾結二張，和丁、蔣等意見大相反，他們才能老老實實的和他脫離關係。中間這一段誠然是萬分不值（既有今日，何必當初），然在一年前他們的夢想原亦很難怪（故丁在君刻意在上海

辦一較良的市政，以漸進手段收回租界）。至於我呢？原來不甚贊成他們這類活動（近數月來屢次勸他們自拔），但我們沒有團體的嚴整組織，朋友們總是自由活動，各行其是，亦沒有法子去部勒他們（也從未作此想），別人看見我們的朋友關係，便認為黨派關係，把個人行動認為黨派行動，既無從辯白，抑亦不欲辯白。我之代人受過，總是免不了的（亦自甘心），但因此頗感覺沒有團體組織之苦痛，朋友中有能力的人確不少，道德學問和宗旨都是對的，但沒有團體的一致行動，不惟不能發揮其勢力，而且往往因不一致之故，取消勢力，真是可痛。

（中略）

萬惡的軍閥、離末日不遠了，不復成多大的問題。而黨人之能不能把政治弄好，還要看看再說。其最大致命傷，在不能脫離鮑羅庭，加倫的羈絆，因而黨軍所至之地，即是共產黨的地盤，所有地痞流氓一入黨即為最高主權者，盡量魚肉善良之平民。現在兩湖之中等階級，已絕對的不能生存，全國生產力不久便須涸竭到底，而前途真不堪設想。若我們穩健派不拿起積極精神往前幹，非惟對不起國家，抑亦自己更無立足之地了。政治姑止於此。（下略）

實際上，孫傳芳與一般北洋軍閥不同，的確有一些作為。除了上述之內政和外交，例如他曾在上海江灣設了一個大型的模範工廠及在吳淞寶山間有一個五千公頃的農場。後來國民政府以敵產而沒收，民國十七年撥給「國立勞働大學」作為實習工廠與實習農場。又如民國十五年（1926年），美國政府在費城舉辦萬國博覽會，駐南京美國領事向他徵求物品與賽。孫傳芳鄭重其事，籌劃數月，八月自上海運送四千餘件樣品前往美國。永利製鹼公司生產的紅三角牌純鹼因而獲得金質獎章，為國爭光。

1926年費城萬國博覽會
永利公司獲獎證書

民國二十一年的三封信

民國二十一年十月十五日陳獨秀等在上海公共租界寓所被捕，十九日晚國民政府將其引渡，解往南京。輿論界許多人士大譁，紛紛表達抗議，要求釋放或依法處理。蔣中正二十二日有電報給翁文灝：

> 北平翁詠霓先生並轉胡、丁、任、顧、唐諸先生同鑑：陳獨秀案已電京移交法院公開審判矣。中正。養（10月22日）秘印

雖然二十四日政府被迫將此案移送法院公開審理，胡適、蔡元培等已先有所行動。《胡適遺稿及秘藏書信》中有先祖十月二十六日致丁文江之函，內容是：

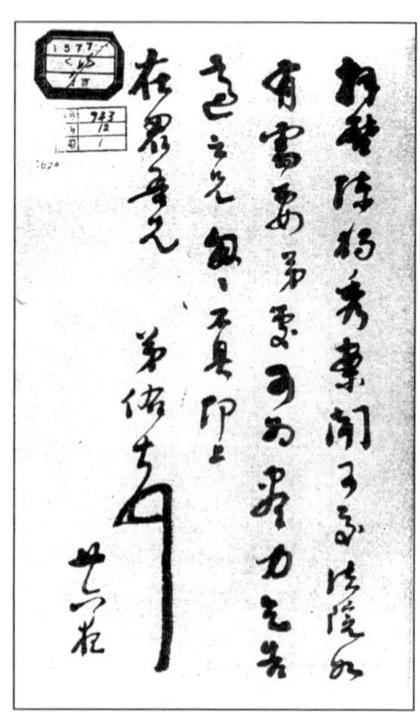

民國21年劉崇佑致丁文江函

拜啟，陳獨秀案聞可交法院，如有需要，弟處可以盡力，乞告適之兄，匆匆不具，即上
在君吾兄

弟佑頓首
廿六夜

丁文江於十一月一日收到先祖的信後，曾給胡適一信說：

適之：頃崧生有信來。現在送你一看，我已有回信給他，你如有具體辦法，請直接寫回信去（由崑三轉）

弟文江　十一月一日

胡適收到丁文江之信後立即電告在南京教育部工作的段錫朋，段錫朋回信如下：

適之先生大鑒　走訪仲甫先生，彼云辯護事已委託章行嚴先生及另一位彭先生。其實案情亦不過如是，煩請律師過多或轉易（移？）外間無謂之注意，惟深感　先生之厚意，並

乞代為謝謝劉律師云云。謹以奉聞，藉祝

日綏

弟錫朋上

廿一、十一、三日

由這三封短信可知當時陳獨秀被捕後，友人紛施援手。蔡元培擬請汪有聲律師（曾任朝陽法學院院長多年，民國二十年南下在上海執律師業），胡適則知先祖也已南下，而欲請其出面。唯先祖前往上海執業不久，胡劉之間似暫無聯繫，但丁劉之間仍有聯繫，故托丁文江轉達。先祖一本當年五四運動時期為學生及民國十二年為羅文榦義務辯護，對抗無理政府之熱情，不記舊嫌（參閱註五），亦表示願為陳獨秀辯護。唯因陳獨秀已請章士釗等為辯護律師，不願大事聲張而未果。

附帶一提，丁文江給胡適的函中「由崑三轉」句中的「崑三」是沈成式（1889-1955）的字。他是沈葆楨之孫，清末貴州巡撫沈瑜慶第三子，後以字行。曾留學英國，獲工程學士。民國二年返國先在北京海軍部供職，後任北京大學工科講師。民國七年起為北京市政府工務局總工程師，負責整修街道工程。他和丁文江留學時關係就很好，故丁文江辛亥年學成返國在雲貴等地考察時，沈瑜慶曾予照顧。《濤園集》之「沈敬裕公年譜」宣統三年部分有云：

> 丁在君文江在英留學，是年畢業回國，因考察地質，取道昆明貴陽赴漢口，七月過貴謁　公。留居撫署，縱談四日，派馬隊四人護送之出境，並函介其謁端忠敏公方於漢口。

沈崑三與先祖是姻親，他們的祖父為連襟，其五妹鍾應又適先祖親堂弟崇鋐。兩家同在北京及在上海居住時，甚多過從。先祖和丁文江成為好友，可能與他也有關係。沈崑三同胡適的關係亦很密切，例如民國十八年他四十整壽時，胡適曾以一首「生查子」為賀[註七]；民國三十八年初沈崑三移居香港，胡適夫人赴美之前即住彌敦道沈寓。但因他民十一年後從商，不為一般近代史學者，甚至丁文江或胡適的研究者所注意。

【本文原發表於《傳記文學》第98卷第3期（2011）67-74頁，同年台灣光復節修訂】

>>> **注釋**

註一　先祖之二弟崇偉、五弟崇倫與六弟崇侃在福州經營「福州電燈公司」，欲參考上海華人所經營電燈公司的方式，以對地方有所回饋。

註二　民國六年二月六日下午，由於柏文蔚在什剎海會賢堂辦堂會為雙親祝壽，有著名坤伶劉喜奎之演出，許多國民黨籍議員前往祝賀，留戀不返，以致眾議院開會於中間休息後因人數不足而流會。（二月七日《晨鐘報》）

註三　民國五年十一月八日憲法審議會，因未通過地方制度大綱入憲案，劉成禺、陳策、張我華與陳時詮等將劉崇佑、籍忠寅、陳光燾和張金鑑毆傷。

註四　當時國共合作，較偏激者多屬共產黨人。故先祖十二月二十七日函中稱國民革命軍為「共產黨」

註五　如當時共產黨領導人陳獨秀曾向胡適表示「你以為《晨報》不該燒嗎？」，胡適回信極力予以譴責。

註六　以伶界為例：京劇名伶梅蘭芳捐五百元，徐碧雲捐二百元，馬連良等則於十五日晚演出義務戲以為支援（見頁252附圖）。

註七　胡適自稱那首「生查子」是「打油詞」。由其中有「馮來蔣去一窩豬」句，可以看出當時他們那一些朋友對國民政府之不滿。

十四、友人筆下的劉崇佑先生

先祖崇佑公（崧生，以後敬諱略）逝世已七十年（1941-2011），遺物除1950年代捐獻給政府的以外，大部分皆因紅衛兵浩劫而蕩然無存。只有憑藉倖存的少數文物，以及所能蒐集到的文字資料勉強勾勒出先祖的生平重要事蹟，已述於前列各篇。現復錄所睹先祖舊友之詩文等，以示其在友人筆下之為人與行事風格。

一、馬敘倫（夷初，1885-1970）《石屋餘瀋》第53-54頁（上海建文書局，1948年；此書又見《民國叢書》第三輯）有「劉崧生」一篇。文曰：

> 智影頃語余，劉崧生病數月矣。醫者疑為肝癌，不治之症也。余於崧生相識已晚，五四運動時，崧生方居北京，為律師。有藉藉名。即挺身為各校被捕學生義務辯護。余欽服其人。十年，六月三日新華門之役，余為徐世昌所訟，崧生亦願任辯護。其好義加此。越年，余乃得與交。

馬敘倫像

崧生福建人，善別味。其庖丁治饌美。時廣東鄭天錫、黃晦聞，浙江陳伏廬丈及湯爾和、余越園、蔣夢麐，皆與崧生善。有一時間，輪流為東道。每星期一會。限費不多而饌必精美。然唯崧生與天錫家為最佳，天錫且自治饌，材料必校錙銖也。每會高談大嚼，極酒酣耳熱之興。其後余與晦聞、夢麐皆離故都。二十年，余復至而崧生南行。不相聞問。前年·一遇於遊，略語而別。今聞智影言，即託轉詢崧生寓址，亟欲訪存，而今晨讀報，乃見其訃矣。同憶前情，不勝腹（疑為「傷」之誤）痛。三十年九月廿四日也。

劉崧生與余越園皆喜罵人，然崧生不妄罵。崧生故屬進步黨，嘗為國會讓員，然未嘗就仕途。越園亦異之。近尚欲謀得國民大會代表也

崧生越園飲酒量皆弘·嘗在崧生家，飲百廿年前紹興酒及七十年前紹興酒。酒皆成膏矣，非以新酒和之不能飲。百廿年者味極醇，入口幾如飲茶，而齒頰皆芬。

按，上述諸友聚會約在民國十二至十五年間，《余紹宋日記》（北京圖書館出版社，2003年）有零星記載。「陳伏廬丈」指陳漢第（仲恕），乃陳敬第（叔通）之兄。先祖逝後，二老曾到上海家中探視先祖母，筆者略有印象。

二、劉以芬（荔翁）《民國政史拾遺》（民國43年，自印本；文海出版社民國60年重印）第34-36頁「湯化龍與劉崇佑」一篇中有相當的篇幅述及先祖之從政態度，與二人之友情。文曰：

……湯濟武（化龍）先生領袖進步黨，在政治上奮鬥，歷十餘年。雖所蘄求之憲政，迄未實現，終於賫志而歿，然洪憲、復辟兩役，統率全黨，聲罪致討，保全共和，功在邦國。其在議

會與國民黨對峙，旗鼓相當，亦頗能樹立兩大政黨風範。此雖由先生主持有方，而中堅諸人之相與戮力，實為成就之一大原因。蓋先生組黨之基礎，早確立於清末之諮議局聯合會，時各省諮議局正副議長均集京師，先生以湖北諮議局議長出席該會，與山西議長梁伯強（善濟），四川議長蒲伯英（殿俊），直隸議長孫伯蘭（洪伊），福建副議長劉崧生（崇佑）諸先生，均以促進憲政為職志，結契甚深。入民國後，組共和建設討論會，組民主黨，進而與共和黨合併為進步黨，咸奉先生為魁，而諸人則皆其中堅也。先生於諸人中與劉崧生先生尤莫逆，不特為政治之友，而且屬道義之交。劉思想極縝密，終日乃心黨務。嘗謂吾人既置身政黨，宜念茲在茲，釋茲在茲，集中精力，以赴事機，庶能有所成就。否則，不但負黨而且負己。居恆寡出而喜人就談，酒饌常供。故每夕同人多集其家，談國際形勢，談國內政局，談本黨計劃，輒至夜分始散。然性切直，同人行為有不檢者，恆面糾不少貸，於湯先生責備尤嚴。先生好作方城遊，每避不使知。一夕方入局，適劉有電話來，先生恐招其往也，令僕人詭以外出對，劉知之。翌日先生往訪，拒不見，又往，又不見，終至再三謝過乃已。先生嘗對人言，崧生真吾畏友，使吾對黨事不敢稍懈者，崧生助也，相契如此。每黨中有大事，先生非就商之不能決。而劉每一主張，必持之甚堅，眾當時雖苦其顓，事後則多服其遠見。劉在黨中發言必爭先，權利輒退後。進步黨兩度參加政權，眾咸推其出山，均被拒。第一次湯先生任教育部長，次長為梁善濟先生，第二次湯先生任內務部長，次長為蒲伯英先生，皆劉所推舉，黨中翕服無異言。以其無私也。領袖及中堅間，能互信、互諒、互讓若此！宜乎一時黨務蒸蒸日上。惟孫伯蘭先生為北方人，遇事主大刀闊斧，不以同人之細針密縷為然，乃宣告脫離，而自組「韜園」，

湯化龍（左）與劉崇佑（右）

即世所稱小孫派是。然其態度亦極光明磊落，且彼此私交維繫如故，此足見前輩之道德風度，非輓近所能及矣。惜其後湯先生於遊美歸途中被狙身死，崧生先生以刺激過深，灰心政治。未幾伯強、伯英諸先生又相繼殂謝。十餘年來，所謂進步黨中堅分子，零落殆盡，而此一政治團體終不能不隨政局劇變，而澌滅無形。追懷往事，橫睇近局，真不禁感慨系之？

在「十六議席取得議長」（該書第8-9頁）篇中也說到先祖的見解：

……至於議長問題，則當提出時，在共和黨以為必不難迎刃而解，因該黨允以副議長予民主黨，自謂條件已屬相當。詎意民主黨劉崇佑竟力持非以議長歸該黨不可，否則，寧可各行其是。因之發生波折。劉之如此主張，不但共和黨深為駭異，即民主黨中人亦頗疑其喊價過高，難成事實，而以不妨遷就相勸者。劉謂：諸君勿以吾儕係小黨，得一副議長於願斯足，須知愈是小黨，愈宜高瞻遠蹠，善用機會，以提高政治地位，勿存小成之見，勿持必成之念，而後乃能大成，試思談判果破裂，在我固並副議長而不可得，彼共和黨亦豈有所穫耶？若大黨果願犧牲，則我小黨更何須顧惜。諸君倘礙情面怕得罪人，即以我獨任之可耳。眾不能屈。往返蹉商，幾瀕決裂，最後共和黨不得已讓步。及眾議院選舉議長，經兩次投票，民主黨湯化龍卒當選，共和黨陳國祥繼亦當選副議長，足見當時國民、共和兩黨票數已極接近，而民主黨態度如何，實可左右全局。民主黨既得眾議院議長，勢力大增，其在合併後之進步黨中，亦佔優越地位。以十六議席而能取得議長，雖曰：時勢造成，而劉之堅定不移，其識見亦誠有足多也。

又於記林長民死於巨流河之役一篇中言（該書第94頁）：

……余是歲秋間適因事返閩，迨北上抵滬，即聞林噩耗。使余在京，則林事前必商之余，以余當時見解，頗不以林之輕身嘗試為然，自必力如勸阻，則或以余一言而獲免林於難。林諸友中捨余外，能進諍言者，僅崧生（劉崇佑字）及余叔放園（劉道鏗字），放園久在滬，崧生時固居京，然平日關於出處問題，與林意見恆相左，而性過嚴峻，林又不樂與商。其環林左右者，太（疑為「大」之誤）抵皆欲依林以取功名，嗚乎，此林之所以死也。

按，先祖與湯化龍（濟武，1874-1918）結識於清末，因志氣投合而成莫逆之交。民國七年湯化龍被國民黨人暗殺後，先祖將民國四年五月七日在崇效寺觀賞牡丹之合影裁去其他，放大僅剩兩人部分而長期掛在書房之中。民國二十九年冬，另一摯友胡瑞霖（1878

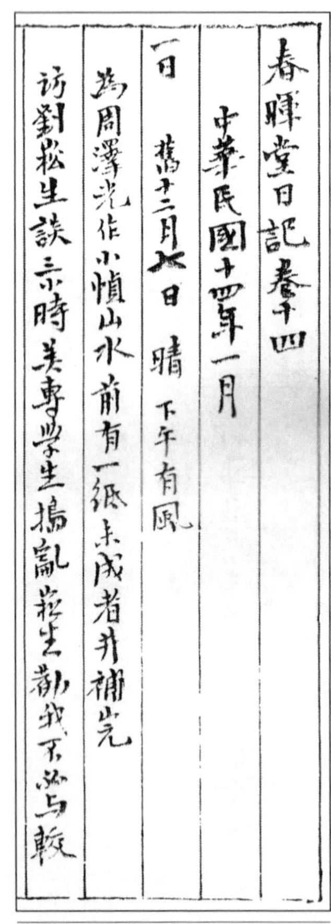
春暉堂日記 卷十四
中華民國十四年一月
一日 舊十二月八日 晴 下午有風
為周澤光作小幀山水前有一紙未成者并補完
訪劉崧生談 示時 美專學生搗亂 崧生勸我不必与較

余紹宋日記之一項

-1943）自五臺山到上海探訪先祖，盤桓數日。於此照片旁題字云：「民國四年五月六（依原照片旁題字應作「七」）日濟武為二十一條事謁項城，爭論後至崧生家午餐，同往崇效寺留影。　二十九年十一月□自五臺山來滬誌之 胡瑞霖識」。（見頁264圖）

三、《余紹宋日記》中多處提及先祖，大約在民國五年到十三、四年余紹宋（越園，1883-1949）和先祖都是「宣南畫社」的成員，由著名畫家湯滌（定之）指導繪事。直到民國十六年七月余紹宋遷居天津之前，兩人來往甚密。民國六年四月二十三日（舊曆三月初三）與其他友人同往什剎海修褉。《什剎海志》（北京出版社，2003年）第320頁「上巳春褉」條有記：

> 農歷三月上旬的巳日為上巳節。漢時已有人在水邊舉行祓除不祥的祭祀並嬉游、採蘭、沐浴的習俗，稱春褉。魏晉以來春褉定為農歷三月初三日。元代以來什剎海一帶是文人喜

> 至的春禊之地。民國時此俗仍存，但活動已不多，如 1917年農曆三月初三日，居住在宣南的蒲殿俊、林宰平、湯滌、孟森、劉崇佑、陳衡恪、黄節等十二人到積水潭高廟修禊。湯滌為此作「修禊圖」，孟森作小記云：「席而飲，酒酣或弈或歌，或彈琵琶，或玩，談震屋瓦，水禽拍拍驚起，淑風疏襟。憑欄望西山，嵐光浮動，欲襲衣袂，幾不知身在長安也。

由此可見當時的情況。

按，「高廟」即「普濟寺」，參加春禊的除以上七人外，還有羅綸（子清）、陳光燾（竺山）、余紹宋（越園）、胡祥麟（子賢）及善彈琵琶的樂者唐采芝。湯滌所繪「宣南修禊圖」後歸鄭逸梅。

民國二十六年余紹宋賀先祖還曆之聯中註「崧生向不為康濟之大言也」。民國三十年先祖逝世時則有「挽劉崧生　崇佑」詩，見《寒柯亭詩》卷三，詩曰：

> 天生奇俊亦何為，又使遭逢困厄之，懷抱向人無表裡，卷舒有道不依違
> 傷心直等窮途哭，憤世真宜荷鍤隨，卅載故交零落盡，感君風義更增悲

均可表示這位多年的老友對逝者的認識。

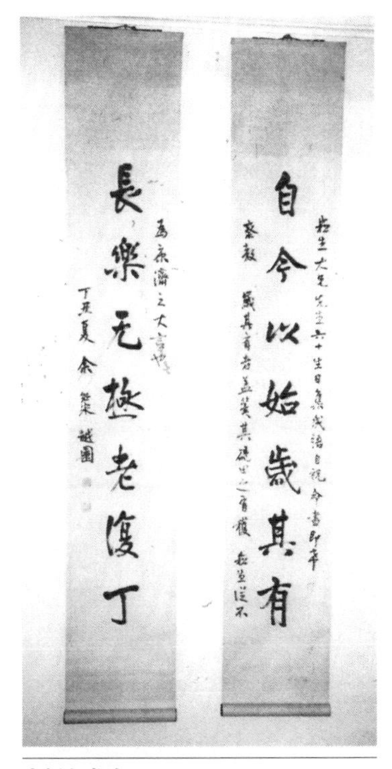

余紹宋書法

四、陳敬弟（叔通，1876-1966）《百梅書屋詩存》（中華書局，1986年）有「崧生移家上海」詩云：

長身屹立氣如雲，肝膽輪囷夙所聞，不恃辯才能讀律，每持政論自成軍
學書遣日排新課，把酒澆胸取薄醺，生計太疏唯一笑，坐看棋局正紛紜

又有「劉崧生輓詞」云：

曩者造君室，語我有脾疾。又語夢亡親，淚已奪眶出。我亂以他言，內忖或非吉。君是磊落人，氣盛能讀律。秉性夙寡諧，見惡尤深嫉。頗不理於口，於此見直質。近局偶相招，笑譚猶昨日。但使為素心，便如膠投漆。年來家（君五弟為匪挾去，生死不明）國事，俯仰憂憤溢。疾豈僅在脾，俞扁亦無術。已矣平生歡，吾黨真若失。交情一撫棺，秋風極蕭瑟。

劉崇佑（後右2）與二弟崇偉（後右3）、五弟崇倫（後右1）、七弟崇佺（後左1）、四位妯娌（前坐右起依序為崇倫、崇佑、崇偉、崇佺夫人）等合影

按先祖身體素健，七七事變之後，胞弟崇倫（雅扶）與堂侄駿業（愛共）在福州遭匪徒綁架失踪（多年後才知是軍統特務張超勒索不遂而將兩人殺害），次年幼弟崇佺所駕駛民航機「桂林號」遭日寇擊落殉難。嗣見國事日非而多位舊友又腆顏事敵，心事鬱結而體力漸衰，終患不治之症。據先父云：先祖臨終前猶囑開弔時不得陳列附逆者致贈的輓帳花圈。

陳叔通像

五、辛亥革命元勳黃興（克強，1874-1916）曾書「堅多節」三字並題「崧生先生屬書此三字知所得於易理甚深也」。此件書法為先祖所素喜，長期懸於書齋中，先祖逝後屋中擺設一如昔往，文革動亂之時先伯父準業離家前匆匆攜出，是極少數劫餘文物之一。唯先祖何時與黃興訂交，兩人交往

黃興書法

經過如何？均未能查知，推測應在武昌起義之後幾年中。但由此書法或可推測兩人曾多交往，而「堅多節」三字也似可為先祖生平之寫照也。

附錄一　劉冰如方伯墓表

陳寶琛

昔益陽胡文忠公，當咸豐時軍務倥偬之際，汲汲以求人才、整吏治為事，嘗謂：「吏治不修，兵禍所由起也」。吾聞故河南布政使劉公，時由農曹出守湖北，為文忠所知，謂公體用兼備；足當大事；遇事多所推置。自是公名常在文忠薦牘中。文忠從皖軍次病歸武昌，復密薦公留楚大用，語人曰：「吾未能了楚事，當為楚留好官也。」其器公如此。公歷官鄂、陝、浙、豫，所至於國計民生咸有實濟。官豫九年，光緒丁丑十二月，罣吏議落職。初，公以積勞致疾，再牘乞休未得，是年復冒暑籌賑，常患瘧不自恤，至是病革，卸任旬日遂卒。其後戊子年，河決鄭州；冢嗣學恂承公志，賫金拯菑；巡撫倪公文蔚臚公政績上聞，詔復原官。今上癸亥年[註一]，距公沒四十有七年，公子怡以予及見公，繕狀請表公墓，予亦以公之行實弗可以久未彰也，不辭而揭諸石。

公諱齊銜，字冰如，系出北直龍山。明永樂間，諱彬者官福州左衛指揮使[註二]，遂籍閩：曾祖諱照，仕為教官。祖諱□□[註三]。考諱家蕃，國學生。妣氏陳、繼妣氏翁：三代皆以公貴，考贈榮祿大夫，妣贈一品夫人。陳太夫人舉丈夫子三，公其季也。道光辛丑，與兄齊衢同榜成進士，用戶部主事。咸豐乙卯，選授湖北德安府知府。甫履任，即剿平隨州寇：胡文忠公賢之，檄移襄陽……丁巳，調守漢陽……己未，權漢黃德道。

辛酉，粵寇陳玉成陷黃州，至滆口。時鄂軍方援皖，督部防賊渡江，令民船盡東泊，公曰：「若然：賊測我虛實矣。」請止移船令，而亟募精壯備防衛。方事急，會都清慤李勇毅援師至，公曰：「賊先至而徘徊不進者，怯也，我速戰則勝。」果殲賊於隨、棗之間。

同治癸亥，拜西督糧道之命：回亂方熾，張文毅公殉焉，公兼程進至西安，城門晝扃，回騎躪城外，居民數千，仰籲內援。公進謁大府，趣啟鑰入民，發倉計賑．回民之良而城居者，並受撫慰。

統兵勝保從華州敗歸城中．驟增兵數千，索饟驕甚，公憂之。聞多忠勇以剿捻駐軍陝邊，密白大府，謂非得多軍不能已陝亂，而自馳書陳平回保陝，關天下大局。多公意動，立遣一旅至。統兵撓之，公詣營留止、卒以多軍力解省圍，而統兵受逮，所部屬多公：陝事平，公謀勝也。

公初兼權布政使，又兼按察使，及回糧道本任，始專治糧事，請豁積欠倉糧數十萬石，民困蘇，而饟源亦裕。丁卯。擢浙江按察使，署布政使，授河南布政使。入覲，上以胡林翼、曾國藩保舉為言，溫慰有加，又諭以整政事、急西饟。

公蒞官，庫帑奇絀，協饟歲須四百餘萬，正供之人率匿而報欠，一再請緩，以倖恩豁：號曰「例災」。公力鋤積習：以劬節率先，三年政肅，庫額有盈錢。敏肅薨，命權巡撫。

丙子春，再入覲。公意欲奏減西饟為豫省緩急之備，上廑西事，諭多解饟。公返而嘆曰：「吾不能為豫民寬財力，負此行矣。」四月回任，歲歉而勘不成災，則發儲穀，賑貸並行。衛輝府知府李德均請豁所屬欠賦，公曰：「緩其舊可也。」李復聯彰、懷二郡爭之堅，公以所執例災故智徒便墨吏，非真有實惠及民。解李任而衛、彰、懷三府仍分年展征。奏准。丁丑，麥收不豐，夏大早，公備陳救荒之策，皆報可。

先高祖像（攝於1870年代）

公於荒政多銳意實施，不務張皇文告。袁文誠假旋，將還京，語公地方災急，公曰：「已委勘矣。」公故質訥，袁以為簡己也，遂有攟摭前年解衛輝府任事而以玩視民瘼為罪者，按問使至，公不之辨，籌賑如故。既而代者一切循公矩矱，無能損益。而公則已中於讒，至身後而枉始申也。

嗚乎；世方承平，俗吏矯飾相罔，而彊立君子洒以忠實攖時忌，往往然者。公與閻文介同曹司，並以廉樸練覈稱，同仕鄂，益相善，文介早開府，乞休十餘載，起為大農，柄政，常惜公之不及待。然文介卒亦不安其位，以究所施。公縱耇壽，能有加於文介耶？而公始終不負文忠之知，固自問九原無所怍也。

公卒，春秋六十有三。配林夫人，文忠公長女，前公卒。公卜葬在光緒己卯三月，子姓之系詳墓志，不書，書其犖犖大者，後之人亦可知公之梗概矣。

【原載《滄趣樓詩文集》】

>>> **注釋**

註一　即民國12年（1923）。

註二　據《龍山劉氏支譜》，彬任官「福州右衛指揮使」。

註三　據《龍山劉氏支譜》，曾祖諱國楫，邑諸生；祖諱照，仕為教官。

附錄二　劉崇佑氏之東游談

劉君崇佑近方游歷日本歸國，投書於北京之亞細亞日報述所聞見。其言不僅可見劉君個人之感想，且於日本政海之潮流，我國黨人之近狀三致意焉。因為轉錄於下。

記者足下，貴報本月五日所登日本歸客談一節，近日知友以僕東游新歸，多以為即僕所述。屬承相詢，僕淺陋，營業之外久無聞見，此次游東、游浙專意行樂，更無視察之成心，故歸時友人有所詢者，輒瞠目不能對。茲讀貴報所載參觀博覽會及晤友人之人，則似為僕，其他議論敘述則又非僕。或有訛，抑別有一歸客言此僕不敢懸談而僕則請始述其無聞見之聞見，或亦貴記者所願一顧乎？

日本政局我國人知者較多，此次大隈以三十年在野之身，乘政界之多變，一躍復出，誠可駭詫。且其政黨紛歧爭競方烈，藩閥勢力已不如前。竊聞吾國大人先生論人國事者頗有代為危慮之語，僕以為憲之妙用與夫立憲之根本，誠不能為不知者道。彼舉國上下矢誠竭力運用憲政，至今社會基礎已增鞏固，當局者皆能不越其常軌，而國人又皆能擁護此常軌使之不得或越。故政界雖多事而社會則毫不被其影響，且因此磨擦而益進也。

日本政治勢力之變遷可以簡語括之：維新元勳繼以兩次戰勝功業震鑠，藩閥勢力愈張。所謂薩長一面，實即軍人分子，昔其進步黨以反對藩閥為幟，久困在野卒至分崩。政友會反之倡為情投意合之說，藉以嘗鼎一臠。桂太郎既失位，合舊日進步黨之一部分為同志會，未成立而死，其黨人仍相與維持無墮。政友派攻桂而戴山本，非政友派即襲其智以倒之。大隈以舊日與非政友之關係乃為其魁首，驟握政權是為今日之內閣。雖然制度可以驟更，而勢力則究不能不出於遞嬗。惟時勢所趨，斷非以大力所能挽，雖千迴百折而終非出於此途不止。日本之有政黨固非一日，今統括其從來情狀，始則政黨與藩閥競而不能即勝，繼則政黨各自附於藩閥一派以為競，而互為勝。始則政黨附麗於藩閥之勢，政黨猶弱，繼則政黨稍與藩閥均，政黨遂若稍強。蓋政友曾之得政非單純政友會也，山本之流在焉。非政友之得政亦非單純非政友各黨也，長閥之流在焉。此後大隈內閣之運命與夫非政友各派之分合如何，別一問題，而僕則謂政爭既極無可轉旋，彼大隈絕對政敵之山縣井上等終不能不推大隈，使之就拜大命，則政黨之價值於此可以占之矣。夫日本之國已固，國威已揚而為政爭者猶確守範圍不敢作過渡（度？）之舉動，懼貽百年之憂，僕不惟讚歎其政黨更欽服其藩閥矣。

僕於工商業絕無所知，惟觀此次之博覽會，華麗雖不必勝於七年以前，而前此所未有者，今則陳列之矣（例如電氣機械一門，七年前惟外國館中有之，今則成一電氣機械館矣）。市街之改築廛肆，貨物之種類莫不較前一進，使久隔重游者幾不復識之。晤駐日公使陸君，陸君曰人之工商如此飛躍而進，我則日就於無，此實亡種之兆，奈何！國人猶日以政治相聚訟，而不一顧之。僕意政治不良，工商何以存在？事固有視其本者，然亦可見陸君之有所激而云然也。

東京最大之案則為海軍受賄事件，其判決文已遍載吾國各報。松本和以萬死立功之人，因四十萬元之回扣褫職位而被囚服。軍人非至尊貴者乎？回扣在我國情視之，非儼然分所應得者乎？四十萬元之數又非至區區者乎？乃國法臨之不少恕，社會責之不少寬，海軍司法兩部對於此案皆窮極搜索，絕無掩護。日本之待松本和誠寡恩哉！抑僕聞此四十萬元實非松本和所獨得，特此案既破，則松本和一人逞身獨當之。盜固有道，僕又欽服松本和。

僕在東京寓神田區之峽陽館，其隣有一白色之巨廈，所謂寺尾亨主辦之法政速成學校也。每日上課者有二百人，吾國中向傳此校為黨人所專設，實則其他吾國留學生入者亦甚多。教員多為官私立各大學之講師，與前此法政大學相似。開校時聞我公使亦曾派員代表蒞臨，殷汝驪曾在，被任通譯。聞今以病，旅居海濱。僕途遇彭君允彝，立談少頃。據云渠亦嘗盡力於是校，其意則以不學之人太多，實社會之大憂。多一求學之人，國家即多得一分之益。又謂欲政治有轉新之機，國家獲倖存之望，則必自正論作、公道彰，無傾陷播弄之風，宵小有所懲，游民有以存活始。有心者應各盡其力，不宜專責於人，語氣甚懇切。

張君耀曾肄業於帝國大學英法科，僕以舊友之誼曾訪之。一時適在試驗期中不欲擾之也。極力劬學，案頭書籍雜陳，粹然一者學者矣。張君所談多在社會教育，一方面謂政治變化，無論良否，究屬一時，而民德民智不進，則一切法度終無所寄。所謂人存政舉也。僕深感其見道，僕語張君：今秋卒業後當即歸國以實行所言，此即盡力社會之道。張君謂本有此念，懼學不足耳。父老昆弟豈所能忘？且我輩應閱之事尚多。張君又笑曰：我非國事犯，固無須避地耳。談約二小時而別。僕居東京五日，即外游。前此留學時，閉居一室，聞有勝景而未及觀。茲則擇其便道者，稍一領略。十七日抵滬，即午往杭州泛湖三日，溯錢塘江，游富春登嚴子陵釣台，二十四日復到滬。西湖隄柳幾盡而易為拳桑，孤山一帶有新墳列焉，滿營舊址闢作新道，臨湖城一段拆去，將有大興築。雲栖巨竹被斫者甚多，是則異乎十餘年前所見者。浙中搜查行人頗嚴，僕下車時行李亦受檢，並及衣袖，極似童子試之入場情狀。不覺自笑外省人，竟若來浙江爭秀也者。上海車站亦有巡兵檢視箱篋，入租界則花天酒地如故也。

天津《大公報》民國三年六月二十三、四日第三張

附錄三　北大學生被訴案辯護書

本案檢廳起訴認七月十七日北京大學學生在法科、理科開會，有私設法庭審判，拘禁毆打許有益五人，並強迫共保及悔過書等情事。指為被告人等共犯刑律第三百十三條、第三百四十四條、第三百五十八條之俱發罪。其證據則一為司法巡官玉章玉紳報告；二為中一區巡官祥禎口供；三為許有益楊濟華傷單；四為檢廳所記告訴人許有益等，被告人魯士毅等供詞；五為大東草帽公司李玉樸供詞。而就所載之事實按之，又全採告訴人許有益五人之所口述。辯護人以為刑事案件貴乎真實，故採證有嚴格之規律。不得以間接傳聞或類推設想之語為基礎，尤不得任舉證人使之陳述，即借為攻擊之材料，而忘其人與案中某造之關係若何。且告訴人陳訴之言除有實據之部分可供參考外，其餘漫無考證者，更不容以意推想，認為事實。被告人之口供則尤應依法紀錄，經其讀聞，方得有效。此審判法則之所命也。至於刑律所認為罪之要件：意思、行為、結果三者缺一不可。共同犯罪雖有時不必皆為著手行為之人，而有犯罪故意及認識之共通，乃能使負連帶罪責，則為不可易之原則。若非共犯，則惟有行為者乃有責任。豈有因不獲主名而任意令人頂受之理？合乎上述各點，始為正當之論斷。否則實無以昭訟獄之平。辯護人竊以本案起訴文所陳深有此等疵病，不能不抱不滿之憾，敢為貴廳述之。

查本案發生原因出於學生開會之爭鬨，而致爭之故則以校外有人思攫校長地位。觀其醵商之地為中央政聞社，與商之人有現充參議院秘書廳識員，且贊同者則許以相當之利益。即此已經檢廳認定者證之，則風潮之起實自外至，彰彰甚明。校外之陰謀究已醞釀若干時日，今且不問。校內學生則係十六夜與醵之陳樊二生歸述之後，始有知者。中央政聞社在南城，北京大學在北城。是夜大雨，陳樊歸校時已逾三鼓，縱使即時報告同學，而當夜不能招集大眾共謀次晨對待之方法，則無可疑（大學宿舍係分數處，皆間隔街巷，相距里許。陳樊所居之舍並非大眾同寓，歸時已深夜，何能告人集商？此理至明。）況學生魯士毅本不住校，乃謂當時由魯等急籌對待之法，是不問而知其不合真相也。次早消息漏布，眾皆不期而集，前往察視。蓋許等既稱學生全體在校開會，而全體之人乃無聞知開會時間又必特在清晨七時，與通常舉動大異，此實可怪之事。青年喜事爭欲往觀其究竟固亦人情，謂必待有人率領乃克到場，似近牽強。以此徵之，則本案無論有無犯罪事實，而事前必不得指為有共通之謀劃可知。既無謀劃，則共犯第一要素之共同故意及認識在未開會之先，當然不生疑點矣。入場之後，據警官祥禎報告有閉門及縛人之揚言。檢廳又執為事前犯意之一證，不知二道柵欄距禮堂大門尚遠，且路有灣轉，非在柵外者所能見及。警官既稱未曾入內，何由知其門之啟閉？至於揚言縛人而事實上實無其事，則當然不確。縱或有之，又安知非一二急激者臨時氣憤之言，豈得據為全體早有之意思？此事前無共犯之憑證也。

起訴文對於會場當時之情狀大分為四段：

（一）日間在法科時，審判者為魯士毅、王文彬、孟壽椿、易克嶷、劉翰章五人，錄供者為狄福鼎、執棍站立兩旁者為倪品真。

（二）由法科押解理科時，押解者為劉仁靜、陳邦濟、謝紹敏、李駿、蔣希曾多人。並幽禁之於理科第一教室，派人輪守。

（三）晚在理科時，審問仍為魯、王諸人，持械環立仍為倪品真諸人。其時有打人迫供之事，致許等受傷。

（四）夜間舉會時，魯等諸人更迫寫悔過書，並合具保始釋。且皆簽名，按擦斗箕，而對於許有益、俞忠奎二人則又禁人為之作保。王朝佑則另以大東草帽公司山東人李姓保之。許俞於次早乘問脫逃。是皆檢廳摭拾各項供證而認為當場共犯數罪之事實也。

辯護人竊以採證應以直接者為限。起訴文所舉第一證之司法巡官玉章玉紳報告，明稱係往北京大學左近探詢。左近云者究係何地何人？夫言者之為誰且不之知？而欲引此無稽之語入人於罪，無乃可怪。又云並向中一區署員何鏞採詢，何鏞雖為署員而當時實未到大學，後又何從確知有審判錄供，執棍押送，拘留具結等事宜？更何從知當時實施此等行為者之必為某某？似此繪聲繪影之文而切實按之，則全未覩聞其聲，目睹其狀，道聽塗說，渺無朕兆之可尋。（檢廳乃以與許有益等所言相合為可信之理由，須知許等固已先向該區作膚受之訴，則所言自無不合）此第一證之根本無效也。

次則巡官祥禎口供，查該巡官在審廳口供當時在校者只彼一人，未見持木棍繩索，未見敢死隊。往理科時，大眾說說笑笑未有細押，其言較之檢廳尤詳，又皆躬歷目擊之語，據此是可證明始雖人聲嘈雜，稍類爭鬩，而旋即鎮靜。且同行出外說笑如常，尤可知兩方並無決裂、暴亂之事。此項供證既屬直接所得，在法律最為有力，此第二證之可為起訴情節不實之反證也。

又次，許有益、楊濟華傷單其不合之點、貴廳曾經當庭聲明。

如單載右手三指是指甲摳傷，許則堅稱二指。單載右手腕是手打傷肚，腹偏右是腳踢傷，許則皆稱由棒棍打。諸如此類，傷單既自相矛盾而與受傷人所述又復矛盾，則其效力可知。況楊濟華稱左眼被打時眼鏡墜地，狄福鼎代為拾起告以即當賠償。試想狄等果在審判毆打，極與為難之時，彼等身體且不之恤，安有賠償眼鏡之委婉謝過之辭？今有此言，轉可證明當時仍在從容譚話，並無毆打強暴之舉動。又況許謂魯士毅為審判長，又謂魯曾打人，詰以台上何能打及，則遁其辭。忽稱因說話聲小，魯令其上台，故得打及。又稱彼因恐人打，故閃靠台上而轉遇打。反覆支離，不近情理，不可枚舉。即此觀之傷單所列微傷究從何來，殊屬難必。且即係在場受傷亦當求傷害之人而問其責任，既不能證明魯士毅等之所為，徒以共犯之籠統罪名轉嫁其罪於被告十一人之身，此第三證尤為無理之極者也。

又次，迫具悔過書及簽名手印，檢廳則專取材於所記許及魯等各供謂該書中類皆卑鄙齷齪之詞，顯係受迫所具。書卷中並無此項書證，亦未聞檢廳對之曾有何等偵查，不知所稱書中措辭云云，從何而見？書且無有，則簽名手印之事實，又將何所附麗？若謂依據告訴人許有益之供，何以見告訴人絕無虛飾？如謂依據被告人魯士毅之供，則魯等自被逮之後疊次研訊，檢廳從未將所錄供辭予以讀聞，在法絕無證據效力。業經被告人等各各具狀聲明，貴廳亦已許其更正在案。檢察官當公開審理時，雖聲言此項紀錄係經書記官合法調製。然依法凡審訊每次錄供，應對訴訟人照供朗誦詳問，如有差異立予更正，此為審檢兩廳共通之法則。今則供者自供，錄者自錄，不惟並不每次讀聞，抑且始終未予一見，是否合法不待煩言。況現時各廳辦事實情，因無速記員之設，故遇稍煩案件，書記官勢難當庭錄供者，每於退庭後恃其記憶力而默寫之。試問能保其不誤否？凡人舉筆記事，當然自成其統系之言，根本之處出入稍有一差則其下之千萬語自然皆隨之而俱異，此人情也。書記官亦猶夫人，何能免此？故口供非即時所記者，尤當以讀聞方法救濟之，不幸檢廳漏未之及，此第四證之不合法也。

又次，證人李玉樸口供。查李之到案係由王朝佑供指保人而來，據告訴人等所稱當時保人皆係校內同學，王朝佑亦供彼之保人有二，一為谷姓學生一為李姓。李亦自言係校中張姓以電話喚來作保，且謂始不得入，因遇素識學生數人始得通行。試思保人既皆學生而王朝佑亦已有谷姓學生作保，何以忽又求及校外渺無關係之李玉樸？許等自供所保者乃保證彼等不再作此敗德破壞大學，私通安福俱樂部之事。更試思李不過草帽公司之商人，非有何等聲聞資格，何以學生大眾對之有此異常信仰，必欲得其一保以為憑？如此荒謬之言，孰能信之？且所稱素識之生帶之入內究係何人？何不指出？王朝佑為該公司股東，寓居該舖，業經查實。而貴廳傳訊時，彼等又皆托辭避匿，此非故意串同偽證因而情虛而何？檢察官謂李與告訴人等並無親屬關係，在法證言可採，而於如此重大瑕疵則全置不顧，未免強辭。此第五證可以為另案偽證罪之基礎，而不可為本案之證據也。

起訴文所舉五證，分案之不過如此。至若孰為審判員，孰為書記，孰執棍旁立，孰組織敢死隊押解，以及毆打拘留逃逸，種種則直無證可舉，而徒採用資料於告訴人口供，為之邏輯先後，加以坐實，然則起訴之價值不大可知乎。

辯護人今請更就告訴人許有益五人供詞之矛盾者指之。按許有益等五人告訴文稱，早晚兩次審問皆王文彬、魯士毅、劉翰章、易克嶷、孟壽椿五人。然七月十八日許有益口供，則稱日間四人上台審問而非五人。楊濟華警廳口供又謂王、魯、劉三人登台，台下孟壽椿起立質問。程體乾則謂登台審判者為魯、王、狄、劉、陳五人。俞忠奎則謂魯、王、劉審問。二十八日程體乾又供魯、王、孟、劉、蔣五人坐堂，其在貴廳之供又只有魯、王；劉三人。楊濟華亦同此，日間審問之人及人數之不符也，夜間審問者告訴文謂亦前之五人。然在警廳彼等總供又謂晚八時王、劉、蔣、魯、易、孟、李為審判官。俞忠奎在貴廳供，又謂理科問者劉中坐，左為魯、易，右為孟及不知名之李姓。此夜間審問之人及人數之不符也。

至若書記，告訴文謂夜間為蔣希曾、狄福鼎，日間則無之。然其在警廳總供則謂日間書記李某，夜間為狄一人。二十八日程體乾供又謂日間為狄福鼎，夜為蔣希曾。許有益，程體乾在貴廳供均謂日間狄走來走去，用鉛筆錄供此書記之不符也。

又打人一節，告訴文謂打許有益者魯及倪、李；打楊者魯，綑人者陳。然許七月十八日初供打人者，只記一嚴姓，並無此說，其在警廳口供始言倪、李而仍不及魯。楊濟華供晚間時，有某人上台側擊彼掌頰一下，並無指魯之言。許在貴廳雖言魯打一嘴，而彼所以上台被打之原因或言魯喚之上台，或言自己恐被打而閃到台上，情形又相矛盾。至於綑人一節，彼等後又自認其無有，此打人綑人不符也。

押解前往理科，據告訴文謂，謝、陳、蘇、李等率領多人。其他口供並謂兩人按一人如遇大盜。然警官祥禎供，大眾說說笑笑並無強暴之形跡，且法科理科相距里許，果有押解事實沿途警察豈無見聞？此押解與事實之不符也。

拘留教室，據告訴人歷稱在理科第一教室五人同拘，然彼又謂晚飯菜蔬甚佳，並有易道尊、倪品貞同食。試思果被拘禁則不至饉饑已屬萬幸，何來頗佳之菜蔬？況倪等果為日間毆彼之人，此時何能再與同食？且同學尚多，即使欲向誘供，何以不別遣一人為之？何以必令親持木棍毆擊彼等與結厚怨之倪品貞向之致意！又謂次早越墻逃出，試思大學之墻豈彼等之能越？此拘留情節之不符也。許有益等果有被審，被拘禁毆打之事實，則受辱甚深，當時種種情形應皆刻骨銘心，牢記不亂。何以前後錯誤，彼此不同如此？此種證述而足以動法庭之聽，而為被告人犯罪之唯一徵憑，誠非辯護人之所敢信矣。

如上所陳，則知本案檢廳起訴文，對於被告人等所認為犯罪之事實種種，如火如荼之描繪，試為細一實按則盡屬虛空。甚至如認劉仁靜之押解，則並告訴人供狀亦未曾誣指者。亦隨意周納之卷宗俱在，可指數也。既無共犯，又無各各犯罪確切之主名，而乃苟且羅織，為此一網盡入之罪案以興此巨獄。事之可駭，孰過於是。辯護人竊惟國家設刑，本意在於排除惡性，並非用為教育補助之資。莘莘學子學校培植有年，縱使氣質未盡精醇，而青年蹈厲發皇之概，與夫純淨真摯之心。政府果有以善處之，使其身心得安然沈浸於學術之間，進其智能以資世用，豈非甚善？乃不幸此超然政界之教育，一再波及，今日遂不得不還連淪沒於渾流之中。年少學生方自以為保吾讀書之地，無任外界侵犯，是乃天職。而不知所謂國法者，即將俟隙而隨其後。竊見檢廳致警廳公函有水濡民玩之言，然則豈預見已存於心而有必繩以法而示以威之意。故一聞疑似之象即不暇詳察，遂遽信以為真乎。此次事件之所由生，辯護人不便明指禍源。而動之自外，則為舉國之所共見。假如該生舉動即有過激，猶將哀其遇而諒其心，善平其怨憤之情使之漸次安意就學。況乎尋常開會，尋常辯論，爭執未出一堂，舉動並無踰軌，何以乃蒙嚴令若遇盜犯？盛暑羈押已越兼旬，而逮捕且及於十餘齡之童子，辯護人竊為大惑也。

總之。以法律言，刑事案件認證釋律均有一定嚴格之軌。苟為不合即不得輕予濫施。以事理言，固有至輕極微未及犯罪程度而無勞國家刑罰之威嚴者，又有事勢所迫，情理所許雖或偶有激動，而非法之精意所承認為罪者，則司法者亦當體國家刑罰權目的之所在，不執著於文字之中而慎顧刑事政策之方向。本案經過，在法無可成罪已如前陳，而酌理準情尤有不可使此清白才俊之青年橫罹罪獄致傷士氣之勢。伏惟貴廳秉至剛至正之威權，下最公最平之判決，使睽睽萬眾無絕其世界猶有清明之望。則實司法之有助於國家也。再中一區黃署長報告不合真相一節業經被告人學生狄福鼎屢次狀陳，日來情形在案在法無效不待贅述。又北京大學學生董堅等聞於本案公同投案候訊狀，可為魯士毅等無罪之證明。合請依法歸併查察，合並聲明。此呈

京師地方判廳刑二庭

辯護人律師劉崇佑

《晨報》民國八年8月27日，又載上海《民國日報》

同年8月29-30日

附錄四　孫幾伊因《國民公報》事件被上告一案答辯理由書

本案事件不能成罪，及被告人孫幾伊不能為本案犯罪之主體。在一二審各項辯護理由、本答辯書均援用之，先此聲明，以免複述。今特就原判關於責任論之點，及原審移轉主任檢察官上告書，總檢察廳檢察官意見書主張有罪各點加以答辯。請述理由如下：

（一）本案被告事件，被上告人及國民公報社皆不能負責任

按原判關於責任部分之論斷，

（甲）對於總編輯問題。第一謂發行人邵乃鎏供未曾與陳以文見過，就知道孫幾伊；第二謂陳以文在京無住址，遂斷定並無陳以文其人。然邵乃鎏又供六月間進該報為發行之替工，時日甚少，詳情不知。則此知少時間又屬替工，未與總編輯見面，自屬常情。且發行與總編輯本分兩部，各辦其事，亦無日日見面之必要。至於陳以文寓居館內別無住址，則尤為單身作客之常情。孫幾伊亦屬

寓居館內，何曾另有住址？原判以此即論並無陳以文其人，未免速斷。如謂邵乃鋆有全聽主任編輯及發行孫幾伊指使之供，須知彼既僅為暫時之替工，且稱不知詳情，則又何從確認孫幾伊之為主任編輯並兼發行？陳以文確係貴州人，確係該報之總編輯，在京之貴州同鄉無不知之，辯護人曾經當庭請求調查，即行否認，按之採證法則，實有未合，此被告人不能負責一也。

（乙）對於警廳監視發稿問題。原判謂既經抵觸刑事實體法規，則曾否經行政官廳之禁止，不生影響。然該報當受警廳監視之時，所有稿件必先經派來之監視員過目，認為可發則使發之，認為不可則抽去不發，證諸該報八月五月二十五日後之廣告及五月二十二日報紙中空白處所，並當時警廳派員坐守監視之情形，極為明瞭。夫監視之意義，一方面行使禁止權，禁止發行違法之稿，一方面又行使許可權，告以該稿不違法而許可發印。該稿既經警廳特派監視員告以並不違法，許可發印，則該報深信監視員之言，亦認為實不違法，遵命發行。是此時縱生違法問題，在該報既無自行發印之權能，又無故意違法之認識，犯罪之根本要件已缺，則罪責何由而生？原判僅就禁止立言，而置許可於不顧，遽謂控訴及辯護意旨云云，理由皆欠充分，亦屬誤解。此國民公報社不能負責，則被上告人更無責任之可言二也。

依此所陳，本案事件既不能發生責任問題，被上告人又非該報之負責者，是其記載內容不論有無犯罪，而前提已誤，當然不能問罪責於被上告人之身。應請先為糾正，以符真實。

（二）本案國民公報登載各節絕不能成立犯罪

本項無罪理由，原判及原審檢察官之論告，剖析極詳，本無攻擊餘地。原檢廳移轉主任張檢察官及總檢廳李檢察官所辦上告，僅襲第一審判詞之論調，不能別有主張，則其根據薄弱，已不待辯。然既合法上告，玆仍逐條答辯之。

（甲）煽惑內亂之罪。上告理由所認為有罪者，（1）謂八年七月十八日，該報所載科氏自敘傳，有指示未來革命方法之語，而合之私有財產社會化，及依賴天才的勢量，使放我不必犧牲多數生命等語，概括言之，又含有以暴動紊亂國憲之意味。（2）謂科氏為無政府黨領袖，其時敘傳，不外鼓蕩革命思想，該報於共和國體之下，登載他國人所為與國體抵觸之革命著作，動以世界革命潮流為標目，是有煽人民犯內亂罪之故意。總檢廳檢察官意見略同，並謂所用世界革命潮流之標目，實欲使人感於科氏之言，順應世界潮流，乘時以起革命騷動。

辯護人按科洛撲禿金雖係無政府黨領袖，其為人實立於學者地位，而非暴動之實行家，請讀英文百科全書便知其詳。自敘傳著作在數十年以前，所敘者，乃其半生經歷之史實，有哲學的、社會學的、地理學的種種名言，不得謂為鼓蕩革命之作。此書譯本遍於各國，為當世學者之所必讀。內容如何，有目共見。如此世界名著，絕非中國人之淺陋多怪所能厚誣。上告理由，指為不外鼓蕩革命思想先已大誤，至於本案被訴之兩段文字，一為批評巴黎自治團之成敗，一為論俄國當時青年男女謀自立生活之事，與覆顛政府紊亂國憲無涉。且其文亦截然兩節，不容牽混，以為羅織犯罪之事實。原判業經指示，無待贅陳。今即就本段革命二字之意義觀之，亦指廣義的改革或革新之意，絕非狹義對於形式國家之革命，如中國所謂謀反大逆者，故其持論，謂人當本其創造的天才之力量（即高尚感動力），以博國家全體之同情，使對敵之資本家自然屈服，此即中國所謂以理服人，以誠動人，先知先覺者移風易俗之所為。與用武力以起暴動相去甚遠。觀文中再三嘆息，以漠然的感情為基礎之革命，與依賴武器的力量者之不當，語意尤明。且創造的天才之力量云者，在宗教中則為教主，在學者中則為師儒。自昔孔老耶釋以至近世東西大哲學家，孰非以其獨得之知識創為學說，以為社會之導師，漸積既深，群眾感悟，於是社會從來之習慣，終因而一變，此人類所由有進化也。進化之義對於新者謂之進，對於舊者則謂之革。調節得宜，新陳代謝則有如英美平穩進行，自無犧牲生命之事。否則百年慘殺之法，今日未定之俄，皆其覆轍。科氏之言，本為巴黎自治團與資本家相競而發，非論國家之改革。然即謂論及國家改革，科氏固兢兢然以敵我不必犧牲多數生命為訓。仁者之言，苟其得用，則世界自無不遂之群生，何乃反以罪言目之？及私有財產社會化一語，即今日經濟學中所稱之社會政策，是經濟學者通用之術語，有一定界說，不得任意曲解。就歷史證之，實行財產社會化之政策最力者，莫如俾斯麥及拿破侖三世，今則無國不然，即如中華民國亦已實行鐵道之社會化政策，事理尤明。上告理由無非不解經濟學之專門術語。與夫世界制度之變遷，故一讀社會化三字，即為驚駭，以為是社會主義亦即無政府主義。一誤再誤，遂牽合前後不相聯貫之文，而武斷為含有以暴動紊亂國憲之意味。又世界潮流之目標，該報已用之逾年，且為當時警廳監視員認為不違法而許可沿用者。非因登載本案被告之兩段文字，始特別以此為眩惑。況文中所稱潮流，乃緊接上文捷克弗斯克團體自立運動所隨之時代潮流而言，與標目之世界革命潮流絕無關係。讀報之人當然通曉文義，何昧昧然生此不規則不條理之興感？總檢廳檢察官意見，指為實欲使人感應以起革命，憑空設想，尤為離奇，此上告不成理由者一。

（乙）煽惑聚眾為強暴脅迫之罪。本項該報記事乃轉載上海各報而來，並非自為編輯。是日之上海各界大會有官吏臨場監視，不聞為不合法之聲明，滬報登載會場情形，亦不聞言廳出示聲言其不實，滬報發行到北京之後更不聞北京官以其所載不合禁止發賣，然則該會是合法之會，滬報之所載是合法之記載，國民公報是滬報合法發布後而轉載之，根本上有何犯罪可言？此先當注意者也。至於上告所指摘各點，又極可異。（1）謂所載演説有政府措施不當，人民應有制裁等語，以為該報並未明指其事，是為憑空挑撥。按此節演説係王德熙報告開會時開始之泛論，本非該報自出之言，該報自不能於原文外有所添設。即就王語觀之，彼不過眾論共和國民對於政府措施不當有害國家之時，應有制裁，固未嘗指實政府已有何種不當之措施。試觀其下文，只言徵求民意討論救國辦法，而於制裁二字並無發揮，辭意自顯，此種平常議論有何不合？該報何以不能轉載？試問，政府措施如果不當，國民能否制裁之？上告理由即不能謂國民絕不能制裁，則演説只言制裁，未曾加以何種不法之形容詞，既非犯罪，該報轉載又何有挑撥之嫌？（2）謂解釋請願為表示民意喚醒群眾之手段，以為既係手段，則目的別有所在，是即以請願欲行聚眾強暴脅迫。按此為稽儲業演說，乃報告京津各界請願情形，而推論請願之意義，亦非該報之言，且請願乃人民一種行為，本屬於手段無用煩言。上告理由，無非謂請願當專政府為之，不應更含有表示民意喚醒群眾之目的。雖然法律規定之請願，乃就於行為之形式加一制限，非並請願者之意思而制限之。人民請願之時，但須不越於請願之形式，即為合法。用意如何本非法律之所問，況表示民意喚醒群眾，在民國法律並無禁止之條，則請願者即同時含有此種意思而來，有何不可？（3）謂演說言望國民一致行動及載會議結果，一面通電各地請其一致行動，以為可知非止輿論制裁，是實鼓動群眾藉請願之名，而行強暴脅迫之實。按此亦記載該會當時之實情，該報並無揑造，且法律規定請願之方法未曾限制人數。請願聯合同志，對於政府為一致之請願，未為法律所許，故僅僅請願，在法無從有聚眾之嫌。請願云者，懇乞之詞，一致請願云者，一致以懇乞也。既曰懇乞，即無所謂強暴脅迫。若謂以懇乞之名為強脅之實，則是乞憐於人而求贈與者亦可以成立刑律之強盜罪。如此理由，如此釋律，無乃可驚！此上告不成立理由者二。

（丙）妨害治安之罪。本項該報之評論及新聞各欄所載「排除這種種不正當的壓迫」、「自己統一」、「正常裁判」、「一定同舊社會奮鬥打殺囚辱」、「還不想法自己幹」各等語，皆經原判詳細剖示，絕非犯罪。上告理由不能於原判所剖示者加以辯駁，徒依樣覆述，用籠統之語曰，顯係鼓動人民乘機為不正當之行為，其無理由，尤不待問，甚至所引「一定同舊社會奮鬥打殺囚辱」一語，乃第一審判決不解文義割裂斷句之辭，原判及辯護理由均經指示，乃上告書獲因之而無所覺，如此草率而欲以納人於罪，豈非異聞？惟其中對於排除不正當壓迫一條，謂上文之受種種壓迫，既未指實其事，則排除二字自係煽惑人民為越軌。又對於和議成功不成功，與吾民無關係一語，謂安知非有意破壞和局，似為上告書特行抉出之點。雖然該報文中既表示以不正當壓迫為排除之對待，則排除二字，即不能謂為含有犯罪性。上文雖言受種種壓迫，而其下則特別標明曰：吾人民所應排除者，須在於不正當之壓迫。是排除之範圍已受不正當三字拘束，當然不得含混讀之。若謂曾受壓迫而不實指壓迫之事即為犯罪，無論壓迫二字不必專含惡的意義，而舊律之大不敬毀謗等條，既為現行刑律所不採，竊恐檢察官亦無糾問此罪之職權。至於和議成功與否與吾民無關，按原本文意係言和此正大光明接洽之和議，和與不和皆不能於國家有利，故謂其與民無關，何得憑空指為破壞和局？上告書所謂安知非有意者，則成為莫須有之口吻矣！推測決獄，法之所禁，而推測及於常度以外則又具常識者之所不為，竊為檢察官失辭惜矣！此上告不成理者三。

綜上所述，上告理由於該報記載內容之指摘，或則割裂原文或則顛倒意義，牽強附會，指白為黑，實屬無可諱言。原判因第一審判決之失當，於合法審理之後，將被訴之文字細為剖解，按其立言之本意，以與法文各本條一一比較，斟酌詳密，精確莫移，是否公允，有無違法，天下人具有耳目，是非自能道之，無俟辯護人贅述。上告書既稱奉命移轉主任，悉心審察，乃其所陳述者，猶不過此種無理由之理由。以此攻擊原判，何足撼其一字？至謂近來激黨盛行，人心不靖，往往有假借名義，利用青年，貽害地方，危及國本，其辭非不危而聳聽。然國家刑罰權之行使，應以絕對嚴格為主，就事論事，量罪科刑，被上告人既非以激黨身分而被訴追，報紙記載公眾共閱，又非專為青年學子而設，則此題外之議論，又與本案有罪與否何涉？總之，刑律及出版法關於各本條之規定，各例具列，律義嚴明，國民公報記載各項，是否獨犯該條，執法者理應鑑空衡平，惟一以法為斷。有罪固在所必罰，有枉亦所必伸，法律昭垂，事實共見。如本案者，萬眾所瞻，惟在貴院。今茲之最後判決。民國是否有法律，是否可恃，竊願執最高民權之貴院，有以維持之。　謹具答辯如右　此呈

大理院刑庭

再本案在原審審理中，辯護人因該報所登上海各界大會記事及北京雙十節之傳單有調查必要，曾將取得信件三封呈案。當經原審法庭閱看後令以交狀交案。懸以宣告判決，未及呈交。資合補呈，以備參考。

《晨報》民國九年4月28日（第六版）

附錄五　愛國學生騷擾罪之辯護書

本案事實最為明瞭。當時學生在市街講演。專為外交緊要，欲以警醒民眾，並無他意。無論如何，其居心、其宗旨應為全國人所共諒。日本對我交涉威迫利誘無所不至，山東事件前途危急，人人知之。然今日徒剩此在學青年之子弟奔走呼號，垂涕而道。而全國之為父兄者安在？此極可痛而可愧者也！聞有一派議論，以為學潮屢起，非予以嚴懲，則將橫決愈甚。試思，學潮從何而來？學生所求者惟一外交問題，政府果與民意一致而思有以安輯之，則明示方針一令之布，群情即可立釋，何事以刑罰示威？且刑罰又豈獨供政府示威之物？此論不當，自不待辯。檢察官論告首稱檢庭為司法機關，只知有法，不知是否學生。辯護人謹誌此語，亦願貴庭秉神聖之法律，判斷此案。只知有法不知有學生，尤不知有非學生，則今日法庭不唯足使學生折服，亦使全國之人無不折服，此真司法機關之所事也。

本案辯論之始，請先聲明辯論之範圍。依法審判庭審理案件應以經起訴者為準，故辯論應就起訴之文所議為犯罪之事實言之。按起訴文，除旗幟傳單毆打等等不能證明外，其認為該生等犯刑律第一百六十四條之罪者，則以二月四日學生等在前門外藉劇烈講演為示威舉動，且抵抗官庭之解散。而講演之目的則在拒絕日本直接交涉及要求釋放天津被押學生，謂其意在擾害地方安寧，以為脅迫政府地步。至於犯罪之人，則蔡成章等十九人，為犯該條前半段之罪，莊聯輝等二十一人，為犯該條後半段之罪。茲請就此範圍，分為事的方面（即其事是否犯罪之事）及人的方面（即其人是否犯罪之人）以為申辯之。

（一）起訴事實不能成立犯罪

查本案係由衛戍司令部函送檢庭起訴，檢庭收案後，僅就該公函所公開情節略為審問而即起訴者也。故謂起訴文所認犯罪之事實，全以衛戍司令部送案公函為根據亦無不可，然按送案公函所陳實非真相。即如當日初出講演之時，警察仍守平日態度，有照料彈壓而無禁止。迨人數漸多，慮有擾亂，則又不先下解散命令，予以明顯之表示，使眾共知。而突於昏黑中，有武裝軍警千餘人分東西二路，將學生包圍於天安門內，拘至夜半，復遣散之，此時乃暗中摸索四十人，全無標準，任意截留，使為本案之犯罪者。送案公函，乃謂下令解散，抗違不遵，遂當場捕獲四十名，解由司令部拘留，餘眾始逐漸散云。即此而觀，無論當時講演之人，是否由於預先聚眾而來，講演之意是否在於脅迫，而以未經解散先行包圍指為抗拒解散，以事後任意截留指為當場拘捕，似此盡人而知之事實且錯誤至此，檢庭偵查乃人云亦云，絕無覺察，實為可驚！起訴文所根據之公函，既已錯誤，則起訴文所敘之事當然亦無一不誤，此應首先請求貴庭注意者也。

檢察官論告謂本罪第一要件為聚眾。該生等各各學校事前曾有所要約，而後為此大集合。按當日學生出外講演誠屬多數，然據檢庭偵查筆錄及貴庭調查之結果，則未有各校互相要約之確證，縱或一二人有本校開會之供，是亦指其該本校而言，非謂各校有聯絡也。況其多數口供，僉稱臨時聞同學諸人皆已外出，因亦前往。甚至有言語不通，非往講演，僅為他事路過者，即尤為未定要約之證明。一年以來，學生於課餘散在各處講演者已久，是日特加多而已。偶然適合，不期而同，此與有意聚眾，不能無別。法文既曰聚眾、曰意圖、曰仍不解散，則知下之二條件，皆當為第一條件聚眾時之所預含。易言之，即聚之當時即有脅迫及不解散之意思乃可。檢察官指其彼此要約，敢請示以要約之內容與夫為此要約之證物或證人，提出公開法庭，宣示明確始為正當。

又論告謂本罪第二要件為意圖脅迫，而目的則一為拒絕直接交涉，一為釋放天津被捕學生。按當日講演專為外交而發，與天津之案交涉此舉國共見者也。送案公函雖稱旗幟有指斥曹銳、楊以德等字樣，然未有表示釋放學生之言，且此旗幟是否學生所為，檢庭已以不能證明，聲明不予起訴。據該生等口供，又或稱並無旗幟，或稱執校旗國旗，雖朱福照一人，供及天津學生聞將槍斃等語，此亦不過彼個人之感想，不能認為全體皆有此意。況講演之辭只限於直接交涉之利害，市人莫不共聽之，似未得以題外之事強行牽入。山東外交誠為學生之所反對，然當日乃對於市民講演，非對於政府要求講演，內容又為指陳山東問題之重大與直接交涉之不利，與眾共曉，起為政府後盾，此外並無他詞。起訴文謂劇烈講演者，劇烈之證據究竟安在？辯護人以為政府既拒簽德約，以理論言，當然不能更為直接交涉，弱國外交不能亢爽，事勢之常，該生等警醒民眾共為後盾，正屬國民正當之行為。試思，外交之對待者為外國而非本國，假如中國政府竟隨從外國，對於國民反居敵待地位，則或有被脅迫之價值，否則，意思本屬一致，利害又無不同，何事脅迫更何從而有脅迫？故必曰脅迫，則不如謂其意圖以民氣脅迫外國尤或近之。檢察官言斷無自擾安寧而用以脅迫外國之理，須知弱國外交只有民氣，今日強鄰迫處猶即施其強壓者，試問憚政府乎？抑憚民眾乎？示之以何憚而使其不至遽有所逞，即後盾之說也。政府無能不足為人民之庇託。交涉累急至此而猶依違其間，必待吾民之起而應援之，檢察官乃曰是乃脅迫政府在法當刑，如此顛倒論法實辯護人之所未曾聞矣。

又論告謂本罪第三要件為抗拒解散，解散只須口頭，不必何等形式，當日軍警林立，該生等豈有不知其為解散而來。乃在場者猶麇集途中，過路者亦不知繞避，是即有意抗拒之明徵。雖然此語雖辨，無如太遠於事實也。按解散須有表示，而表示方法則以被解散人可以了知為完全。當日人眾數千，時已昏黑，軍警突出，而左右包圍之，何嘗有解散之事，路人盡知。竊意檢察官絕無不知之理。縱云不必有貼布告之形式，然當時究以何法對此數千之眾而為解散之表示，檢察官既予論告即應有證明之責。若謂軍警林列即係表示方法，無論從來學生講演，警察皆植立旁聽慣行已久，不足為解散之特徵。即使口頭亦言解散，試問人眾紛雜孰則聞之軍警解散之意思，既無術以傳於學生之腦中，即不得謂官庭已有合法之解散，學生已有不合法之解散。法文解散二字取義甚嚴，絕對不容含混，送公案函曰下令解散，檢察官論告亦曰下令解散，究之所謂令者則渺無可徵，事之滑稽未有過此。況乎反解散為包圍是實留之而非散之，且留之而至於夜半，最終則摸索四十人挾以俱去，猶曰是乃當場捕獲，經此捕獲大眾始逐漸散去。顛倒黑白雖快一時，然未足以掩天下之耳目，竊願貴庭審察之。

（二）被告學生四十人非本案犯罪之人

本案事實不能構成犯罪已如前述，至於犯罪之人乃以被告學生蔡咸章等當之，尤可怪之至。按起訴文稱蔡咸章等十九人當時正在大柵欄東西珠市口各處演說，莊聯輝等二十一人或雖未演說而在場助勢，或本在騾馬市大街崇文門外等處演說，而亦聞風而至，故分別認為各犯該條前後半段之罪。雖然演說外交即非犯罪，所謂旗幟傳單以及毀車毆人等事即不能證為該生等之所為。則該生等當時行為亦不過演說而已，且其演說亦僅為對於市民之指陳是與騷擾罪相去尚遠。又刑法所稱之助勢，須有助之行為，絕非袖手旁觀者之所能犯。起訴文以未演說者助勢，然既未演說試問助之實況如何？至於風聞而至更屬空泛。該生之供固謂歸校路過而檢庭必加以風聞之名，不知何據？且即聞風而至僅至之而已，又何以即犯罪之？以此為罪，則當時聽眾之市民與夫過路人等孰非犯罪之一分子？官庭何不捕而治之？竊揣起訴用意，無非以此次事件既經衛戍司令部送案起訴，而犯罪主體又無從他求，自不能不就送案之各學生加以責任。於是鈎稽結果，其供在前門附近演說者，即使之當前半段較重之罪。其供無演說，然亦在該處者或本不在該處而歸途經過之者，即使之當後半段較輕之罪，分配平均無一遺漏，證之筆錄，顯然可見。雖然，謂演說或在場旁觀者為有罪，當日外出之全部學生固曾具狀報案，何以檢庭又以不能證明而卻之？如謂演說之外須有他種劇烈運動乃為犯罪，則不惟該生等未有此次供認，即檢庭偵查亦未能獲得該學生各本人犯罪之實證。故此種種起訴即使犯罪之事實幸而不誤，而所指為犯罪主體之人實與當日天安門內拘人時之暗中摸索未能大異，況乎被捕本由軍警包圍而來，隨意截留而去，今日武力所在容有操縱在心，不必分辯，欲罪則逕罪之特權，而司法機關以法為歸，是罪非罪不容假借，何以檢察官既知該生等被捕實情，猶曰當場捕獲即屬現行犯為實施犯罪之憑證，檢察官豈以夜半之天安門內為當場乎？豈以暗中截留為當場捕獲乎？犯罪與否之標準，如果僅以捕獲定之，是則犯罪可以不論事實而惟視乎被捕之有無，竊恐世界法庭不能有此論斷也。

總之，本案第一當辨學生演說外交是否犯罪，第二當辨演說之群眾中即有法外行動，而犯罪者其人實在為誰，第三當辨此被告之四十學生有無躬蹈犯罪之證據。苟其證據明確，事實法律皆能適合，則處斷本案，誠如檢察官所言，只知有法不知是否學生，否則既無犯罪之事而又非犯罪之人牽強遷就姑以成獄，是此四十人者徒為填案塞責之犧牲，何得以其為學生而遂有此例外之辦法？該生等無辜囚繫，為日已多，事蹟昭然，無可枉陷。狀惟貴庭秉至尊之法權，予天下以公是，則非惟被告各該生之幸也。此呈

京師地方審判廳刑事二庭公鑑

中華民國九年五月十二日　辯護人劉崇佑

《晨報》民國九年5月15日

附錄六　天津學生案劉律師辯護書

劉崇佑律師為被拘代表案。七月十三日在地方審判廳刑庭遞呈追加辯護書云：

本案事件，由於力爭外交，抵制日貨而起。此項心理，此項舉動，實吾全國人民所同具，而為民族自衛之天職也。國勢危殆，困於內爭，遂召外侮。今日幸而有此一致蓬勃對外之民氣，一伸於其間。行政當局不能善為調護。使之順軌而趨。以收後盾之效。乃一激再激，枝節橫生，幾釀大獄。始則以軍警張壓制之威，繼則以囚辱吐意氣之憤。義烈急公之士，相繼被捕，至於數十人之多。拘繫警廳，歷時數月。欲得正式法庭之裁判而不得。乃至絕食以求之。此種大傷民氣，大失人心之經過，徵諸本案全卷，極為明瞭者也。竊維刑律之設，乃國家對於犯罪者之制裁，決非行政官吏所得借為立威之具。而法庭定讞，於證據明確，力求發見真實之外，尤當詳察其原因，審按其心術，以為犯罪是否成立之標準。本案被告諸人，所被起訴各節，即使真確有罪，而事出公意，利在國家，言法言情，猶將諒而宥之。況乎起訴文所指為罪者，或則證據不明，或則事實錯誤，偏言原辦本案官廳之意見。而於其事之起因，及其倚伏之曲折，均未加察，遽為有罪之主張，則誠不能不深致憾也。

按起訴文所列事實之總綱，首稱交涉日亟，學生抵制日貨，以為後援。全國風靡，津埠亦然。是則排貨風潮。為吾國人對外感憤之公意，並無觸犯刑章，固檢廳所明認也。繼稱各界代表開國民大會，籌商抵制方法。則抵制之意思，又實各界所同。然決非被告諸人所創造而左右之。各界既出代表，公決抵制。而入會各商又各皆願受檢查，以求貫澈抵制之目的。則其中有違約者，當然本其自決之約束。而受相互之處分。事理至平，本無足異。此時官廳即或慮其過激，亦當因勢利導，俾歸平穩。乃既無調解之方，以平群眾之憤怒。又復輕用武力，橫施強暴。則本案事件之釀大，其責實不能不歸諸官廳。裴唐仙一事，彼自違約，且勾串外人以毆人，致動公憤。被告人馬千里等，即使當夜在場會議，亦豈能以職員而具強壓眾怒之權力？委曲求全，以免橫決。正其應付之苦心。檢廳乃捨去公眾激怒，欲施懲罰之一段事實，而認之為親行強暴脅迫之人。師景襄等以看視馬千里等而被捕，檢廳乃依據報載之言，謂其因要索裴唐仙而去。周恩來等，本省長許見。命舉之代表時在門內，與外間已經隔絕。檢廳乃誤為不服解散，且施強暴。尚墨卿所寫字條，並無侮辱之文。檢廳乃僅憑警廳來文，以為侮辱。且最後稱在押諸人，放縱自恣，不服看守，省長乃令交法庭懲辦。無論法庭本分，應否仰承省長之意旨，即就起訴文所言，是其懲辦之動機，實由於在押以後。此尤可前此種種，本無懲辦之價值。特以被告諸人，在押中之態度，未能滿快警廳之意，乃始追溯其事，而姑借於加罪之口實。且既稱諸人皆放縱自恣，而所指者又不過尚墨卿一人。更知即此放縱自恣一言，亦屬強造。夫法權神聖，執法者分應鑑空衡平，以存公道，以保莊嚴。乃受命於上，按圖而索，不憚委曲真相，拂逆群情，皆為羅而致諸罪網。此種起訴權之行使，實辯護人所根本不能了解者也。

又按起訴文，列舉被告諸人應負刑責事項。

（第一）謂馬千里等十人，檢查日貨，妨害他人營業自由，犯第三百五十八條之罪。查營業自由，雖載約法，而自由二字之解釋，應有分別。拒貨之舉，人心所同，其目的在於救國。政府對於外國之詰問，亦常以民意所趨，法律無權強制為對抗。則知此舉，當然非法之所禁矣。且津埠國民大會中同業公會，每行皆出代表二人為其委員。彼之自決方法，係各將存日貨造冊報會，相約此外不得私藏私賣。由國民大會委託商會，及學生聯合會擔任調查。其調查日期，又由各行代表預定而通知之，而後各本行之人協同調查員前往調查。其章程中，並有違約者聽由委員會處置之規定。故調查一事，實出於被調查者之意思，當然無侵害自由之問題。譬如商家之行規，皆有拘束同業之力。凡同業者，莫不拱聽處分，官廳何嘗禁止之？馬千里、馬駿、楊曉林、孟震侯、時作新不過代表之一，縱使曾與議事參定查實章程，何能指為犯罪？夏琴西、李散人本非職員，不與議事，乃以曾有抵制日貨之演説罪之。彼未侵入營業之自由，而檢廳乃反欲侵彼言論之自由，不圖無行為而可為罪之特例。今日乃為外國人開之。沙主培被舉調查長之時，調查科並未組織，旋即脱離。師景襄調查主任，亦未實行調查。且主任僅為傳達接洽之機關，調查員係由各行各界自舉，並無調遣指揮之權限，更何能僅執名義以為罪案？于駿望雖為學生會調查員，據供去過一次，然係在魁發成事發之後，一人獨去看視，並無侵害之舉動。況起訴文所稱被查之受害人福壽洋行等十七家，當庭示以警廳之稟，皆供係巡警傳令使遞者，甚且有並稟帖而非自書之供。或則謂自願將日貨交出，非被強奪。且該十七家所供被查之日，皆係國民大會當日之事。其時國民大會尚在會議中，關於調查日貨辦法，皆未議決。尤可知彼十七家之被查，決非國民大會會議之結果。更證諸十七家同供，被告等二十人，皆無赴查之事。是則檢查日貨根本，既無違法可言，而被查各商家，又皆另係一事。與被告人等絕然無涉法律所謂強暴脅迫，妨害他人行使權利云云。安有附著之餘地？此其一也。

起訴文。（第二）又謂馬千里等九人，私擅監禁裴唐仙及押赴遊行，為犯第三百四十四、三百五十八條之罪。按此項應分次言之。（一）當日欲問責於裴唐仙者，為市民公眾，並非被告人。查魁發成既入同業公會，遵章報冊候查，當然應守相互之約束。違約發覺，既不愧悔，乃猶勾串日人行兇。恃外反噬，遂動公憤。彼謂料器別一合夥營業，與洋貨不同。夫同一鋪面。同一商號，何能分為兩家？據該鋪東之弟王姓庭供，已自認料器並無分號之事。且地非租界，外商又不能在此營業，可知此語之偽。即讓步言之，該號果有日人合夥，則當時入會，何不聲明。該號既不預先聲明，他人亦何從而分別之。至於否認日人毆打之事，試思學生所持證書，何以被奪於日人之手。且該號若無勾串，又何致代日人剖白？彼有干犯眾怒之行為，而眾亦從而問責，非被告人等之所為也。（二）裴唐仙所供被禁及被押遊行，不能證實。查裴唐仙雖稱被禁，然庭供又謂彼等告我在此住一宿，我答住一宿即住一宿，並稱當時無拒絕之語。然則彼在商會暫住，不得謂非其所同意。且裴之一面之詞，本無偏信價值。據被告人及其他證人皆稱：其來也，為剖白未打學生。其住也，為恐眾怒之下，出去被打。其次，同出而復返也，為候張姓找掌櫃不來。故自往尋覓。途遇軍警阻路，因復折回。此謂並無監禁游行之反證。至起訴文所引吳鳳岐等在警廳各供，查該供甚簡，且所言各異，己難據以定斷。况吳等被拘憤抑，其時大有任憑何事，皆可任受之概。故所書供詞，亦皆出於欲如何便何如之口調。似此憤激失實之言。何能依據？又况吳等又供，其時皆不在場。到廳時供係聽旁人所說，實則不知。是其前供皆非目見之事，實在法不能認為唯一之根據。加以馬千里供，當時因人眾圍繞不散，皆欲甘心於裴。自己及在席委員勸解無效，乃姑為公園示眾之議，以平公忿，免有意外。後亦未嘗送到公園云云。馬千里慷慨陳詞，可信其不偽。此等切實之語，尤為當時情形之紀實。更以時間計之，委員會至夜三時始散。深夜嚴寒，裴又何往？糾葛未清，眾皆在坐。則裴當然亦在彼剖辯。掌櫃不來，負責無人，次日當然往覓。出覓被阻，當然折回。凡此種種，深合實情。且又言出眾口，似未能以裴唐仙及警廳方圖敵視之言，即證為實有監禁遊行之事。

（三）是夜列席議決者為誰？查是日委員會。係裴唐仙到商會之後，始招集開會。除馬千里自承列席外，楊曉林則係商界代表，以調護商人之意。伴送張姓往覓其掌櫃，故開會業已他去。孟震侯則深夜二三時來會，探聽新聞，時已散會。時作新則因病，次日午後始到商會，同眾赴省公署請見，皆非列席之人。檢廳亦不能得其列席與議之證據。夏琴西為商會文牘長，無列席表決之資格，根本中不成問題。雖曾詢問裴唐仙，然亦是為商會職員當然之接洽。蓋其地址為商會，裴又係商界之人，夏向其探問情形，謀為排解，正其地位所應爾。且詢問與議決不同，更無責任可負。馬駿本未到會，起訴文乃以知之獨詳，謂為參與之證。夫知之詳者，何以即可證明其參與。此種理論，實屬費解。馬駿與馬千里等，本為知友，當然能知其前日之事。即如檢察官及辯護人今日亦知之甚詳，然則當時亦曾參與之乎。以上諸人，既無確鑿列席與議之證明，且各人又有不列席之反證，何能強認為列席，使負不干已之責任。至於陳寶驄、于駿望、郭續榮，檢廳認為押解遊行者，尤為無據。王墨林口供。皆係檢廳舉名為問，彼始有許有某人及大概某人之言。其後又聲言未看清楚，則此供直與未供等耳。公開審判之時，貴廳對於王墨林亦曾嚴加糾問，而終無所發見。則此證言既歸無效。陳等三人在法，自無羅罪之理，不待言也。總之，魁發成見利忘義，違約行兇。眾怒所集，自取其咎。被告人等，即使與列，既無粗暴傷害之行為，即不能謂為過當。況馬千里以消極辦法，排緩群情。馬駿以下八人，則並無與列之確據。起訴文概指為有犯私擅監禁，及強人行使無義務之事各條，實為牽強。法律情理兩皆無當。此其二也。

起訴文（第三）又謂師景襄等七人，侮辱警員。犯第一百五十條一項、一百五十五條一項之罪。按此項檢廳以一月二十四日益世報為證。認師等當日係同警廳要需索裴唐仙，致起衝突。且以巡警有受傷者，雖不知何人加害，而可斷言當時實有強暴舉動。查報紙登載，祇能為調查之導綫，不能遽為判決根據。此時見乎七年六月大理院覆浙江高審廳之解釋電。此外判例，尚難枚舉。檢廳若本益世報所載，加以偵查。而別得證實之確據，則所認尚屬有因。今則僅僅以一報紙附卷，此外別無絲毫明證，是認證根本不合法也。況警廳列開廿一條，其第十一條內載，裴唐仙由廳要回學生，因何來廳？是何用意等語。是則學生來廳之用意，警廳且未知之，尤足為非要索裴唐仙之確證。不過學生來廳，適在警廳要回裴唐仙之後，警廳或因而致疑。然猶以因何來廳，是何用意為聞，則知當時學生並無要索之表示，警廳亦無被要索之感覺也。據師景襄等供，當日係聞馬千里馬駿等被捕，各自往視，其至警廳門前，非結伴且非同時。而祁士良且因路過被阻，向之質問阻路理由而被捕。檢廳究以何據而認報載之盡實，被告人供述之盡虛。況是日警廳引動，實已流於意氣用事。鎗械林立，毆捕任意。證以市民受傷者之多，與其傷勢之重（照片業已呈案），可知強暴之咎，實在警廳。巡警之傷，不過至輕極微，明係毆擊市民之時，不自謹慎所致。起訴文乃既稱加害者不明，又欲以之向被告人問責。須知被告人等，係各自先後來廳，請求接見馬千里等，並無侮辱之證。憑徒手而來，更無傷害執械警士之能力。檢廳採證支離。莫此為甚。此其三也。

起訴文（第四）周恩來等四人，騷擾省長公署，犯第一百六十四條之罪。查本條之騷擾罪，一為聚眾，二為意圖強暴脅迫，三為不服解散命令。缺一即不能成立。當日省長公署之請願人，集至數千，各團體皆有。足見公意之所在，決非周恩來等區區男女學生之所能聚。目的在于請願，在于求見省長，以述輿情。並無他意，非可厚誣。省長已許進見，且已遵命舉出代表。始終無被拒之事，更無所謂解散。是條件之無一合也。周恩來等係省長許見時舉出之代表。無論如何進門，皆不能影響於許見之事實。若謂大門關閉，由門檻處鑽入，即為不許見之徵憑。然不惟邢副官長自稱實曾許見，且周等入門之後，衛隊不予驅逐，反加招待。邢副官長又以門外擁擠，使周恩來登梯勸止之。則周等四人之入內，不得謂非經代表省長之邢副官長之同意也。省署門檻日間向不安設，盡人知之。惟無門檻，故周等可從而鑽入。否則欲破檻，不如破門之為易。豈有門則無恙，而門檻獨被取去之理。故門檻損壞，決不得謂由於周等四人所為。檢廳似未可以此淺而易見之事實，輕以誣人。且所損壞之門檻，是否年久失修之自然損壞，抑因人為之損壞，且為何時損壞。檢廳雖經調查，而全無以證明之。又何見今日損壞即為前日鑽入者之所為？至若門外之人，有騷動之事。則其時周恩來等已屬檻內人，不能負檻外之責任。辯護人以為因省長許見，而始進見。被告人等既服從命令，非不服從命令。省長既已許見，後又不見。且因門外騷動，而捕及遵命進見之被告人，則其過實在省長。即使門外之人，有過度之舉動。被告人且徇邢副官長之請，登梯而勸喻之，何以反以被告人為門外騷動者之替人。檢廳此項起訴，尤屬滑稽，無庸諱矣。此其四也。

起訴文（第五）。又謂尚墨卿侮辱警員，犯第一百五十五條一項之罪。查本項唯一之證據，不過以尚墨卿曾書字條，內載楊梆子完票之語，然無其他謾罵口調。據尚墨卿稱，當大眾絕食之時，親聞守警語，以不必絕食，早晚即為你完票。完票云者，乃警界稱暗殺之密語。尚因受拘，無從逃避。恐或受害，因以字條揭破之，冀保安全。然則是為避不侵害之行為，何得認為犯罪。又據該管警官巡警在庭口供。均稱尚只有寫此字條，此外別無罵人及不馴之事。至於字條之用意，則所不知云云。夫此字條無罵人之意，不復待辯。此外別無罵人，是尚墨卿無侮辱矣。檢廳以時作新、孟震侯曾為作保，證明其有侮辱。然按時等作保，不過迫於警廳之要求，實則始終未曾與尚晤，而亦不知其有無罵人。則欲以此作證，無乃相去太遠。警廳長人又呼為楊梆子，即巡警中亦用為普通之稱。此語自屬事實，是天津之人無不知之。梆子之義，既無何種惡醜之意。稱呼已慣，又無避諱之必要。則此種無意義之代名詞。自與侮辱無涉。又據尚供，警察廳長不呼我尚墨卿，而我呼尚車子。我稱楊梆子，亦何不可。夫梆子之無意義與車子等，警察廳長堂堂官吏，當然無對於被押人而用輕薄語調之事。車子既非侮辱，梆子又何以獨為侮辱。此理尤明。況梆子如果含侮辱之意，則從來津人之言梆子者，何以未見巡警之禁止，與夫檢廳之起訴，是尤足為非傷辱之鐵證。承認之於往日，而挑剔之於此時。竊恐國家之刑罰權，不應有如此行使之方法。此其五也。

依上所述，本案檢廳所舉被告馬千里等二十人之五項犯罪事實，按之實質，絕無一事可以成罪，已屬明瞭。辯護人竊以抵制日貨，斷非法律所不許。因抵制而國人自定相互之約束，各相信守，是為自由意思之表現，法律猶無干涉之權。本此自由之意思，而結果有所裁制。但使不紊秩序，不同治安。行政當局只應監視於其旁，善為利導。則無論何種風潮，自無不激而躍之事。本案起因於魁發成之背約，而且行兇。其時責問者，雖若甚嚴，而該鋪始終未受絲毫之損毀。該鋪夥裴唐仙，亦始終未有絲毫之傷害。官廳若對之稍用和緩手段，予以排解，群情何至有此紛擾？乃意氣相加，強力相逞，遂幾釀以一發難收之禍。被告馬千里等應付苦心，地方實隱受其維持之益，乃仇視而收捕之。其他諸人亦皆心地明潔，見義勇為，乃藉事株連之。因魁發成一家小事而釀全津莫大恐慌。軍警奉命肆殘，遂以人民之血肉為鋒鏑之的。見人即捕，不問是非，而取諸警廳之中，半年之久幽繫不顧。試問法律何條，官廳乃具此權力？人民乃受此凌踐？官吏不法，則視為當然。平民無辜，乃供其洩憤。遲之又久。於是捏為莫須有之罪名，付之法庭，以為收束之地。執法者雖心為不善，亦不能不略事敷衍，求顧全之道。如本案檢廳之起訴者，一年以來，此種案件，見之屢屢。法律雖仍具威嚴，人情亦自有臧否，辯護人實竊以為痛也。本案起訴文。所載各項，頭緒雖繁，而事實則甚簡。分類羅列，一若在法莫不可誅，而一按真實情形，則殊不值一擊。事實具在，法文具在，萬象所瞻，非辯護人一人之私言也。惟望貴廳一振法權，伸以英斷，實為甚幸。此呈

天津地方審判廳刑庭。

中華民國九年七月十二日　律師劉崇佑

【手稿影印本；《大公報》（天津），民國九年七月15-20日；《益世報》（天津），民國九年七月15-18日】

（註：裴唐仙，《益世報》作裴潭溪）

史地傳記類　PC0215　世紀映像叢書69

愛國正義一律師
——劉崇佑先生

作　　者／劉廣定
主　　編／蔡登山
責任編輯／鄭伊庭
圖文排版／邱瀞誼
封面設計／王嵩賀

發 行 人／宋政坤
法律顧問／毛國樑　律師
印製出版／秀威資訊科技股份有限公司
114台北市內湖區瑞光路76巷65號1樓
電話：+886-2-2796-3638　傳真：+886-2-2796-1377
http://www.showwe.com.tw
劃撥帳號／19563868　戶名：秀威資訊科技股份有限公司
讀者服務信箱：service@showwe.com.tw
展售門市／國家書店（松江門市）
104台北市中山區松江路209號1樓
電話：+886-2-2518-0207　傳真：+886-2-2518-0778
網路訂購／秀威網路書店：http://www.bodbooks.com.tw
國家網路書店：http://www.govbooks.com.tw
圖書經銷／紅螞蟻圖書有限公司
114台北市內湖區舊宗路二段121巷28、32號4樓
電話：+886-2-2795-3656　傳真：+886-2-2795-4100

2012年6月BOD一版
定價：380元

國家圖書館出版品預行編目

愛國正義一律師 : 劉崇佑先生 / 劉廣定著. -- 一版. --
臺北市 : 秀威資訊科技, 2012.06
面 ; 公分. -- (史地傳記類 ; PC0215)(世紀映像叢書)
BOD版
ISBN 978-986-221-937-9(平裝)

1. 劉崇佑 2. 傳記 3. 律師 4. 中國

782.887 101003618

讀者回函卡

感謝您購買本書，為提升服務品質，請填妥以下資料，將讀者回函卡直接寄回或傳真本公司，收到您的寶貴意見後，我們會收藏記錄及檢討，謝謝！如您需要了解本公司最新出版書目、購書優惠或企劃活動，歡迎您上網查詢或下載相關資料：http:// www.showwe.com.tw

您購買的書名：________________________________

出生日期：________年________月________日

學歷：□高中（含）以下　□大專　□研究所（含）以上

職業：□製造業　□金融業　□資訊業　□軍警　□傳播業　□自由業

□服務業　□公務員　□教職　□學生　□家管　□其它_____

購書地點：□網路書店　□實體書店　□書展　□郵購　□贈閱　□其他

您從何得知本書的消息？

□網路書店　□實體書店　□網路搜尋　□電子報　□書訊　□雜誌

□傳播媒體　□親友推薦　□網站推薦　□部落格　□其他__________

您對本書的評價：（請填代號　1.非常滿意　2.滿意　3.尚可　4.再改進）

封面設計____　版面編排____　內容____　文／譯筆____　價格____

讀完書後您覺得：

□很有收穫　□有收穫　□收穫不多　□沒收穫

對我們的建議：________________________________

____

____

____

請貼
郵票

11466
台北市內湖區瑞光路 76 巷 65 號 1 樓
秀威資訊科技股份有限公司 收
BOD 數位出版事業部

（請沿線對折寄回，謝謝！）

姓　　名：＿＿＿＿＿＿＿＿　年齡：＿＿＿＿　性別：□女　□男

郵遞區號：□□□□□

地　　址：＿＿＿＿＿＿＿＿＿＿＿＿＿＿＿＿

聯絡電話：(日)＿＿＿＿＿＿＿＿ (夜)＿＿＿＿＿＿＿＿

E-mail：＿＿＿＿＿＿＿＿＿＿＿＿＿＿＿＿